住房公积金知识手册

王战洪　种占信　主编

燕山大学出版社

·秦皇岛·

图书在版编目（CIP）数据

住房公积金知识手册/王战洪，种占信主编．—秦皇岛：燕山大学出版社，2023.6

ISBN 978-7-5761-0531-5

Ⅰ．①住… Ⅱ．①王… ②种… Ⅲ．①住房基金－公积金制度－中国－手册

Ⅳ．①F299.233.1-62

中国图家版本馆 CIP 数据核字（2023）第 097726 号

住房公积金知识手册
ZHUFANG GONGJIJIN ZHISHI SHOUCE

王战洪 种占信 主编

出 版 人：陈 玉

责任编辑：朱红波　　　　　　　　　　　策划编辑：朱红波

责任印制：吴 波　　　　　　　　　　　封面设计：刘韦希

出版发行　燕山大学出版社　　　　　　　电　　话：0335-8387555

地　　址：河北省秦皇岛市河北大街西段 438 号　邮政编码：066004

印　　刷：秦皇岛墨缘彩印有限公司　　　　经　　销：全国新华书店

开　　本：710 mm×1000 mm　1/16	印　　张：22
版　　次：2023 年 6 月第 1 版	印　　次：2023 年 6 月第 1 次印刷
书　　号：ISBN 978-7-5761-0531-5	字　　数：336 千字
定　　价：88.00 元	

本书编委会

主　编　王战洪　　种占信

编　委（按章节撰写顺序排列，排名不分先后）

牛　蕊　李　强　陈　宇　何树民

刘玉红　杨建生　石雪伟　底伟波

温　雅　杨占印　谢雪峰　杨之赟

吴　伟　郭　凯　陈振华　刘　磊

各章节撰稿人

综合知识部分	秦皇岛住房公积金管理中心	牛 蕊
归集业务部分	石家庄住房公积金管理中心	李 强
提取业务部分	秦皇岛住房公积金管理中心	陈 宇
贷款业务部分	石家庄住房公积金管理中心	何树民
核算业务部分	石家庄住房公积金管理中心	刘玉红
资金管理部分		刘玉红
委托银行业务部分		刘玉红
风险防控部分	秦皇岛住房公积金管理中心	杨建生
	秦皇岛住房公积金管理中心	石雪伟
行政执法部分	秦皇岛住房公积金管理中心	杨建生
	石家庄住房公积金管理中心	何树民
统计与信息公开部分	石家庄住房公积金管理中心	底伟波
档案管理部分	石家庄住房公积金管理中心	温 雅
信息化建设部分	郑州基正科技有限公司	杨占印
		谢雪峰
		杨之赟
		吴 伟
		郭 凯
		陈振华
法规政策一览	秦皇岛住房公积金管理中心	刘 磊

目　录

综合知识部分⋯⋯⋯⋯⋯⋯⋯⋯⋯⋯⋯⋯⋯⋯⋯⋯⋯⋯⋯⋯⋯　1

归集业务部分⋯⋯⋯⋯⋯⋯⋯⋯⋯⋯⋯⋯⋯⋯⋯⋯⋯⋯⋯⋯　41

提取业务部分⋯⋯⋯⋯⋯⋯⋯⋯⋯⋯⋯⋯⋯⋯⋯⋯⋯⋯⋯⋯　65

贷款业务部分⋯⋯⋯⋯⋯⋯⋯⋯⋯⋯⋯⋯⋯⋯⋯⋯⋯⋯⋯⋯　83

核算业务部分⋯⋯⋯⋯⋯⋯⋯⋯⋯⋯⋯⋯⋯⋯⋯⋯⋯⋯⋯　119

资金管理部分⋯⋯⋯⋯⋯⋯⋯⋯⋯⋯⋯⋯⋯⋯⋯⋯⋯⋯⋯　169

委托银行业务部分⋯⋯⋯⋯⋯⋯⋯⋯⋯⋯⋯⋯⋯⋯⋯⋯⋯　193

风险防控部分⋯⋯⋯⋯⋯⋯⋯⋯⋯⋯⋯⋯⋯⋯⋯⋯⋯⋯⋯　209

行政执法部分⋯⋯⋯⋯⋯⋯⋯⋯⋯⋯⋯⋯⋯⋯⋯⋯⋯⋯⋯　231

统计与信息公开部分⋯⋯⋯⋯⋯⋯⋯⋯⋯⋯⋯⋯⋯⋯⋯⋯　251

档案管理部分⋯⋯⋯⋯⋯⋯⋯⋯⋯⋯⋯⋯⋯⋯⋯⋯⋯⋯⋯　267

信息化建设部分⋯⋯⋯⋯⋯⋯⋯⋯⋯⋯⋯⋯⋯⋯⋯⋯⋯⋯　301

住房公积金法规政策一览表⋯⋯⋯⋯⋯⋯⋯⋯⋯⋯⋯⋯⋯　324

参考文献⋯⋯⋯⋯⋯⋯⋯⋯⋯⋯⋯⋯⋯⋯⋯⋯⋯⋯⋯⋯⋯　338

后记⋯⋯⋯⋯⋯⋯⋯⋯⋯⋯⋯⋯⋯⋯⋯⋯⋯⋯⋯⋯⋯⋯⋯　343

综合知识部分

1. 什么是住房公积金？

答：《住房公积金管理条例》（1999 年 4 月 3 日国务院令第 262 号公布，2002 年 3 月 24 日第一次修订，2019 年 3 月 24 日第二次修订）对住房公积金的定义是：住房公积金，是指国家机关、国有企业、城镇集体企业、外商投资企业、城镇私营企业及其他城镇企业、事业单位、民办非企业单位、社会团体（以下统称单位）及其在职职工缴存的长期住房储金。

2. 住房公积金的性质是什么？

答：《住房公积金管理条例释义》（中国物价出版社，1999）中明确规定，住房公积金既不属于财政资金，又不同于社保基金，而是属于职工个人所有的工资性专项资金。

3. 住房公积金具有哪些特征？

答：住房公积金是适应社会主义市场经济发展，伴随着城镇住房制度改革的实施而诞生的一项住房保障制度，具有长期性（积累性）、强制性（政策性）、专用性和互助性（金融性）等特征。

4. 住房公积金有哪些职能？

答：住房公积金具有保障职能、积累职能、分配职能、金融职能、投资职能和调控职能。

5. 住房公积金的法律属性是什么？

答：住房公积金是国家通过立法，强制用人单位和职工缴存，由政府管理的基本住房保障基金。职工对记入个人账户下的住房公积金份额拥有财产权，它体现了个人住房保障权益的货币价值。

6. 国外有哪些国家实行了公积金制度？

答：从目前看，新加坡建立了以养老、医疗、教育、住房为主要导向的综合公积金制度。墨西哥则实行了公职人员和企业雇员两个系统分别管理的住房公积金制度。在资金筹集上，它们都是通过强制缴存的形式来实现的。

7. 新加坡公积金是怎么运行的？

答：新加坡中央公积金局通过公积金制度筹集资金，大量购买政府大额债券，使政府有足够资金向建屋发展局（HDB）提供低息贷款。建屋发展局既提供公共住房建设贷款，也提供个人购房贷款。

8. 墨西哥住房公积金是怎么运行的？

答：为了保障人民住房权利，维护社会公平和稳定，墨西哥政府于1972年依据宪法建立了住房公积金制度。经过50多年的发展，住房公积金制度已经成为墨西哥的基本住房制度，住房公积金成为住房市场的重要资金来源，是政府引导住房发展的主要政策调控工具，对提高墨西哥人民的住房水平发挥了举足轻重的作用。在住房抵押贷款一级市场，全国劳动者住房公积金（INFONAVIT）和国家公职人员住房公积金（FOVISSTE）是最主要的两个住房抵押贷款发放机构，二者的市场份额超过了80%。

9. 我国目前的政策性金融制度形式有哪些？

答：在农业领域，我国成立了农业发展银行；在城市基础设施建设领域，我国成立了国家开发银行；在对外贸易领域，我国成立了国家进出口银行；在住房市场和住房保障领域，我国尚未建立专门的政策性金融机构，住房公积金则在一定程度上承担了政策性金融职能。

10. 我国住房公积金制度借鉴了哪个国家的经验？

答：20世纪90年代初，我国借鉴新加坡的公积金制度，结合我国国情研究建立了住房公积金制度。

11. 我国住房公积金制度产生的背景是什么？

答：随着国家经济战略的调整和经济体制改革的推进，原来计划经济体制下的福利住房制度日益显现出资金短缺、分配不公等弊端，亟须进行改革。

1978 年和 1980 年，邓小平同志两次提出了我国住房制度改革的设想，随后在全国推行了住房市场化试点，但全价售房、住房补贴、提租补贴三次试点均未取得理想效果。此时，住房公积金制度因其具有的积累性、互助性和二次分配优势，成为我国住房制度渐进化改革的有力支撑。

12. 我国住房公积金制度设计初衷是什么？

答： 我国的住房公积金制度建立之初是为解决住房资金短缺问题而研究设计的。1992 年 3 月 1 日，国务院房改领导小组、财政部、建设部印发《关于住房资金的筹集、使用和管理的暂行规定》（财综字〔1992〕31 号）提出，住房资金的一项来源是：建立公积金制度筹集的资金。

13. 我国住房公积金制度建立元年是哪一年？

答： 1991 年是我国住房公积金制度的元年。1991 年 11 月 23 日，《国务院办公厅转发国务院住房制度改革领导小组关于全面推进城镇住房制度改革的通知》（国办发〔1991〕73 号）指出：公积金是建立个人住房基金的有效方式，各地区要紧密联系各地区的特点和经济能力，正确引导，逐步推行。

14. 我国住房公积金制度是在哪个城市率先建立的？

答： 1991 年 5 月 1 日，上海市率先进行试点，建立住房公积金制度。此后，住房公积金制度迅速在全国各地得以推广。

15. 1991 年上海市住房制度改革确立了什么方案？

答： 1991 年 2 月 8 日，上海市九届人大常委会第二十四次会议通过了《上海市住房制度改革实施方案》，确立了"推行公积金、提租发补贴、配房买债券、买房给优惠和建立房委会"五位一体的住房制度改革方案。

16. 上海住房制度改革实施方案发布后，出台了哪些涉及公积金的实施细则？

答： 1991 年《上海市住房制度改革实施方案》发布不到两个月，出台了涉及公积金方面的 6 个实施细则，分别是《上海市公积金暂行办法》《上海市住房委员会章程》《关于本市单位和职工缴交公积金和发放住房提租补贴的暂行办法》《上海市公积金管理中心章程》《上海市房改资金金融管理暂行办法》《上海市房改资金使用管理暂行办法》。

17. 全国发放第一笔个人住房公积金购房贷款是什么时候？

答：1992 年 5 月 8 日，上海市发放了全国第一笔个人住房公积金贷款 8 万元，职工杨希鸿成为全国个人公积金贷款第一人，标志着我国公积金个人住房金融业务的开启。

18. 上海市的住房公积金试点取得了哪些成效？

答：自 1991 年 5 月 1 日推行住房公积金制度以来，上海市住房公积金试点取得显著成效。到 1996 年年底，全市参加公积金制度的人数达到 441.15 万，归集资金达到 105.90 亿元，向职工发放个人住房贷款 20.20 亿元。其主要成效有：一是推动了住房制度改革，促进了住房的商品化。二是扩大了住宅建设规模，解决了职工住房困难。三是转变了职工观念，提高了职工的住房消费意识。四是开创了房地产业和金融业合作发展的新模式。五是摸索并积累了一套比较成熟的管理办法，为进一步规范住房公积金管理、促进住房公积金法治建设打下了良好基础。

19. 住房公积金还在哪些地方进行了试点？

答：在上海率先试点公积金的同时，北京、天津、江苏等地也纷纷建立了住房公积金制度，且在制度设计上体现了明显的地域特征和个性化设计。

20. 军队什么时候开始建立住房公积金制度？

答：1992 年 3 月 13 日，中央军委印发《军队住房制度改革实施方案》，于同年 7 月 1 日实施，方案就军队实行住房公积金制度作出了具体规定，标志着军队住房公积金制度的建立。

21. 铁路系统什么时候开始建立住房公积金制度？

答： 1992 年 2 月 1 日，国务院房改领导小组对铁道部《铁路住房制度改革指导性方案的报告》作出批复（房改字〔1992〕6 号），同意在全国铁路系统建立住房公积金制度。

22. 还有哪些独立运行的系统也建立了住房公积金制度？中央国家机关住房公积金什么时候开始独立建制运营？

答： 1992—1995 年期间，作为独立系统的煤炭、石油系统也逐步建立了住房公积金制度。1996 年 10 月 25 日，《中央国家机关住房公积金制度实施办法》（国管房改字〔1996〕179 号）出台，标志着中央国家机关住房公积金开始独立建制运营。

23. 住房公积金制度什么时候在全国得到全面推广？

答： 1994 年 7 月 18 日，《国务院关于深化城镇住房制度改革的决定》（国发〔1994〕43 号）将"建立住房公积金制度"作为城镇住房制度改革的一项基本内容，要求在全国全面推广住房公积金制度。

24. 住房公积金制度全面推广阶段的缴纳原则是什么？

答：《国务院关于深化城镇住房制度改革的决定》（国发〔1994〕43 号）要求：所有行政和企事业单位及其职工均应按照"个人存储、单位资助、统一管理、专项使用"的原则缴纳住房公积金，建立住房公积金制度。

25. 在制度全面推广阶段，国家对住房公积金的性质是如何界定的？

答： 1994 年 8 月 3 日，国务院房改领导小组召开贯彻《国务院关于深化城镇住房制度改革的决定》工作会议，国务院房改领导小组负责人在对《国务院关于深化城镇住房制度改革的决定》的说明中指出，住房公积金是类似职工工资、属于个人所有并具有社会保障性质的资金。

26. 住房公积金制度第一个全国性的专门规定是什么？

答： 1994 年 11 月 23 日，财政部会同国务院住房制度改革领导小组、中国人民银行制定了《建立住房公积金制度的暂行规定》（财综字〔1994〕126号），这是我国第一个住房公积金制度的专门规定，也开了住房公积金规范性文件三部委联合发文的先河。

27. 第一份"国字号"的住房公积金专项文件是什么？

答： 1996 年 7 月 3 日，《国务院办公厅转发国务院住房制度改革领导小组〈关于加强住房公积金管理的意见〉的通知》（国办发〔1996〕35 号），这是我国第一份"国字号"住房公积金专项文件。

28. 国务院 35 号文件对住房公积金的原则性规定有哪些？

答： 1996 年，《国务院办公厅转发国务院住房制度改革领导小组〈关于加强住房公积金管理的意见〉的通知》（国办发〔1996〕35 号），明确了住房公积金的性质是"职工及其所在单位按规定缴存的具有保障性和互助性的职工个人住房基金，归职工个人所有，职工离退休时本息余额一次结清，退还职工本人"；规定了住房公积金的使用范围、决策机构、管理机构，明确了住房公积金管理机构及受托银行的工作职责等。

29. 国务院 35 号文件对住房公积金管理体制和运行原则是怎么表述的？

答： 国务院 35 号文件首次提出住房公积金"房委会决策、中心运作、银行专户、财政监督"四位一体的管理体制，首次提出住房公积金实行低存低贷原则，首次提出风险准备金概念，首次要求向社会公布公积金的归集、使用情况。

30. 住房公积金属于财政预算资金吗？

答：《国务院办公厅转发国务院住房制度改革领导小组〈关于加强住房公积金管理的意见〉的通知》（国办发〔1996〕35 号）规定："住房公积金不作财政预算资金，不纳入财政预算外资金管理。"

31. **我国首部住房公积金管理的地方法规是由哪个城市制定并发布的？**

答： 1996 年 4 月，上海市第十届人民代表大会常务委员会第 27 次会议通过了《上海市住房公积金管理条例》，这是我国首部有关住房公积金管理的地方法规。

32. **住房公积金首次被写入党的全国代表大会报告是在什么时候？**

答： 1997 年 9 月 12 日，江泽民同志在中国共产党第十五次全国代表大会上作了《高举邓小平理论伟大旗帜 把建设有中国特色社会主义事业全面推向二十一世纪》的报告。在报告中，江泽民总书记提出"建立城镇住房公积金，加快改革住房制度"。这是住房公积金首次被写入全国党代会工作报告。

33. **我国的市场化住房体制是什么时候开始确立的？**

答： 1998 年 7 月 3 日，国务院印发《关于进一步深化城镇住房制度改革加快住房建设的通知》（国发〔1998〕23 号），其主要内容是：停止住房实物分配，逐步实行住房分配货币化，职工购房资金来源由职工工资、住房公积金、个人住房贷款及住房补贴等组成，建立多层次的住房供应政策，重点发展经济适用住房及安居工程，发展住房金融等，标志着以商品房市场为主体地位的市场化住房体制的确立。

34. **国务院 23 号文件对调整住房公积金贷款使用方向有哪些表述？**

答： 国发〔1998〕23 号文件强调要全面推行和不断完善住房公积金制度，同时还提出了调整住房公积金贷款方向和开展组合贷款的工作要求。住房公积金贷款用于单位购建住房被叫停，住房公积金贷款将主要用于职工个人购买、建造、大修自住住房。

35. **我国市场化住房体制建立初期，中国人民银行对住房公积金贷款的规范性规定有哪些？**

答： 1998 年 5 月 9 日，中国人民银行颁布实施《个人住房贷款管理办法》（银发〔1998〕190 号），虽然不是专门规范住房公积金贷款的文件，但其包含了对个人住房贷款的一般性规定和专门针对住房公积金个人住房贷款的特定要求。文件对住房公积金贷款程序作出了规定：一是规定贷款资金流向，"申请使用住房公积金贷款购买住房的，在借款申请批准后，按借款合同约定的时间，由贷款人以转账方式将资金划转到售房单位在银行开立的账户"。二是贷款额度与住房公积金缴交额度挂钩，"住房公积金贷款额度最高不得超过借款家庭成员退休年龄内所交纳住房公积金数额的 2 倍"。这些规定使住房公积金个人住房贷款业务得以规范。

36.《住房公积金管理条例》经历了哪些立法过程？是什么时候正式颁布的？

答： 1994 年国务院 43 号文件发布后，住房公积金制度在全国得到全面推广，对促进城镇住房建设、加快城镇住房制度改革、提高城镇居民居住水平发挥了重要作用。但是，由于缺乏统一的法律法规，实际工作中存在随意性大、挪用资金、决策管理机构不明确、缺乏处罚权限等一系列问题。因此，制定《住房公积金管理条例》十分必要。按照朱镕基同志的指示，国务院《住房公积金管理条例》起草小组通过多方面、多地区专题调研，广泛征求意见，召开座谈会等方式，反复研究、修改，形成草案后经国务院第 15 次常务会议通过，于 1999 年 4 月 3 日以中华人民共和国国务院令第 262 号的形式正式发布施行。

37.《住房公积金管理条例》的颁布具有哪些重大意义？

答：《住房公积金管理条例》的颁布，是我国住房公积金制度发展历史上的里程碑，标志着我国住房公积金制度进入了法制化、规范化的发展新时期。《住房公积金管理条例》也是贯彻党的十五大精神，进一步深化住房制度改革、加快住房建设的重要举措，对于推动国民经济持续、快速、健康发展具有重要意义。

38.《住房公积金管理条例》颁布后第一次全国住房公积金管理工作会议是什么时间召开的？会议的议题是什么？

答： 1999 年 5 月 5—6 日，经国务院批准，建设部、财政部和中国人民银行联合召开了第一次全国住房公积金管理工作会议。会议的中心议题是：认真学习、深刻领会《条例》精神，全面贯彻落实《条例》规定，进一步提高认识，推动住房公积金制度全面、健康发展。

39.《住房公积金管理条例》颁布前住房公积金制度的推广工作取得了哪些成效？

答: 在1999年5月召开的全国住房公积金管理工作会议上，时任建设部副部长刘志峰对《国务院关于深化城镇住房制度改革的决定》（国发〔1994〕43号）发布后的住房公积金制度推广工作作了全面总结：一是住房公积金制度在全国范围内初步建立，覆盖面不断扩大。截至1998年年底，住房公积金制度已在231个地级以上城市、437个县级市和相当一部分县（镇）建立，覆盖面不断扩大。二是住房公积金缴交率不断提高，归集额逐年增长。住房公积金缴交率提高到职工工资的5%，部分地区还适当提高了缴交率。截至1998年年底，全国住房公积金累计归集额达到1231亿元。三是住房公积金管理工作逐步加强。1996年，国务院办公厅转发国务院房改领导小组《关于加强住房公积金管理的意见》后，上海、天津、江苏、辽宁等省市先后通过了住房公积金的地方立法，各地还逐步建立起住房公积金的内部管理和监督制度。

经过几年的努力，我国在借鉴国外经验的基础上，成功地把住房公积金制度与我国具体实践相结合。住房公积金制度成为我国住房制度改革和住房建设的重要举措。

40.《住房公积金管理条例》颁布后，财政部对住房公积金管理出台了哪些配套政策？

答: 1999年5月26日财政部出台了《住房公积金财务管理办法》（财综字〔1999〕59号），10月9日又印发了《关于住房公积金财务管理补充规定的通知》（财综字〔1999〕149号）；1999年10月14日财政部出台了《住房公积金会计核算办法》（财会字〔1999〕33号），2000年6月13日印发了《住房公积金会计核算办法补充规定》（财会字〔2000〕12号）。这些办法一直沿用至今。

41. 住房公积金制度建立后第一次全国性大检查是什么时候？检查的内容有哪些？

答： 2001 年 3 月 7 日，建设部、财政部、中国人民银行联合印发《关于对贯彻〈住房公积金管理条例〉情况进行执法检查的通知》（建房改〔2001〕47 号），对全国 25 个省（区、市）贯彻《条例》情况进行执法检查，这是住房公积金制度自建立以来的第一次全国性大检查。检查内容包括：机构设置、公积金归集、账户管理、公积金使用、风险管理、增值收益及分配、对住房公积金的监督、电算化管理、其他房改资金管理和建设厅对全省住房资金管理工作的指导等 10 个方面。

42. 住房公积金首次被写入国民经济和社会发展计划纲要是什么时候？

答： 2001 年 3 月 15 日，第九届全国人大第四次会议批准的《中华人民共和国国民经济和社会发展第十个五年计划纲要》第十九章"拓宽消费领域"中提出：完善住房公积金制度，加大以经济适用房为重点的住房建设力度，建立廉租房供应保障体系。

43. 《住房公积金管理条例》第一次修订是什么时候？主要修订了哪些内容？

答： 针对《条例》贯彻执行过程中存在的问题，2002 年 3 月 24 日，《国务院关于修改〈住房公积金管理条例〉的决定》（国务院令第 350 号）对《条例》进行了修订。修订的内容主要有以下几个方面：

一是重新设计了住房公积金的决策机构。将"住房委员会决策"调整为"住房公积金管理委员会决策"，并规定了住房公积金管理委员会的组成结构。

二是对住房公积金管理中心进行重新定位。规定了直辖市和省、自治区人民政府所在地以及其他设区的市（地区、州、盟）设立一个管理中心，县（市）不设立管理中心（可设立为分支机构），管理中心与其分支机构实行统一规章制度，进行统一核算。住房公积金管理中心是直属城市人民政府的不以营利为目的的独立的事业单位。

三是强化了建设行政主管部门的职责。明确省、自治区人民政府建设行政主管部门会同同级财政以及中国人民银行分支机构，负责本行政区域内住房公积金管理法规、政策执行情况的监督。明确了监督部门对住房公积金管委会、管理中心及工作人员违反规定的管理权限和罚则。

四是明确了财政部门的责任。规定"住房公积金管理中心违反财政法规的，由财政部门依法给予行政处罚"。

五是扩大了住房公积金覆盖范围。要求"民办非企业单位、社会团体"也要建立住房公积金制度。

44.《住房公积金管理条例》第一次修订后，国务院对住房公积金管理相应提出了哪些要求？

答：《住房公积金管理条例》第一次修订后，国务院印发了《关于进一步加强住房公积金管理的通知》（国发〔2002〕12 号），从 6 个方面对各地贯彻《条例》作了进一步要求。一是调整和完善决策机构。对住房公积金管委会的机构设立、组成和职责作出规定。二是规范管理机构设置。对住房公积金管理中心的机构设立、机构调整作出规定。三是规范银行专户和个人账户管理。首次明确承担住房公积金业务的受托银行应在工、农、中、建、交 5 家商业银行范围内选择，且一个城市不得超过 2 家。对缴存职工个人账户的建立和管理作出规定。四是强化住房公积金归集，加大个人贷款发放力度。五是健全和完善监督体系。对住房公积金监管层次进行了划分，对相关部门的监管职责进行了明确。六是加强组织领导，维护缴存人的合法权益。提出建立住房公积金联席会议制度。对已被挤占、挪用的资金和违规发放的项目贷款规定了整改时限和惩处责任。

45. 第二次全国住房公积金工作会议是什么时间召开的？这次会议与 1999 年 5 月的全国住房公积金管理工作会议有何不同？

答：2002 年 5 月 16—18 日，全国住房公积金工作会议在北京召开。这次会议与 1999 年 5 月的全国住房公积金管理工作会议不同的是，会议是由国务院召开的，而不是由之前的建设部、财政部、中国人民银行联合召开，重视程度明显提高，管理力度明显加大。

46. 第二次全国住房公积金工作会议的主要任务是什么？

答： 2002 年 5 月召开的第二次全国住房公积金工作会议的主要任务是贯彻落实修订后的《住房公积金管理条例》和《国务院关于进一步加强住房公积金管理的通知》，研究部署进一步加强住房公积金管理工作。

47.《住房公积金管理条例》第一次修订后，国家对住房公积金管理机构做了哪些规范完善工作？

答： 2002 年 5 月 14 日，建设部、财政部、中国人民银行、监察部、审计署、中央编办印发《关于严禁在住房公积金管理机构调整工作中发生违纪违法行为的通知》（建房改〔2002〕110 号）。

2002 年 6 月 19 日，建设部、财政部、中国人民银行、中央编办、经贸委、监察部、劳动和社会保障部、审计署、国务院法制办、全国总工会联合印发《关于完善住房公积金决策制度的意见》（建房改〔2002〕149 号）和《关于住房公积金管理机构调整工作的实施意见》（建房改〔2002〕150 号），对住房公积金管理委员会和管理中心、分中心、管理部等机构的设置进行了规定。

2003 年 4 月 3 日，建设部、财政部和中国人民银行出台《关于住房公积金管理中心职责和内部授权管理的指导意见》（建金管〔2003〕70 号），规范了管理中心以及分支机构、业务经办网点的职责权限。

2006 年 7 月 22—23 日，建设部在全国住房公积金经验交流会上指出了机构调整中存在的问题。7 月 31 日，建设部、财政部、中国人民银行、监察部联合印发《关于切实贯彻〈住房公积金管理条例〉加强整改工作的通知》（建金管〔2006〕19 号），要求各地按照"严肃纪律、严格监督、规范运作、强化服务、防范风险"的住房公积金管理工作总要求，认真做好有关工作。8 月 1 日，时任建设部部长汪光焘专门给有关省（区、市）政府主要领导去信函督导机构调整工作。9 月 5 日，财政部印发《关于加强住房公积金管理等有关问题的通知》（财综〔2006〕38 号），对住房公积金机构调整工作提出具体要求。9 月 18 日，建设部印发《关于对各地贯彻〈住房公积金管理条例〉落实整改工作的督查方案》（建办金函〔2006〕17 号），建设部、财政部、中国人民银行、监察部等部门组成督察组，再次对各地住房公积金整改工作进行督察。

2003—2006 年，铁路系统逐步开展了住房公积金管理机构调整移交地方工作。

48. 住房公积金第二次全国性大检查是什么时候？检查的内容有哪些？

答：2003 年 1 月 30 日，建设部、财政部、中国人民银行、中央编办、经贸委、监察部、劳动和社会保障部、审计署、国务院法制办、全国总工会联合下发通知，对贯彻落实《住房公积金管理条例》和《国务院关于进一步加强住房公积金管理的通知》情况进行执法检查。检查的内容包括：贯彻落实工作的组织部署情况、管委会的组建和决策制度建立情况、资金管理和审计完成情况、管理机构调整完成情况、挤占挪用资金和项目贷款回收情况、完善监督体系情况、住房公积金业务发展情况等。

49. 国家关于住房公积金监督管理工作出台过哪些专门文件？

答：2004 年 3 月 2 日，建设部、财政部、中国人民银行和银监会联合制定出台《住房公积金行政监督办法》（建金管〔2004〕34 号），规范了部级监督部门（建设部、财政部、中国人民银行、银监会）和省级监督部门（建设厅、财政厅、人行分支机构和银监局）对住房公积金政策法规及执行情况实施的监督行为。

2012 年 2 月 6 日，住房和城乡建设部印发《关于进一步加强住房公积金监管工作的通知》（建金〔2012〕10 号），进一步强化了省（区）住房和城乡建设部门对住房公积金的监管职能，包括文件报备、定期督查、绩效考核、监管系统建设、业务指导、信息报送、信息公开和队伍建设等方面作出明确要求。

50. 住房公积金管理机构第一个业务工作考核办法是什么时候出台的？其主要内容有哪些？

答：2005 年 7 月 18 日，建设部、财政部印发《住房公积金管理中心业务管理工作考核办法（试行）》（建金管〔2005〕123 号），这是监管部门制定的第一个对管理中心具体业务进行工作考核的办法。办法规定了考核内容、考核方法、计分标准、评先评优和奖惩措施。

51. 住房公积金什么时候开始实行督察员制度？

答：2010 年 6 月 28 日，住建部、财政部、发改委、中国人民银行、审计署、银监会联合制定出台《关于试行住房公积金督察员制度的意见》（建稽〔2010〕102 号）。9 月 7 日，住建部印发《住房公积金督察员管理暂行办法》（建稽〔2010〕139 号），开始试行督察员制度。

2010 年 8 月，第一批被聘任的 18 名住房公积金督察员开始上岗履责。2012 年 12 月，聘任第二批共 33 名督察员开展督察工作。

2013 年 1 月，住建部向试点城市派出 15 个督察员巡查组，巡查住房公积金决策、管理、运作、监管等相关工作。

52. 财政部对住房公积金出台过哪些管理和监督政策？

答：1999 年，财政部出台了《住房公积金财务管理办法》（财综字〔1999〕59 号）和《住房公积金会计核算办法》（财会字〔1999〕33 号），对住房公积金财务管理和会计核算工作作出具体规定。

2005 年 12 月 6 日，财政部印发《关于加强住房公积金财政监督管理的通知》（财综〔2005〕52 号），对各级财政部门的住房公积金监管职能作出具体规定。

2006 年 1 月 27 日，财政部印发《住房公积金呆账核销管理暂行办法》（财综〔2006〕10 号），对住房公积金呆账管理提出具体要求。

2006 年 9 月 5 日，财政部印发《关于加强住房公积金管理等有关问题的通知》（财综〔2006〕38 号），针对 2002 年《住房公积金管理条例》自修订以来，各地住房公积金管理工作存在的问题提出财政监管意见。

53. 审计署对住房公积金进行过几次专项审计？

答：2006 年 3—9 月，审计署对全国 45 个城市的住房公积金进行专门审计调查，主要侧重于调查国家政策法规执行过程中存在的问题和重要决策部署的落实情况。

2007 年 10—11 月，审计署派出审计人员对除西藏自治区外的全国 30 个省、自治区、直辖市的 133 个城市住房公积金归集、管理和使用情况进行专门审计，审计年度为 2006 年，必要时也可追溯到以往年度。

2019 年下半年，审计署重点对 17 个省市 34 个城市的住房公积金管理中心进行住房公积金专项审计，查找相关城市住房公积金缴存、提取、贷款、机构运行和管理等方面存在的问题，并向国务院提交了住房公积金专项审计报告。

54. 住房公积金进行过几次全国专项治理？

答： 住房公积金在 2008—2010 年进行了三次专项治理。

2008 年 5 月 20 日，住建部、国务院纠风办、监察部、财政部、中国人民银行、审计署、银监会联合印发《关于加强住房公积金管理专项治理工作的实施意见》（建保〔2008〕93 号），在全国集中开展加强住房公积金管理专项治理工作。

2009 年 4 月 10 日，住建部、国务院纠风办、监察部、财政部、中国人民银行、审计署、银监会联合制定了《关于 2009 年继续开展加强住房公积金管理专项治理工作的实施意见》（建金〔2009〕68 号），继续开展住房公积金管理专项治理工作。

2010 年 7 月 7 日，住建部等七部委印发了《关于 2009 年全国加强住房公积金管理专项治理联合检查情况的通报》（建金〔2010〕104 号），明确 2010 年继续有重点地开展加强住房公积金管理专项治理工作，并提出针对性检查和整改要求。

55. 我国的住房公积金体制基本理顺后，在完善和规范管理过程中具有里程碑意义的一个文件是什么？

答： 2005 年 1 月 10 日，建设部、财政部、中国人民银行联合出台《关于住房公积金管理若干具体问题的指导意见》（建金管〔2005〕5 号）（以下简称《指导意见》），《指导意见》是主管部门为完善住房公积金管理而出台的具有里程碑意义的文件。此后主管部门出台的有关政策基本上都是围绕《指导意见》进行完善的。

56. 2005 年《关于住房公积金管理若干具体问题的指导意见》对住房公积金管理提出了哪些新的要求？

答： 一是扩大制度覆盖面，规范缴存行为。将进城务工人员、城镇个体工商户、自由职业人员纳入住房公积金制度，建立了"限高保低"的缴存制度，规范了降低缴存比例、缓缴和补缴行为。二是放宽了提取条件，规范提取和转移业务。如低保、离职未再就业、遇突发事件造成家庭生活严重困难等，均可以提取住房公积金；规定了购建住房的提取时限；规范了职工调动工作的转移手续。三是完善了贷款政策，推动异地贷款发展。细化了贷款流程和贷款办理时限，完善了贷款的具体措施；首次提出了异地贷款概念。

57. 住房公积金在支持保障性住房建设方面有哪些政策措施？

答： 1999 年 4 月 3 日颁布的《住房公积金管理条例》规定，住房公积金的增值收益应当用于建立住房公积金贷款风险准备金、住房公积金管理中心的管理费用和建设城市廉租住房的补充资金。

2004 年 5 月 13 日，建设部等四部委颁布《经济适用住房管理办法》，其中规定，用于个人购房贷款的住房公积金，可优先向购买经济适用住房的个人发放。2007 年 11 月 19 日，建设部等七部委印发的《经济适用住房管理办法》（建住房〔2007〕258 号）也规定，购买经济适用住房可提取个人住房公积金和优先办理住房公积金贷款。

2007 年 8 月 7 日，国务院印发的《关于解决城市低收入家庭住房困难的若干意见》（国发〔2007〕24 号）提出，住房公积金增值收益在提取贷款风险准备金和管理费用之后，全部用于廉租住房建设。同年，财政部印发的《廉租住房保障资金管理办法》（财综〔2007〕64 号）和建设部等九部委颁布的《廉租住房保障办法》（建设部令第 162 号）均重申了这个规定。

2008 年 12 月 20 日，国务院办公厅印发的《关于促进房地产市场健康发展的若干意见》（国办发〔2008〕131 号）提出，选择部分地区试点，将住房公积金闲置资金补充用于经济适用房等住房建设。

2009 年 10 月 14 日，住建部等七部委出台《关于印发利用住房公积金贷款支持保障性住房建设试点工作实施意见的通知》（建金〔2009〕160 号），其中规定，试点城市可利用住房公积金发放的保障性住房建设贷款，定向用于经济适用房、列入保障性住房规划的城市棚户区改造项目安置用房、政府投资的公共租赁住房建设。

2010 年 6 月 8 日，住建部等七部委印发的《关于加快发展公共租赁住房的指导意见》（建保〔2010〕87 号）提出，政府投资建设的公共租赁住房，纳入住房公积金贷款支持保障性住房建设试点范围。

2010 年 10 月 26 日，财政部、发改委、住建部印发的《关于保障性安居工程资金使用管理有关问题的通知》（财综〔2010〕95 号）明确：从 2010 年起，各地在完成当年廉租住房保障任务的前提下，可以将住房公积金增值收益中计提的廉租住房保障资金，统筹用于发展公共租赁住房。

2011 年 9 月 28 日，国务院办公厅印发的《关于保障性安居工程建设和管理的指导意见》（国办发〔2011〕45 号）提出，住房公积金增值收益在提取贷款风险准备金和管理费用后，全部用于廉租住房和公共租赁住房建设；扩大利用住房公积金贷款支持保障性住房建设试点城市的范围，重点支持公共租赁住房建设。

58. 住房公积金支持保障性住房建设项目贷款是什么时候开始试点的？相关部门出台了哪些配套政策？这个政策又是什么时候停止的？

答： 2009 年 10 月 14 日，住建部等七部委出台《关于印发利用住房公积金贷款支持保障性住房建设试点工作实施意见的通知》（建金〔2009〕160 号），其中规定，试点城市可利用住房公积金发放的保障性住房建设贷款，定向用于经济适用房、列入保障性住房规划的城市棚户区改造项目安置用房、政府投资的公共租赁住房建设。

2010 年 6 月 13 日，住建部等六部委印发《关于做好利用住房公积金贷款支持保障性住房建设试点工作的通知》（建金〔2010〕100 号），确定北京市等 28 个城市为试点城市（后加入上海市后为 29 个）、133 个建设项目为试点项目。

2010 年 6 月 28 日，住建部、财政部、中国人民银行、银监会联合制定印发《利用住房公积金支持保障性住房建设试点项目贷款管理办法》（建金〔2010〕101 号）；3 月 3 日和 9 月 27 日，财政部印发《利用住房公积金发放保障性住房建设贷款财务管理办法》（财综〔2010〕12 号）和《利用住房公积金发放保障性住房建设项目贷款相关业务会计核算办法》（财会〔2010〕18 号）；7 月 9 日，住建部出台《住房公积金支持保障性住房建设项目贷款业务规范》（GB/T 50626—2010）。

2012 年 3 月 9 日，住建部等七部委联合印发《关于扩大利用住房公积金贷款支持保障性住房建设试点范围的通知》（建金〔2012〕36 号），提出适当扩大住房公积金贷款支持保障性住房建设试点范围，以城市自愿为前提，已开展试点的省（区）可新增 1～3 个城市试点，并放宽了贷款条件。9 月 4 日，住建部、财政部、中国人民银行印发《关于做好扩大利用住房公积金贷款支持保障性住房建设试点范围工作的通知》（建金〔2012〕130 号），确定石家庄等 64 个城市为新增试点城市，北京等 18 个城市为新增贷款额度城市，290 个建设项目为新增试点项目。

截至 2015 年年末，全国共有住房公积金项目贷款试点城市 87 个、试点项目 392 个，计划贷款额度 1107.53 亿元。随后，住建部会同财政部、中国人民银行调整了利用住房公积金贷款支持保障性住房建设试点工作相关政策，决定从 2016 年 1 月 1 日起，尚未发放项目贷款的试点城市，不再发放住房公积金项目贷款；已经开展试点工作的城市，仍有未发放贷款的试点项目，原则上不再发放住房公积金贷款，也不再调整新增试点项目；对已发放贷款但尚未结清的试点项目，试点城市政府要妥善安排还款资金，确保按期偿还贷款本息。

59. 我国最后一个成立的设区城市住房公积金管理中心是哪个？

答：2010 年 10 月 29 日，我国最后一个设区城市住房公积金管理中心——深圳市住房公积金管理中心正式揭牌成立。

60. 住房公积金存款是什么时候被纳入广义货币供应量（M2）统计范围的？

答： 自 2011 年 10 月起，中国人民银行将非存款类金融机构在存款类金融机构的存款和住房公积金存款，纳入广义货币供应量（M2）统计范围。

61. 什么是住房公积金资产证券化？我国什么时候开始开展住房公积金资产证券化试点？

答： 住房公积金个人住房贷款资产证券化是指公积金中心将其持有的缺乏流动性但能够产生可预测的稳定现金流（本息归还）的个人住房抵押贷款组成资产池，以资产池所产生的现金流作为偿付基础，通过风险隔离、现金流重组和信用增级，在资本市场发行资产支持证券的结构性融资行为。

2014 年 10 月 9 日，住建部、财政部、中国人民银行印发《关于发展住房公积金个人住房贷款业务的通知》（建金〔2014〕148 号），提出："盘活存量贷款资产……有条件的城市，要积极探索发展住房公积金个人住房贷款资产证券化业务。" 2015 年 6 月 30 日，我国首支以个人住房贷款为基础资产的资产支持证券——"汇富武汉住房公积金贷款 1 号资产支持专项计划"成功发行。2015 年 10 月 16 日，住建部在住房公积金管理工作座谈会上部署 2016 年工作，其中一个任务就是推行住房公积金个人住房贷款资产证券化。同年 11 月，上海、武汉、杭州、湖州等城市开展了住房公积金资产证券化业务试点。

62. 哪个地方建立了全国第一个住房公积金省级垂管模式？

答： 2006 年 8 月，海南住房公积金管理委员会成立，成为海南省住房公积金管理的决策机构。2007 年 6 月，海南住房公积金管理委员会研究决定，对各市县住房公积金管理体制进行调整，由海南住房公积金管理中心统一垂直管理。2011 年 8 月 11 日，海南住房公积金管理中心正式更名为海南省住房公积金管理局，为隶属于省政府、归口省住建厅管理的副厅级事业单位，是我国目前唯一一个省以下垂管的住房公积金管理系统。

63.《住房公积金管理条例》第二次修订是什么时候？主要修订了哪些内容？

答： 2019 年 3 月 24 日，国务院发布《国务院关于修改部分行政法规的决定》（国务院令第 710 号），其中将《住房公积金管理条例》第十三条第二款修改为："单位应当向住房公积金管理中心办理住房公积金缴存登记，并为本单位职工办理住房公积金账户设立手续。每个职工只能有一个住房公积金账户。"

第十四条修改为："新设立的单位应当自设立之日起 30 日内向住房公积金管理中心办理住房公积金缴存登记，并自登记之日起 20 日内，为本单位职工办理住房公积金账户设立手续。"

"单位合并、分立、撤销、解散或者破产的，应当自发生上述情况之日起 30 日内由原单位或者清算组织向住房公积金管理中心办理变更登记或者注销登记，并自办妥变更登记或者注销登记之日起 20 日内，为本单位职工办理住房公积金账户转移或者封存手续。"

第十五条修改为："单位录用职工的，应当自录用之日起 30 日内向住房公积金管理中心办理缴存登记，并办理职工住房公积金账户的设立或者转移手续。"

"单位与职工终止劳动关系的，单位应当自劳动关系终止之日起 30 日内向住房公积金管理中心办理变更登记，并办理职工住房公积金账户转移或者封存手续。"

64.《住房公积金管理条例》规定住房公积金的管理原则是什么？

答：《住房公积金管理条例》第四条规定，住房公积金的管理实行住房公积金管理委员会决策、住房公积金管理中心运作、银行专户存储、财政监督的原则。

65.《住房公积金管理条例》对住房公积金的所有权是如何规定的？

答：《住房公积金管理条例》第三条规定，职工个人缴存的住房公积金和职工所在单位为职工缴存的住房公积金属于职工个人所有。

66. 住房公积金的决策机构是如何演变和设立的？

答： 1990 年，朱镕基在上海推行住房制度改革时，提议参照新加坡经验建立公积金制度，并提出成立住房委员会，负责管理、推动住房改革工作。他要求，住房委员会不能完全由政府官员组成，还必须吸收民间人士参与。此后，住房委员会成为住房公积金的决策机构。

国务院房改领导小组印发的《住房资金管理中心章程（试行）》（房改字〔1992〕30 号）指出，住房资金管理中心设理事会，为内部管理领导决策机构。理事会由当地政府代表（房改领导小组领导成员）、房改办主任、体改部门代表、财政部门代表、监察部门代表、企事业单位代表、职工代表、经济专家、法律专家各一人组成。理事长由政府代表担任，副理事长由房改办主任担任，理事会每半年召开一次，必要时可随时召开。

1996 年 8 月 8 日，《国务院办公厅转发国务院住房制度改革领导小组〈关于加强住房公积金管理的意见〉的通知》（国办发〔1996〕35 号）提出，各市（县）住房制度改革领导小组或住房改革委员会是住房公积金管理的领导决策机构，还规定房改领导小组或房委会由政府主要领导人和有关部门、单位的代表组成。

1999 年 4 月 3 日颁布的《住房公积金管理条例》（国务院令第 262 号）明确了住房公积金的决策机构——住房委员会的设立及组成的规定。

2002 年 3 月 24 日，修订后的《住房公积金管理条例》将"住房委员会决策"调整为"住房公积金管理委员会决策"。要求直辖市和省、自治区人民政府所在地的市以及其他设区的市（地区、州、盟）应当设立住房公积金管理委员会，作为住房公积金管理的决策机构。

67. 《住房公积金管理条例》对住房公积金决策机构组成人员是如何规定的？

答：《住房公积金管理条例》第八条规定，直辖市和省、自治区人民政府所在地的市以及其他设区的市（地区、州、盟），应当设立住房公积金管理委员会，作为住房公积金管理的决策机构。住房公积金管理委员会的成员中，人民政府负责人和建设、财政、人民银行等有关部门负责人以及有关专家占

1/3，工会代表和职工代表占 1/3，单位代表占 1/3。住房公积金管理委员会主任应当由具有社会公信力的人士担任。

68. 住房公积金管理委员会有哪些职责？

答：《住房公积金管理条例》第九条规定，住房公积金管理委员会在住房公积金管理方面履行下列职责：

（1）依据有关法律、法规和政策，制定和调整住房公积金的具体管理措施，并监督实施；

（2）根据本条例第十八条的规定，拟订住房公积金的具体缴存比例；

（3）确定住房公积金的最高贷款额度；

（4）审批住房公积金归集、使用计划；

（5）审议住房公积金增值收益分配方案；

（6）审批住房公积金归集、使用计划执行情况的报告。

69. 住房公积金的管理机构是如何设立的？

答： 1992 年 11 月 7 日，国务院房改领导小组制定印发了《住房资金管理中心章程（试行）》（房改字〔1992〕30 号），要求省、自治区、地区级在同级住房制度改革领导小组领导下设地方住房资金管理中心，管理包含公积金在内的住房资金，各地的住房资金管理中心逐渐建立起来。住房资金管理中心也就是住房公积金管理中心的前身。

1994 年 7 月 18 日，国务院发布的《关于深化城镇住房制度改革的决定》（国发〔1994〕43 号）提出，各市（县）人民政府可以设立专门的住房公积金管理机构。

1996 年 8 月 8 日，《国务院办公厅转发国务院住房制度改革领导小组〈关于加强住房公积金管理的意见〉的通知》（国办发〔1996〕35 号）明确，住房公积金管理机构（住房资金管理中心、住房公积金管理中心）是当地人民政府批准设立，依法管理住房公积金的独立事业单位。管理中心受当地房改领导小组或房委会的直接领导，不以营利为目的，实行独立核算。

1999 年 4 月 3 日颁布的《住房公积金管理条例》（国务院令第 262 号）明

确了住房公积金的管理机构——住房公积金管理中心的设立规定。

2002 年 3 月 24 日，修订后的《住房公积金管理条例》规定，直辖市和省、自治区人民政府所在地的市以及其他设区的市（地区、州、盟）应当按照精简、效能的原则，设立一个住房公积金管理中心，负责住房公积金的管理运作。县（市）不设立住房公积金管理中心。住房公积金管理中心可以在有条件的县（市）设立分支机构。住房公积金管理中心与其分支机构应当实行统一的规章制度，进行统一核算。

70.《住房公积金管理条例》对住房公积金管理中心是如何定位的？

答： 1999 年颁布的《住房公积金管理条例》第十条将住房公积金管理中心定位为"不以营利为目的的独立的事业单位"。2002 年 3 月 24 日《住房公积金管理条例》修订后，将住房公积金管理中心定位为"直属城市人民政府的不以营利为目的的独立的事业单位"。此规定一直沿用至今。

71. 住房公积金管理中心的设立有哪些规定？

答：《住房公积金管理条例》第十条规定，直辖市和省、自治区人民政府所在地的市以及其他设区的市（地区、州、盟）应当按照精简、效能的原则，设立一个住房公积金管理中心，负责住房公积金的管理运作。县（市）不设立住房公积金管理中心。住房公积金管理中心可以在有条件的县（市）设立分支机构。住房公积金管理中心与其分支机构应当实行统一的规章制度，进行统一核算。

72. 住房公积金管理中心有哪些职责？

答：《住房公积金管理条例》第十一条规定，住房公积金管理中心履行下列职责：

（1）编制、执行住房公积金的归集、使用计划；

（2）负责记载职工住房公积金的缴存、提取、使用等情况；

（3）负责住房公积金的核算；

（4）审批住房公积金的提取、使用；

（5）负责住房公积金的保值和归还；

（6）编制住房公积金归集、使用计划执行情况的报告；

（7）承办住房公积金管理委员会决定的其他事项。

73. 住房公积金监管机构的设立经历了哪些过程？

答： 1998 年以前，住房公积金没有专门的监管机构，主要由国务院房改领导小组承担指导监督职责。1998 年国发〔1998〕23 号文件出台后，建设部住宅与房地产业司设住房资金处，负责住房公积金和其他住房资金的监督管理，可以说是住房公积金监管机构的雏形。

2002 年 3 月 26 日，中央编办批复同意建设部在住宅和房地产业司加挂住房公积金监督管理司牌子（中央编办复字〔2002〕62 号），具体承担全国住房公积金监督管理工作，拟订有关政策法规、制度办法，建立住房公积金信息管理系统，加强对住房公积金管理和使用情况的监控。

2007 年 12 月 25 日，建设部成立住房保障与公积金监管司（住房制度改革办公室）。

2008 年 7 月 10 日，住房和城乡建设部设立住房公积金监管司。

74. 建设部门对住房公积金有哪些监管职责？

答： 国务院《关于进一步加强住房公积金管理的通知》（国发〔2002〕12 号）规定：建设部会同财政部、中国人民银行负责直接对北京、天津、上海、重庆四个直辖市住房公积金管理和使用实施监督。省、自治区人民政府建设行政主管部门会同同级财政部门、人民银行分支机构，负责本行政区域内住房公积金管理法规、政策执行情况的监督。建设部要充分依托现有网络系统基础，建立健全全国住房公积金信息管理系统，与各省（区、市）住房公积金监管机构联网，对各地区住房公积金管理和使用实施监督。建设部要会同有关部门定期对各省（区、市）住房公积金管理和使用情况进行检查，对检查中发现的问题，要责成有关省（区、市）进行纠正，违规违纪的要及时组织查处，重大情况要及时报告国务院。

75. 财政部门对住房公积金有哪些监管职责？

答： 国务院《关于进一步加强住房公积金管理的通知》（国发〔2002〕12号）规定：建立设区城市财政部门对住房公积金管理和使用的全过程监督机制。住房公积金管理中心应严格执行财政部《住房公积金财务管理办法》《住房公积金会计核算办法》等规定，按时向财政部门报送住房公积金财务收支预算和管理费用预算，并严格按财政部门批复的预算执行。住房公积金管理委员会在审批住房公积金归集、使用计划和计划执行情况的报告时，必须有财政部门参加。住房公积金管理中心年终编制住房公积金财务收支决算和管理费用决算，要报同级财政部门审批并抄报同级审计部门。

76. 中国人民银行对住房公积金有哪些监管职责？

答： 国务院《关于进一步加强住房公积金管理的通知》（国发〔2002〕12号）规定：人民银行要加强对受委托银行承办住房公积金金融业务的监管。

77. 审计部门对住房公积金有哪些监管职责？

答： 国务院《关于进一步加强住房公积金管理的通知》（国发〔2002〕12号）规定：审计部门应对住房公积金管理和使用情况的真实性、合规性、效益性进行审计监督，对住房公积金管理中心负责人进行经济责任审计。

78. 住房公积金有哪些历史性贡献？

答： 一是作为住房制度改革的有机组成部分，住房公积金通过优化筹资和分配机制，保证了我国住房制度改革的顺利进行，使住房这个"老大难"问题实现了由计划分配到市场化配置的顺利转变，较好地解决了城镇居民住房问题。二是通过分配制度改革，建立了一支强制积累、政策激励、市场化引导的独具中国特色的世界上最大的住房储蓄基金，为发展中国家转型发展提供了良好的住房保障制度范例。三是有力改善了城镇居民的住房条件，提高了居民住房拥有率，提升了群众幸福指数，保持了社会的和谐稳定。四是促进了房地产业和经济社会发展。通过住房公积金即时支付和贷款，资金持续不断地注入住房消费和建设市场，对我国房地产业发展起到了巨大的促进作用，推动了经济社会发展。五是推进了新型城镇化建设。通过主要面向中低收入人群提供资金支持的形式，在新时期进一步向"新市民"倾斜，支持他们在城市安家落户，为提高城市化率，建设更健康、更安全、更宜居的家园发挥了独特作用。六是作为一种政策性杠杆工具，丰富了我国房地产市场调控机制，在市场波动较大时期利用公积金政策进行调节或者刺激，对房地产业持续健康发展起到了"稳定器""蓄水池"作用。

79. 关于住房公积金的定位问题，目前有哪些主流观点？

答：一是将住房公积金定位为住房保障制度，作为保障性住房制度体系的重要内容，为保障性住房建设和住房消费提供资金支持。二是定位为政策性金融制度，作为一种住房金融工具，充分发挥其融资功能和投资效应，在保证安全性和流动性的前提下实现资金的保值增值。实际上，两个定位并不矛盾，住房公积金的住房保障职能与金融互助职能是相辅相成、互相依存的。住房公积金制度多年的发展积累了大量的住房资金，通过对住房消费领域的支持和调控，促进了住房消费升级和社会和谐稳定，对我国住房金融市场发展和百姓"住有所居"目标的实现发挥了重要作用。

80. 国家在住房公积金方面出台过哪些税收政策？

答：1997 年 11 月 8 日，财政部、国家税务总局印发《关于住房公积金、医疗保险金、养老保险金征收个人所得税问题的通知》（财税字〔1997〕144号），对按规定比例缴付的住房公积金等，不计入个人当期的工资、薪金收入，免征个人所得税，超过规定比例的，超出部分并入个人当期的工资、薪金收入，计征个人所得税；个人提取住房公积金时，免征个人所得税。

1999 年 10 月 8 日，财政部、国家税务总局印发《关于住房公积金、医疗保险金、基本养老保险金、失业保险金个人账户存款利息所得免征个人所得税的通知》（财税字〔1999〕267 号），对按照国家或省级地方政府规定的比例缴付的住房公积金个人账户所取得的利息收入免征个人所得税。

2000 年 10 月 10 日，财政部、国家税务总局印发《关于住房公积金管理中心有关税收政策的通知》（财税〔2000〕94 号），对管理中心取得贷款收入、利息收入免征营业税和企业所得税，取得其他经营收入则按规定征收。

2006年6月27日，财政部、国家税务总局印发的《关于基本养老保险费、基本医疗保险费、失业保险费、住房公积金有关个人所得税政策的通知》（财税〔2006〕10号）规定：单位和个人分别在不超过职工本人上一年度月平均工资12%的幅度内，其实际缴存的住房公积金，允许在个人应纳税所得额中扣除。单位和职工个人缴存住房公积金的月平均工资不得超过职工工作地所在设区城市上一年度职工月平均工资的3倍，具体标准按照各地有关规定执行。单位和个人超过上述规定比例和标准缴付的住房公积金，应将超过部分并入个人当期的工资、薪金收入，计征个人所得税。

81. 住房公积金的存款利率规则发生过哪些变化？

答： 1994年12月1日，中国人民银行、国务院住房制度改革领导小组、财政部联合出台《政策性住房信贷业务管理暂行规定》（银发〔1994〕313号），其中明确职工个人住房公积金存款一般按法定半年定期存款利率计息。住房公积金存款于每年6月30日按上年7月1日银行挂牌利率计息，并自结息日起自动转存。

1996年7月3日，《国务院办公厅转发国务院住房制度改革领导小组〈关于加强住房公积金管理的意见〉的通知》（国办发〔1996〕35号）规定，当年归集的职工个人住房公积金按活期存款利率计息，上年结转的职工个人住房公积金本息暂按三个月整存整取存款利率计息。

1999年3月3日，中国人民银行印发《人民币利率管理规定》（银发〔1999〕77号），其中专门针对住房公积金存款和贷款利率作出规定，确定了住房公积金存款分段计息的方式。

2016年2月17日，中国人民银行、住建部联合印发《关于完善职工住房公积金账户存款利率形成机制的通知》（银发〔2016〕43号），决定从2月21日起，将职工住房公积金账户存款利率，由过去的按照归集时间执行活期和三个月存款基准利率，调整为统一按照一年期存款基准利率执行。

82. 住房公积金的贷款利率规则发生过哪些变化？

答： 1994 年 12 月 1 日，中国人民银行、国务院住房制度改革领导小组、财政部联合出台的《政策性住房信贷业务管理暂行规定》（银发〔1994〕313号）规定，单位和职工个人住房贷款利率，在职工个人住房公积金存款利率基础上加规定利差。单位和职工个人住房贷款利率，随职工个人住房公积金存款利率调整。

1996 年 7 月 3 日，《国务院办公厅转发国务院住房制度改革领导小组〈关于加强住房公积金管理的意见〉的通知》（国办发〔1996〕35 号）规定，单位和职工个人住房贷款利率，在上年结转的职工个人住房公积金存款利率的基础上加规定利差。单位和职工个人住房贷款利率，随职工个人住房公积金存款利率调整。

1998 年 5 月 9 日，中国人民银行出台的《个人住房贷款管理办法》（银发〔1998〕190 号）规定，用住房公积金发放的个人住房贷款利率在三个月整存整取利率基础上加点执行。

1999 年 9 月 21 日，中国人民银行、建设部联合印发了《关于调整住房公积金存、贷款期限和利率等问题的通知》（银传〔1999〕45 号），将住房公积金贷款最长期限由 20 年延长到 30 年；调整贷款利率计息方法，打破加点规则，直接公布住房公积金贷款的利率水平，不再在三个月整存整取利率基础上加点执行，且将原来按照贷款期限长短划分的五档公积金利率期限结构调整为 1 ～ 5 年和 6 ～ 30 年两档利率水平。此后，住房公积金贷款利率随商业性房贷利率调整，利率水平均明显低于商业性房贷利率水平。

83. 相关部门对受托银行专户内住房公积金沉淀资金的存储利率，有过哪些规定？

答： 1996 年 7 月 3 日，《国务院办公厅转发国务院住房制度改革领导小组〈关于加强住房公积金管理的意见〉的通知》（国办发〔1996〕35 号）规定，管理中心在受托银行专户内的沉淀资金比照三年期零存整取储蓄存款利率计息，并不低于该档次利率水平。

1999 年 9 月 21 日，中国人民银行、建设部联合印发的《关于调整个人住房公积金存、贷款期限和利率等问题的通知》（银传〔1999〕45号）规定，将管理中心在受托银行专户中的沉淀资金，比照结息日挂牌公告的金融机构在中国人民银行的准备金存款利率计息，按季结息，每季度末月的20日为结息日。

2005年3月16日，中国人民银行印发的《关于调整商业银行住房信贷政策和超额准备金存款利率的通知》（银发〔2005〕61号）规定，住房公积金管理中心在受托银行专户内的沉淀资金改按单位存款相应期限档次利率计息。

84. 历年住房公积金存贷款利率有哪些变化？

历年住房公积金存、贷款利率一览表（年利率）

调整日期	存款利率	贷款利率
1994年12月1日	半年定期存款利率9%	单位和职工个人住房贷款利率，在职工个人住房公积金存款利率基础上加规定利差：单位住房贷款利率（按季结息），3年以内加1.8个百分点，3年以上至5年加2.16个百分点；附加还本宽限期的，每年宽限期另加0.18个百分点；无贷款抵押的，另加0.99个百分点。职工个人住房抵押贷款利率（按月或按季结息），5年以内加1.8个百分点，5年以上至10年加2.34个百分点，10年以上至15年加2.88个百分点，15年以上至20年加3.42个百分点。单位和职工个人住房贷款利率，随职工个人住房公积金存款利率调整
1996年7月3日	当年归集的按活期存款利率计息，上年结转的按三个月整存整取存款利率计息。活期2.97%，三个月定期4.86%	单位和职工个人住房贷款利率，在上年结转的职工个人住房公积金存款利率的基础上加规定利差：单位住房贷款利率（按季结息），3年以内加1.8个百分点，3年以上至5年加2.16个百分点；附加还本宽限期的，每年宽限期另加0.18个百分点；无贷款抵押的，另加0.99个百分点。职工个人住房抵押贷款利率（按月或按季结息），5年以内加1.8个百分点，5年以上至10年加2.34个百分点，10年以上至15年加2.88个百分点，15年以上至20年加3.42个百分点。单位和职工个人住房贷款利率，随职工个人住房公积金存款利率调整
1998年5月9日	活期1.71%，三个月定期2.88%	用住房公积金发放的个人住房贷款利率在三个月整存整取存款利率基础上加点执行。贷款期限为1年至3年（含3年）的，加1.8个百分点；期限为3至5年（含5年）的，加2.16个百分点；期限为5至10年（含10年）的，加2.34个百分点；期限为10至15年（含15年）的，加2.88个百分点；期限为15年至20年（含20年）的，加3.42个百分点
1999年9月21日	活期0.99%，三个月定期1.98%	5年（含）以下4.14%，5年以上4.59%
2002年3月1日	活期0.72%，三个月定期1.71%	5年（含）以下3.6%，5年以上4.05%

（续表）

调整日期	存款利率	贷款利率
2004 年 10 月 29 日	未调整	5 年（含）以下 3.78%，5 年以上 4.23%
2005 年 3 月 17 日	未调整	5 年（含）以下 3.96%，5 年以上 4.41%
2006 年 4 月 28 日	未调整	5 年（含）以下 4.14%，5 年以上 4.59%
2006 年 8 月 19 日	活期 0.72%，三个月定期 1.80%	5 年（含）以下 4.14%，5 年以上 4.59%
2007 年 3 月 18 日	活期 0.72%，三个月定期 1.98%	5 年（含）以下 4.32%，5 年以上 4.77%
2007 年 5 月 19 日	活期 0.72%，三个月定期 2.07%	5 年（含）以下 4.41%，5 年以上 4.86%
2007 年 7 月 21 日	活期 0.81%，三个月定期 2.34%	5 年（含）以下 4.50%，5 年以上 4.95%
2007 年 8 月 22 日	活期 0.81%，三个月定期 2.61%	5 年（含）以下 4.59%，5 年以上 5.04%
2007 年 9 月 15 日	活期 0.81%，三个月定期 2.88%	5 年（含）以下 4.77%，5 年以上 5.22%
2007 年 12 月 21 日	活期 0.72%，三个月定期 3.33%	未调整
2008 年 9 月 16 日	未调整	5 年（含）以下 4.59%，5 年以上 5.13%
2008 年 10 月 15 日	活期 0.72%，三个月定期 3.15%	5 年（含）以下 4.32%，5 年以上 4.86%
2008 年 10 月 30 日	活期 0.72%，三个月定期 2.88%	5 年（含）以下 4.05%，5 年以上 4.59%
2008 年 11 月 27 日	活期 0.36%，三个月定期 1.98%	5 年（含）以下 3.51%，5 年以上 4.05%
2008 年 12 月 23 日	活期 0.36%，三个月定期 1.71%	5 年（含）以下 3.33%，5 年以上 3.87%
2010 年 10 月 20 日	活期 0.36%，三个月定期 1.91%	5 年（含）以下 3.50%，5 年以上 4.05%
2010 年 12 月 26 日	活期 0.36%，三个月定期 2.25%	5 年（含）以下 3.75%，5 年以上 4.30%
2011 年 2 月 9 日	活期 0.40%，三个月定期 2.60%	5 年（含）以下 4.00%，5 年以上 4.50%
2011 年 4 月 6 日	活期 0.50%，三个月定期 2.85%	5 年（含）以下 4.20%，5 年以上 4.70%
2011 年 7 月 7 日	活期 0.50%，三个月定期 3.10%	5 年（含）以下 4.45%，5 年以上 4.90%
2012 年 6 月 8 日	活期 0.40%，三个月定期 2.85%	5 年（含）以下 4.20%，5 年以上 4.70%

（续表）

调整日期	存款利率	贷款利率
2012 年 7 月 6 日	活期 0.35%，三个月定期 2.60%	5 年（含）以下 4.00%，5 年以上 4.50%
2014 年 11 月 22 日	活期 0.35%，三个月定期 2.35%	5 年（含）以下 3.75%，5 年以上 4.25%
2015 年 3 月 1 日	活期 0.35%，三个月定期 2.10%	5 年（含）以下 3.50%，5 年以上 4.00%
2015 年 5 月 11 日	活期 0.35%，三个月定期 1.85%	5 年（含）以下 3.25%，5 年以上 3.75%
2015 年 6 月 28 日	活期 0.35%，三个月定期 1.60%	5 年（含）以下 3.00%，5 年以上 3.50%
2015 年 8 月 26 日	活期 0.35%，三个月定期 1.35%	5 年（含）以下 2.75%，5 年以上 3.25%
2015 年 10 月 24 日	活期 0.35%，三个月定期 1.10%	未调整
2016 年 2 月 21 日	一年期定期存款基准利率 1.50%	未调整
2022 年 10 月 1 日	未调整	5 年（含）以下 2.6%，5 年以上 3.1%。第二套个人住房公积金贷款利率政策保持不变，即 5 年以下（含 5 年）和 5 年以上利率分别不低于 3.025% 和 3.575%

85. 对受托办理住房公积金业务的银行手续费是怎样规定的？

答：《国务院办公厅转发国务院住房制度改革领导小组〈关于加强住房公积金管理的意见〉的通知》（国办发〔1996〕35 号）对银行手续费作出了规定："凡委托银行归集住房公积金的，归集手续费一般按当年住房公积金归集额的 0.5% 确定，贷款手续费率按不高于贷款利息收入的 5% 确定。"

86. 在住房公积金服务工作方面出台过哪些政策和措施？

答：2011 年 1 月 19 日，住建部、财政部、中国人民银行、银监会联合出台《关于加强和改进住房公积金服务工作的通知》（建金〔2011〕9 号），这是主管部门第一次出台规范住房公积金服务工作的专门政策文件。文件还一并印发了《住房公积金服务指引（试行）》，对住房公积金缴存、提取、贷款、信息查询、政策咨询、投诉建议等业务服务进行了规范，并要求各地管理中心依此制定《住房公积金服务指南》。

2014 年 7 月 11 日，住建部办公厅印发《关于开展加强和改进住房公积金服务专项督查工作的通知》（建办金函〔2014〕394 号），于当年 9 月至 11 月，组织 10 个检查组，对全国 27 个省区、4 个直辖市和新疆建设兵团的 80 个城市住房公积金管理中心的服务工作进行专项检查。2015 年 1 月 16 日，住建部办公厅印发《关于对住房公积金服务专项检查情况的通报》（建办金函〔2015〕42 号），分析了住房公积金服务工作的基本情况和存在的问题，并提出了整改要求。

2018 年 4 月 9 日，住建部印发《关于湖南、广西、江西住房公积金行业落实"放管服"改革情况的通报》（建金服函〔2018〕49 号），分析了当前住房公积金服务工作的基本情况和存在的问题，并提出了指导性改进意见。

此后，住建部积极建设和推广住房公积金综合服务平台、异地转移接续平台、12329 服务平台、"跨省通办"平台和住房公积金小程序等，住房公积金的综合服务能力和服务水平跃上了一个新台阶。

87. 12329 服务平台是何时建立起来的？

答： 2012 年 9 月 28 日，住建部印发《关于开通 12329 住房公积金热线的通知》（建金〔2012〕143 号），决定在全国开通 12329 住房公积金热线，并随文件印发《12329 住房公积金热线服务导则》，在服务内容、服务规范、监督管理三个方面作了具体的设计安排。

2014 年 12 月 26 日，住建部印发《关于开通 12329 住房公积金短消息服务的通知》（建金〔2014〕187 号），决定在全国开通 12329 住房公积金短消息，并随文件印发《12329 住房公积金短消息服务导则》，对服务方式、服务规范和监督管理提出具体要求。

88. 住房公积金综合服务平台是何时建立起来的？

答： 2016 年 1 月 12 日，住建部印发《关于加快建设住房公积金综合服务平台的通知》（建金〔2016〕14 号），提出各地应当分批在 2016 年年底和 2017 年年底前建成住房公积金综合服务平台，并发布《住房公积金综合服务平台建设导则》，在建设目标、建设原则、服务渠道、数据接口、综合管理系统、安全保障体系、运行绩效分析等方面作出具体规定。

2019 年 5 月 9 日，住建部印发《关于建立健全住房公积金综合服务平台的通知》（建金〔2019〕57 号），针对部分管理中心建设综合服务平台过程中存在的问题，进一步进行规范，并印发了《建立健全住房公积金综合服务平台工作指引》。

89. 住房公积金廉政风险防控工作是如何开展起来的？

答： 2011 年 10 月 13 日，住建部、财政部、监察部、审计署、国务院纠风办、中国人民银行、银监会联合印发《关于加强住房公积金廉政风险防控工作的通知》（建金〔2011〕170 号），这是住房公积金制度建立以来首个风险防控专项文件。文件就住房公积金风险防控工作作出制度性设计和政策安排，并制定了《住房公积金廉政风险防控指引》。该指引列出 12 类住房公积金风险类型和 34 个风险点，并针对每个风险点提出防控措施。

2014 年 8 月 13 日，住建部办公厅印发《关于开展住房公积金廉政风险防控检查工作的通知》（建办金函〔2014〕480 号），于 2014 年 8 月至 2015 年 6 月对全国住房公积金廉政风险防控工作情况进行检查。

90. 住房公积金信息披露制度是如何建立和完善的？

答： 1996 年 8 月 8 日《国务院办公厅转发国务院住房制度改革领导小组〈关于加强住房公积金管理的意见〉的通知》（国办发〔1996〕35 号）要求，管理中心要定期公布上一年度住房公积金的归集、使用情况。

《住房公积金管理条例》第三十二条规定，管理中心应当每年定期将财务报告向社会公布。

2002 年 5 月 13 日，国务院印发《关于进一步加强住房公积金管理的通知》（国发〔2002〕12 号），要求管理中心在结算年度终了后两个月内，将包括住房公积金资产负债表、损益表、增值收益分配表等内容的财务报告向社会公布。

2007 年 9 月 10 日，建设部出台《关于进一步规范住房公积金管理信息公开工作的意见》（建金管〔2007〕222 号），对住房公积金信息公开工作提出明确要求。

2015 年 2 月 6 日，住建部、财政部、中国人民银行出台《关于健全住房公积金信息披露制度的通知》（建金〔2015〕26 号），并附《住房公积金信息披露指引》和《住房公积金信息披露指标体系》，进一步健全完善了住房公积金信息披露制度。文件规定，住房公积金管理中心的年度报告应于每年 3 月底前披露；省（区）住房公积金汇总信息应于每年 4 月底前披露；全国住房公积金汇总信息应于每年 5 月底前披露。

从 2015 年起，各级住房公积金管理机构每年均按规定向社会公布了住房公积金年度报告。

91. 住房公积金异地转移接续平台是什么时候建立的？住建部对住房公积金异地转移接续业务作出了哪些规定？

答： 2017 年 3 月 20 日，住建部住房公积金监管司印发《关于正式启用全国住房公积金异地转移接续平台的通知》（建金服函〔2017〕23 号），全国住房公积金异地转移接续平台正式启用，并对各地上线平台进行了上线时间安排。随后住建部印发《全国住房公积金异地转移接续业务操作规程》，对异地转移接续业务进行了规范。

2017 年 7 月 28 日，住建部住房公积金监管司印发《关于规范使用全国住房公积金异地转移接续平台办理异地转移接续业务的通知》（建金服函〔2017〕86 号），针对少数地方存在的操作不规范、业务处理不及时、推送信息不完整等问题提出了整改意见，同时进一步规范了异地转移接续平台的岗位设置、账号注册、密码和用户管理等流程。

92. 住房公积金在推动非户籍人口在城市落户方面承担了哪些任务？

答： 2006 年 1 月 31 日，国务院印发《关于解决农民工问题的若干意见》（国发〔2006〕5 号），提出各地要把长期在城市就业和生活的农民工居住问题，纳入城市住宅建设发展规划。有条件的地方，城镇单位聘用农民工，用人单位和个人可缴存住房公积金，用于农民购买或租赁自住住房。

2014 年 7 月 30 日，国务院总理李克强在国务院常务会议上提出将住房保障和住房公积金制度实施范围逐步扩大到农民工，有序推进农业转移人口市民化。

2016 年 9 月 30 日，国务院办公厅印发《推动 1 亿非户籍人口在城市落户方案》（国办发〔2016〕72 号），提出要将进城落户农民完全纳入城镇住房保障体系。推进扩大住房公积金缴存面，将农业转移人口纳入覆盖范围，鼓励个体工商户和自由职业者缴存；落实放宽住房公积金提取条件等政策；建立全国住房公积金转移接续平台，支持缴存人异地使用。

93. 住房公积金在 2008 年四川汶川抗震救灾中出台了哪些支持政策？

答： 2008 年 5 月 22 日，住建部印发《关于抗震救灾中做好住房公积金工作的紧急通知》（建办保〔2008〕33 号），要求住房公积金系统按照党中央、国务院的统一部署，在省（区）住建部门的统一安排下，做好抗震救灾工作，采取有效措施，帮助受灾群众重建家园。

2008 年 8 月 6 日，中国人民银行等四部委印发《关于汶川地震灾后重建金融支持和服务措施的意见》（银发〔2008〕225 号），对灾区实行信贷优惠政策，包括降低灾区个人住房公积金贷款利率和首付比例，延期还款、逾期贷款不收罚息和不作为不良记录等。

94. 住房公积金在我国抗击新冠肺炎疫情期间出台了哪些支持政策？

答： 2020 年 2 月 21 日，住建部、财政部、中国人民银行印发《关于妥善应对新冠肺炎疫情实施住房公积金阶段性支持政策的通知》（建金〔2020〕23 号），规定了受新冠肺炎疫情影响的企业、职工或地区的相关支持政策。2 月 28 日住建部办公厅又印发了《关于应对新型冠状病毒感染的肺炎疫情做好住房公积金管理服务工作的通知》（建办金函〔2020〕71 号），要求各地做好疫情防控期间住房公积金管理服务工作，有效缓解企业和职工困难。

2022 年 5 月 20 日，住建部、财政部、中国人民银行印发《关于实施住房公积金阶段性支持政策的通知》（建金〔2022〕45 号），进一步加大住房公积金助企纾困能力，帮助受疫情影响的企业和缴存人共同渡过难关。

95. 住房公积金电子稽查工作是什么时候全面开展的？

答： 2018 年，住建部研发并启用了住房公积金电子稽查工具，取得了积极成效。2019 年 5 月 7 日，住建部办公厅印发《关于全面开展住房公积金电子稽查工作的通知》（建办金函〔2019〕297 号），并随文件印发了《住房公积金电子稽查指引》，决定自 2019 年起全面开展住房公积金电子稽查工作。

96. 住建部是如何推进住房公积金服务 "跨省通办" 工作的？

答：2020 年 11 月 5 日，住建部办公厅印发《关于做好住房公积金服务 "跨省通办" 工作的通知》（建办金〔2020〕53 号），要求 2020 年年底前实现个人住房公积金缴存贷款等信息查询、出具贷款职工住房公积金缴存使用证明、正常退休提取住房公积金等三项服务事项 "跨省通办"；2021 年年底前，实现住房公积金单位登记开户、住房公积金单位及个人缴存信息变更、购房提取住房公积金、开具住房公积金个人贷款全部还清证明、提前还清住房公积金贷款等 5 项服务事项 "跨省通办"；推动更多住房公积金服务事项逐步实现 "跨省通办"，并提出了实现住房公积金 "跨省通办" 的方式和具体工作要求。

97. 住房公积金小程序是什么时候开始正式上线运行的？

答：2021 年 3 月 31 日，住房和城乡建设部办公厅印发《关于做好全国住房公积金小程序上线运行的通知》（建办金函〔2021〕144 号），决定于 2021 年 5 月下旬实现全国住房公积金小程序正式上线运行。

98. 住房公积金服务标识是什么时候正式启用的？

答：《住房和城乡建设部关于启用全国住房公积金服务标识的公告》（住房和城乡建设部公告 2021 年第 116 号），决定于 2021 年 7 月 1 日起，正式启用全国住房公积金服务标识，进一步推进了住房公积金服务标准化、规范化、便利化建设，方便广大群众识别住房公积金线上线下服务渠道，塑造了住房公积金服务品牌形象，传递了住房公积金的服务理念和文化精神，进一步增强了住房公积金的社会公信力和影响力。

99. 住房公积金有哪些管理规范？

答：《住房公积金支持保障性住房建设项目贷款业务规范》（GB/T

50626—2010），自 2010 年 7 月 19 日起实施。

《住房公积金信息系统技术规范》（JGJ/T 388—2016），自 2016 年 7 月 1 日起实施。

《住房公积金个人住房贷款业务规范》（GB/T 51267—2017），自 2018 年 5 月 1 日起实施。

100. 住房公积金有哪些业务标准？

答：《住房公积金管理业务用房建设标准》（建标 162—2012），自 2012 年 11 月 1 日起实施。

《住房公积金基础数据标准》（JGJ/T 320—2014），自 2014 年 12 月 9 日起实施。

《住房公积金管理人员职业标准》（JGJ/T 407—2017），自 2017 年 7 月 1 日起实施。

《住房公积金归集业务标准》（GB/T 51271—2017），自 2018 年 8 月 1 日起实施。

《住房公积金提取业务标准》（GB/T 51353—2019），自 2019 年 8 月 1 日起实施。

《住房公积金资金管理业务标准》（JGJ/T 474—2019），自 2019 年 10 月 1 日起实施。

《住房公积金业务档案管理标准》（JGJ/T 495—2022），自 2022 年 12 月 1 日起实施。

101. 住房公积金有哪些工作指引？

答：《住房公积金服务指引（试行）》，2011 年 1 月 19 日印发。

《建立健全住房公积金综合服务平台工作指引》，2019 年 5 月 9 日印发。

《住房公积金廉政风险防控指引》，2011 年 10 月 13 日印发。

《住房公积金信息披露指引》，2015 年 2 月 6 日印发。

《住房公积金电子稽查指引》，2019 年 5 月 7 日印发。

102. 外国人可以享有住房公积金待遇吗？

答：2012 年 9 月 25 日，中组部等 25 部门联合印发《外国人在中国永久居留享有相关待遇的办法》（人社部发〔2012〕53 号），明确外国人在中国永久居留，可按照《住房公积金管理条例》等规定，在工作地缴存和使用住房公积金，离开该地区时，可按规定办理住房公积金的提取和转移手续。

103. 港澳台同胞可以享有住房公积金待遇吗？

答：2017 年 11 月 28 日，住建部、财政部、中国人民银行、国务院港澳办、国台办印发《关于在内地（大陆）就业的港澳台同胞享有住房公积金待遇有关问题的意见》（建金〔2017〕237 号），明确在内地（大陆）就业的港澳台同胞均可按照《住房公积金管理条例》和相关政策规定缴存住房公积金，同等享有住房公积金使用权利和待遇。

归集业务部分

1. **什么是住房公积金归集？**

答： 按照《住房公积金归集业务标准》（GB/T 51271—2017）的规定，住房公积金归集是指住房公积金账户设立、缴存登记、转移变更等相关业务的总称，包括单位缴存登记、个人账户设立、缴存基数调整、缴存比例调整、转移、封存、启封、汇缴、补缴等。

2. **住房公积金管理委员会对住房公积金归集行使哪些职责？**

答： （1）根据有关法律、法规和政策，制定和调整住房公积金的具体措施，并监督实施；

（2）拟订住房公积金的具体缴存比例；

（3）审批住房公积金归集计划及执行情况的报告；

（4）审批住房公积金缓缴、降低缴存比例事项；

（5）需要决策的其他住房公积金归集事项。

3. **住房公积金管理中心在归集业务方面的主要职责是什么？**

答： （1）编制、执行住房公积金的归集计划和计划执行情况的报告；

（2）负责记载职工住房公积金的缴存情况；

（3）负责住房公积金归集业务的核算；

（4）审核住房公积金缓缴、降低缴存比例事项；

（5）监督、检查单位住房公积金制度的建立、缴存情况，负责住房公积金催建、催缴；

（6）为单位和职工提供住房公积金汇集的对账、查询和政策宣传咨询等服务，并受理投诉和复议申请；

（7）负责确定住房公积金归集业务受委托银行，并对受委托银行归集业务办理情况进行监督及考核；

（8）承办住房公积金管理委员会决定或授权办理的其他住房公积金归集事项。

4. **住房公积金归集业务模式是什么？**

答： 住房公积金归集业务模式分为委托银行办理和住房公积金管理中心

自管办理。委托银行办理就是住房公积金管理中心将归集相关业务交由受委托银行负责办理。自管办理就是归集相关业务由住房公积金管理中心自行负责办理。

5. 什么是住房公积金归集业务受委托银行?

答: 归集业务受委托银行是指通过法定方式确定的,受住房公积金管理中心委托办理住房公积金归集业务的商业银行。

6. 受委托银行在住房公积金归集业务方面的主要职责是什么?

答: 受委托银行在归集业务方面的主要职责是根据与住房公积金管理中心签订的委托合同,提供住房公积金归集业务相关服务。

7. 住房公积金归集业务受委托银行的确定应符合哪些规定?

答: (1)应根据服务能力、服务质量、网点分布、风险防控能力、利率水平等因素,通过比对、竞争、招标等方式确定;

(2)应由住房公积金管理中心拟订竞选方案,报住房公积金管理委员会批准后实施。

8. 什么是住房公积金归集专户?

答: 住房公积金归集专户是指住房公积金管理中心在受委托银行设立的记载和反映住房公积金缴存资金情况的专用存款账户。

9. 住房公积金管理中心在委托银行设立归集专户时应提供哪些资料?

答: (1)事业单位法人证书;

(2)组织机构代码证;

(3)开户许可证;

(4)税务登记证;

(5)法定代表人身份证件、委托代办授权书及代办人身份证件;

(6)盖有公章、财务专用章、法定代表人私章的印鉴卡片。

受委托银行为住房公积金管理中心开设归集专户后，应反馈开户成功的回执。

归集专户开设后，住房公积金管理中心应按专户储存、统一管理、专项使用的要求，审批、使用住房公积金。

10. 什么是住房公积金缴存单位？

答：缴存单位是指中华人民共和国境内的国家机关、事业单位、企业、民办非企业单位、基金会、社会团体等组织的统称。

11. 什么是住房公积金缴存职工？

答：缴存职工是指与缴存单位形成劳动关系并由单位支付工资的各类人员。

12. 住房公积金的归集范围有哪些？

答：住房公积金的归集范围包括下列单位及其在职职工：

（1）国家机关、事业单位；

（2）国有企业、城镇集体企业、外商投资企业、港澳台商投资企业、城镇私营企业及其他城镇企业或经济组织；

（3）民办非企业单位、社会团体；

（4）外国其他经济组织常驻代表机构。

13. 如何界定在职职工的范围？

答：根据《关于住房公积金管理几个具体问题的通知》（建金管〔2006〕52号）第一条规定，根据《住房公积金管理条例》（国务院令第262号）、国家统计局有关统计指标解释和劳动保障部有关规定，在职职工是指在国家机关、国有企业、城镇集体企业、外商投资企业、城镇私营企业及其他城镇企业、事业单位、民办非企业单位、社会团体（以下统称单位）中工作，并由单位支付工资的各类人员（不包括外方及港、澳、台人员），以及有工作岗位，但由于学习、病伤产假（6个月以内）等原因暂未工作，仍由单位支付工资的人员。包括与单位签订劳动合同或符合劳动保障部门认定的形成事实劳动关系的在岗职工，不包括已离开本单位仍保留劳动关系的离岗职工。

14. 城镇个体工商户、自由职业人员，是否可以申请缴存住房公积金？

答： 根据《关于住房公积金管理若干具体问题的指导意见》（建金管〔2005〕5号）相关规定，城镇个体工商户、自由职业人员可申请缴存住房公积金，月缴存额的工资基数按照缴存人上一年度月平均纳税收入计算。

15. 外籍人员是否可以缴存使用住房公积金？

答： 根据《外国人在中国永久居留享有相关待遇的办法》（人社部发〔2012〕53号）相关规定，凡持有中国《外国人永久居留证》的外籍人员可按照《住房公积金管理条例》等规定，在工作地缴存和使用住房公积金，离开该地区时，可按规定办理住房公积金的提取或转移手续。

16. 什么是缴存住房公积金？

答： 缴存住房公积金是指缴存单位将单位负担的和代扣代缴职工本人的住房公积金，个体工商户、自由职业者、非全日制从业人员等无固定用工单位人员将自愿缴存的住房公积金，按规定存入住房公积金专户的行为。

17. 什么是住房公积金汇缴业务？

答： 汇缴业务是指缴存单位按月将单位负担的住房公积金和代扣职工的住房公积金汇总缴存到归集专户，并由住房公积金管理中心计入职工个人账户的行为。

18. 什么是住房公积金补缴业务？

答： 补缴业务是指缴存单位将欠缴的住房公积金缴存到归集专户，并由住房公积金管理中心计入职工个人账户的行为。

19. 缴存住房公积金是否有税收优惠政策？

答： 根据财政部、国家税务总局《关于住房公积金、医疗保险金、养老保险金征收个人所得税问题的通知》（财税字〔1997〕144号）的规定：企业和个人按照国家或地方政府规定的比例提取并向指定金融机构实际缴付的住房公积金、医疗保险金、基本养老保险金，不计入个人当期的工资、薪金收入，免予征收个人所得税。超过国家或地方政府规定的比例缴付的住房公积金、医疗保险金、基本养老保险金，应将其超过部分并入个人当期的工资、薪金收入，计征个人所得税。个人领取原缴存的住房公积金、医疗保险金、基本养老保险金时，免予征收个人所得税。

20. 缴存单位在归集住房公积金方面的主要职责是什么？

答：（1）按规定为本单位职工办理缴存登记、汇缴、补缴、转移、对账等住房公积金归集业务，明确专门的经办人员办理住房公积金归集业务相关事宜，并对所提供信息的真实性、完整性、合规性负责；

（2）协助本单位职工办理住房公积金查询、对账、投诉等事宜；

（3）配合住房公积金管理中心做好监督检查、投诉处理等工作；

（4）协助住房公积金管理中心做好住房公积金政策的宣传和咨询。

21. 什么是住房公积金归集业务单位管理户？

答： 单位管理户是指住房公积金管理中心设立的反映和记载单位及其职工住房公积金增减、变动、结存情况的账户。

22. 缴存单位可以设立几个单位管理户？

答： 根据《住房公积金归集业务标准》（GB/T 51271—2017），住房公积金管理中心应为办理缴存登记的单位设立住房公积金单位管理户，一个单位宜只设立一个单位管理户。

23. 什么是住房公积金归集业务单位登记号？

答： 住房公积金单位登记号是指住房公积金管理中心设定的用于识别单

位管理户的编码。

24. 新设立的单位应在多长时间内办理缴存登记？

答：根据《住房公积金管理条例》（国务院令第 262 号）第十四条规定，新设立的单位应当自设立之日起 30 日内向住房公积金管理中心办理住房公积金缴存登记，并在登记之日起 20 日内，为本单位职工办理住房公积金账户设立手续。

25. 单位办理住房公积金缴存登记应提供哪些资料？

答：（1）住房公积金单位登记表；

（2）单位依法设立的证明文件；

（3）加盖公章的法定代表人或负责人的身份证件复印件、单位经办人身份证件原件及复印件。

26. 缴存单位办理个人账户设立应提供哪些资料？

答：（1）住房公积金开户清册；

（2）开户职工身份证件复印件。

27. 缴存单位登记的基本信息中应包含哪些内容？

答：缴存单位登记的基本信息中应包括单位名称、单位成立日期、统一社会信用代码或组织机构代码、所属地区、单位地址、主管部门、单位性质、经济类型、隶属关系、行业分类、资金来源、法定代表人或负责人的身份证件号码等。

28. 缴存单位登记的缴存信息中应包含哪些内容？

答：缴存单位登记的缴存信息中应包括单位登记号、开户人数、缴存比例、缴款方式、首次汇缴月、月汇缴总额等信息，并宜包括单位地址、邮政编码、主管部门、所属地区、发薪日、经办部门、经办人员等。

29. 缴存单位登记的经办人信息中应包含哪些内容？

答： 缴存单位登记的经办人信息中应包括经办人姓名、身份证件号码、手机号码、电子邮箱等。

30. 什么是住房公积金个人账户？

答： 住房公积金个人账户是指住房公积金管理中心设立的用于记载和反映缴存职工个人住房公积金增减、变动、结存情况的明细账户。

31. 什么是住房公积金个人账号？

答： 住房公积金个人账号是指住房公积金管理中心设定的用于识别个人账户的编码。

32. 住房公积金个人账户设立应符合哪些规定？

答： 根据《住房公积金归集业务标准》（GB/T 51271—2017），住房公积金管理中心应为职工设立个人账户，生成个人账号，个人账号应采用身份证件号码；一个职工在同一设区城市应只设立一个个人账户。

33. 住房公积金个人账户信息应包括哪些内容？

答： 职工个人账户信息应包括姓名、性别、证件类型、证件号码、缴存基数、缴存比例、月缴存额，宜包括婚姻状况、手机号码、电子邮箱、家庭住址等。

34. 职工缴存的住房公积金月缴存额是如何构成的？

答： 职工住房公积金月缴存额应包括单位缴存部分和职工缴存部分，分别为职工缴存基数乘以单位住房公积金缴存比例和职工住房公积金缴存比例。

住房公积金月缴存额的单位缴存部分和职工缴存部分应以元为单位，元以下四舍五入。

35. 什么是住房公积金缴存基数？

答： 住房公积金缴存基数是指用以计算职工住房公积金月缴存额的工资

数额。

36. 核定住房公积金缴存基数应符合哪些规定？

答： 根据《住房公积金归集业务标准》（GB/T 51271—2017），住房公积金缴存基数应符合下列规定：

（1）职工住房公积金缴存基数应为职工本人上一年度（自然年度）月平均工资，计算住房公积金缴存基数的工资，应根据国家统计局关于工资总额组成的规定核定。

（2）住房公积金缴存基数应符合规定范围，最高不应高于职工工作地设区城市上一年度职工月平均工资的3倍，最低不应低于职工工作地设区城市公布的最低工资标准；具体限额由各地住房公积金管理委员会根据上述标准予以明确，并每年定期向社会公布，且应通过业务信息系统对缴存基数范围予以控制。

（3）职工住房公积金缴存基数应每年核定一次，其中当年新参加工作和新调入职工在年度缴存基数调整时，不再重新核定。

37. 核定职工缴存基数时其工资总额如何确定？有何依据？

答： 根据《关于工资总额组成的规定》（1990年1月1日国家统计局令第1号）相关规定，工资总额是指各单位在一定时期内直接支付给本单位全部职工的劳动报酬总额。工资总额的计算应以直接支付给职工的全部劳动报酬为根据。工资总额由下列6个部分组成：（1）计时工资；（2）计件工资；（3）奖金；（4）津贴和补贴；（5）加班加点工资；（6）特殊情况下支付的工资。

38. 什么是住房公积金缴存比例？

答： 住房公积金缴存比例是指用以计算单位和职工住房公积金月缴存额的百分比。

39. 住房公积金缴存比例应符合哪些规定？

答： 根据《住房公积金归集业务标准》（GB/T 51271—2017），住房公积金缴存比例应符合下列规定：

（1）住房公积金缴存比例不应高于 12% 且不低于 5%；具体缴存比例应由各地住房公积金管理委员会在规定范围内拟定，经本级人民政府审核后，报省、自治区、直辖市人民政府批准，且应通过业务信息系统对缴存比例范围予以控制。

（2）同一单位职工的缴存比例应一致，单位缴存比例和职工缴存比例宜一致。

40. 单位如何列支为职工缴存的住房公积金？

答：根据《住房公积金管理条例》（国务院令第 262 号）第二十三条规定，单位为职工缴存的住房公积金，按照下列规定列支：

（1）机关在预算中列支；

（2）事业单位由财政部门核定收支后，在预算或者费用中列支；

（3）企业在成本中列支。

41. 单位及职工缴存的住房公积金归属权属于谁？

答：根据《住房公积金管理条例》（国务院令第 262 号）第三条规定，职工个人缴存的住房公积金和职工所在单位为职工缴存的住房公积金，属于职工个人所有。

42. 单位办理缴存基数调整应提供哪些资料？

答：单位办理缴存基数调整应提供住房公积金缴存基数调整申请表，包括单位名称、单位登记号、职工姓名、个人账号、缴存比例、调整前和调整后的相应信息。

43. 单位办理缴存比例调整应提供哪些资料？

答：单位办理缴存比例调整应提供住房公积金比例调整申请表，包括单位名称、单位登记号、调整前和调整后的相关信息。

44. 缴存单位能否降低缴存比例？

答： 根据《住房公积金管理条例》（国务院令第 262 号）第二十条规定，对缴存住房公积金确有困难的单位，经本单位职工代表大会或者工会讨论通过，并经住房公积金管理中心审核，报住房公积金管理委员会批准后，可以降低缴存比例；待单位经济效益好转后，再提高缴存比例。

45. 单位降低缴存比例应符合哪些规定？

答： 根据《住房公积金归集业务标准》（GB/T 51271—2017），单位降低住房公积金缴存比例应符合下列规定：

（1）住房公积金管理委员会应根据当地实际情况，综合考虑单位经济状况、职工收入等因素确定降低缴存比例具体条件和期限。

（2）单位申请降低缴存比例的，应经本单位职工代表大会或者工会讨论通过，并经住房公积金管理中心审核，报住房公积金管理委员会审批，住房公积金管理委员会可授权住房公积金管理中心批准。

（3）降低缴存比例期满后，单位应将缴存比例恢复到规定标准；期满后仍需降低缴存比例的，单位应再次申请办理降低缴存比例手续。

46. 办理降低缴存比例的单位应提供哪些资料？

答：（1）住房公积金降低缴存比例申请表，包括单位名称、单位登记号、原缴存比例、新缴存比例、降低原因、降低期限、职工代表大会或工会意见等信息，宜包括单位地址、邮政编码、经办部门、经办人员、上级主管部门批复意见等信息；

（2）经公示后的单位职工代表大会或工会决议原件及复印件；

（3）缴存住房公积金确有困难的证明材料，包括单位财务报表、工资报表、第三方审计报告或由有关部门核定为困难单位的证明文件等原件及复印件。

47. 什么是欠缴住房公积金？

答： 欠缴住房公积金是指缴存单位少缴或未按期缴存住房公积金的行为。

48. 缴存单位能否缓缴住房公积金？

答： 根据《住房公积金管理条例》（国务院令第 262 号）第二十条规定，对缴存住房公积金确有困难的单位，经本单位职工代表大会或者工会讨论通过，并经住房公积金管理中心审核，报住房公积金管理委员会批准后，可以缓缴住房公积金；待单位经济效益好转后，再补缴住房公积金。

49. 缓缴住房公积金应符合哪些规定？

答： 根据《住房公积金归集业务标准》（GB/T 51271—2017），单位缓缴住房公积金应符合下列规定：

（1）住房公积金管理委员会应根据当地实际情况，综合考虑单位经济状况、职工收入等因素确定缓缴具体条件和期限。

（2）单位申请缓缴住房公积金的，应经本单位职工代表大会或者工会讨论通过，并经住房公积金管理中心审核，报住房公积金管理委员会批准，住房公积金管理委员会可授权住房公积金管理中心审批。

（3）缓缴期间，单位应正常办理除汇缴外的其他缴存业务。

（4）单位缓缴期满后，应对缓缴的住房公积金予以补缴；期满后仍需缓缴的，单位应再次申请缓缴手续。

50. 单位申请缓缴住房公积金应提供哪些资料？

答：（1）住房公积金缓缴申请表，包括单位名称、单位登记号、发薪银行及账号、单位月应缴额、职工月应缴额、申请缓缴期限、单位职工累计缴存缓缴额、缓缴原因、职工代表大会或工会意见等信息，并宜包括单位地址、邮政编码、经办部门、经办人员、上级主管部门批复意见等信息；

（2）经公示后的本单位职工代表大会或工会决议原件及复印件；

（3）缴存住房公积金确有困难的证明材料，包括单位财务报表、工资报表、第三方审计报告或由有关部门核定为困难单位的证明等原件及复印件。

51. 缴存职工有权督促单位按时履行哪些住房公积金义务？

答： 根据《住房公积金管理条例》（国务院令第 262 号）第三十四条规

定，缴存职工有权就下列情况对缴存单位予以监督：

（1）住房公积金的缴存登记或者变更、转移、注销登记；

（2）住房公积金账户的设立、转移或者封存；

（3）按时足额缴存住房公积金。

52. 单位不办理缴存登记或者不为本单位职工办理住房公积金账户设立手续的，应如何处理？

答： 根据《住房公积金管理条例》（国务院令第 262 号）第三十七条规定，单位不办理住房公积金缴存登记或者不为本单位职工办理住房公积金账户设立手续的，由住房公积金管理中心责令限期办理；逾期不办理的，处 1 万元以上 5 万元以下的罚款。

53. 单位逾期不缴或者少缴住房公积金的，应如何处理？

答： 根据《住房公积金管理条例》（国务院令第 262 号）第三十八条规定，单位逾期不缴或者少缴住房公积金的，由住房公积金管理中心责令限期缴存；逾期仍不缴存的，可以申请人民法院强制执行。

54. 单位办理住房公积金汇缴、补缴有何规定要求？

答：（1）办理住房公积金汇缴、补缴应先确认缴存信息后再缴款，缴款资金和信息应一致；

（2）缴款方式应包括支票、现金、网银汇款、委托银行代扣等，宜采用委托银行代扣缴款方式。

55. 单位办理住房公积金汇缴应提供哪些资料？

答：（1）缴存单位汇缴书，包括单位名称、单位登记号、收款单位账户信息、缴存年月、缴款方式、本月汇缴人数和金额等信息；

（2）有汇缴变更的，需提供住房公积金汇缴变更清册，包括单位名称、单位登记号、职工姓名、身份证件号码、个人账号、本月应缴存额增加、本月应缴存额减少、增减变动原因。

56. **单位实际缴存金额与单位当月应汇缴金额不一致时，如何计入个人账户？**

答： 单位实际缴存金额与单位当月应汇缴金额不一致的，住房公积金管理中心应与缴存单位联系确认汇缴金额后计入个人账户，多余款项可退回单位或记账到汇缴单位的归集暂存款。

57. **单位申请委托银行代扣住房公积金应按什么程序办理？**

答： （1）单位应与住房公积金管理中心、扣款银行签订委托代扣缴款协议，包括缴存单位信息、付款账户信息、收款账户信息、委托扣款日期等相关信息；

（2）住房公积金管理中心应根据委托代扣缴款协议，办理单位委托代扣缴款登记手续。

58. **住房公积金补缴范围有哪些？**

答： 根据《住房公积金归集业务标准》（GB/T 51271—2017），住房公积金补缴范围应包括下列内容：

（1）新参加工作职工或调入职工未及时缴存住房公积金的；

（2）单位少缴、逾期缴存、缓缴职工住房公积金的；

（3）因缴存基数或缴存比例上调需补缴住房公积金的。

59. **如何确定单位补缴住房公积金的数额？**

答： 根据《关于住房公积金管理若干具体问题的指导意见》（建金管〔2005〕5号）第六条相关规定，单位补缴住房公积金（包括单位自行补缴和人民法院强制补缴）的数额，可根据实际采取不同方式确定：单位从未缴存住房公积金的，原则上应当补缴自《住房公积金管理条例》发布之月起欠缴职工的住房公积金。单位未按照规定的职工范围和标准缴存住房公积金的，应当为职工补缴。单位不提供职工工资情况或者职工对提供的工资情况有异议的，管理中心可依据当地劳动部门、司法部门核定的工资，或按所在设区城市统计部门公布的上年职工平均工资计算。

60. 破产企业为职工补缴住房公积金有何规定？

答： 根据《关于住房公积金管理几个具体问题的通知》（建金管〔2006〕52 号）第三条规定，符合国家政策性破产条件的企业，经批准实施破产的，企业为职工补缴的住房公积金，应当由企业在破产清算资金中解决。

61. 单位办理住房公积金补缴业务应提供哪些资料？

答：（1）住房公积金补缴书，包括单位名称、单位登记号、职工姓名、身份证件号码、个人账号、补缴起止年月、补缴月数、月应缴额核定、月已汇缴额、月补缴金额、总补缴金额等信息，宜包括补缴原因；

（2）涉及多名职工补缴的，需提供住房公积金补缴清册，住房公积金补缴清册内容与住房公积金补缴书一致。

62. 什么是个人账户封存业务？

答： 账户封存是指因职工与单位中断工资关系等原因，职工个人住房公积金账户变更为暂停缴存状态。

63. 什么是个人账户启封业务？

答： 账户启封是指封存的职工个人账户恢复为正常缴存状态。

64. 单位办理个人账户封存业务应提供哪些资料？

答：（1）住房公积金封存申请表，包括单位名称、单位登记号、封存人数、封存年月、职工姓名、身份证件号码、个人账号，宜包括封存原因；

（2）个人账户封存的证明材料（与单位中断工资关系的证明材料）原件及复印件。

65. 办理住房公积金封存、启封业务应符合哪些规定？

答： 根据《住房公积金归集业务标准》（GB/T 51271—2017），住房公积金封存、启封应符合下列规定：

（1）单位应自中断工资关系之日起 30 日内为职工办理住房公积金封存业务；

（2）单位与职工恢复工资关系的，单位应为职工办理住房公积金启封手续，继续按规定缴存住房公积金。

66. 什么是个人账户集中封存业务？

答： 职工与单位解除或终止劳动关系、暂停缴存住房公积金，且不符合销户提取条件，其个人账户封存并由住房公积金管理中心集中管理的行为。

67. 住房公积金个人账户集中封存应符合哪些规定？

答： 根据《住房公积金归集业务标准》（GB/T 51271—2017），住房公积金个人账户集中封存应符合下列规定：

（1）职工与原工作单位解除劳动关系且不符合转移、销户条件的，单位应在 30 日内为其办理个人账户集中封存手续；

（2）集中封存期间，住房公积金管理中心应按规定对职工个人账户和住房公积金进行管理。

68. 什么是住房公积金集中封存户？

答： 住房公积金管理中心为管理集中封存的职工个人账户而设立的管理户。

69. 单位办理住房公积金个人账户集中封存业务应提供哪些资料？

答：（1）住房公积金职工信息变更申请表，包括单位名称、单位登记号、职工姓名、身份证件号码、变更前和变更后的相应信息；

（2）职工本人身份证件原件及复印件；

（3）单位出具的变更说明或公安机关出具的证明材料。

70. 什么是住房公积金转移业务？

答： 住房公积金转移业务是指由于单位调整或职工工作调动等原因，职工个人账户及其住房公积金由原单位管理户转入新单位管理户的业务办理过程。

71. 什么是住房公积金同城转移业务？

答：职工个人账户及其住房公积金在同一住房公积金管理中心管理的不同单位之间的转移。

72. 什么是住房公积金异地转移业务？

答：职工个人账户及其住房公积金在不同城市和地区住房公积金管理中心管理的单位之间的转移。

73. 住房公积金同城转移业务应符合哪些规定？

答：转出单位应自劳动关系终止之日起30日内到住房公积金管理中心为职工办理转出手续，转入单位应自录用之日起30日内到住房公积金管理中心为职工办理转入手续；职工个人账户从原单位直接转入新单位管理户。

74. 转出单位或转入单位办理个人账户同城转移业务应提供哪些资料？

答：（1）住房公积金同城转移申请表，包括转出单位名称、转出单位登记号、转入单位名称、转入单位登记号、职工姓名、身份证件号码、个人账号、转移金额等信息；

（2）职工本人身份证件原件及复印件；

（3）劳动关系变动证明原件及复印件。

75. 同一单位多名职工同时办理住房公积金异地转移接续的，应提供哪些资料？

答：（1）集中办理住房公积金异地转移接续申请委托书；

（2）住房公积金异地转移接续申请表；

（3）职工本人身份证件复印件；

（4）单位经办人身份证件原件；

（5）其他用以核实职工住房公积金账户情况的材料。

76. **住房公积金异地转移业务应符合哪些规定？**

答： 职工住房公积金异地转移接续应通过全国住房公积金异地转移接续平台，由转出地住房公积金管理中心和转入地住房公积金管理中心分别办理转出和转入手续，职工连续缴存时间应合并计算。

77. **办理个人账户异地转移的，职工应向哪个住房公积金管理中心提出异地转移申请？**

答： 职工应向转入地住房公积金管理中心提出异地转移申请。

78. **办理个人账户异地转移的，应提供哪些资料？**

答：（1）职工本人身份证件；

（2）住房公积金异地转移接续申请表；

（3）其他用以核实职工住房公积金账户情况的材料。

79. **原单位拒不办理转移或单位已不存在的，职工如何办理转移业务？**

答： 原单位拒不办理转移或单位已不存在的，职工可凭有效证明材料直接向转入地住房公积金管理中心申请办理转移手续，住房公积金管理中心核实后应予以办理。

80. **缴存住房公积金有利息吗？**

答： 根据《住房公积金管理条例》（国务院令第 262 号）第二十一条规定，住房公积金自存入职工个人账户之日起按国家规定利率计息。

81. **住房公积金账户存款利率是多少？**

答： 根据《中国人民银行 住房和城乡建设部 财政部关于完善职工住房公积金账户存款利率形成机制的通知》（银发〔2016〕43 号）规定，自 2016 年 2 月 21 日起，职工住房公积金账户存款利率统一按一年期定期存款基准利率执行，住房公积金不再实行分段计息。

82. 住房公积金结算年度怎么计算？

答： 住房公积金结算年度为每年 7 月 1 日至次年 6 月 30 日。

83. 住房公积金计息后的利息如何处理？

答： 每年结息日（6 月 30 日），为缴存职工计结利息，结息后的利息并入职工个人账户本金起息。

84. 个人住房公积金存款利息如何计算？

答： 根据《中国人民银行关于人民币存贷款计结息问题的通知》（银发〔2005〕129 号）规定，住房公积金日利率计算天数确定为 360 天，对住房公积金利息计算公式进行了明确，住房公积金利息均采用积数计息法。住房公积金利息应采用积数计息法按下列公式计算：

$$A=B\times C/360$$

式中：A——利息，利息四舍五入后保留两位小数；

B——累计计息积数，累计计息积数为每日余额合计数；

C——年利率（%）。

85. 灵活就业人员能否缴存住房公积金？

答： 建设部、财政部、中国人民银行《关于住房公积金管理若干具体问题的指导意见》（建金管〔2005〕5 号）中明确指出："有条件的地方，城镇单位聘用进城务工人员，单位和职工可缴存住房公积金；城镇个体工商户、自由职业人员可申请缴存住房公积金。"因此，灵活就业人员可以自愿缴存住房公积金。

86. 如何核定灵活就业人员缴存基数、缴存比例？

答： 建金管〔2005〕5 号文件明确，灵活就业人员缴存基数"按照缴存人上一年度月平均纳税收入计算"，具体缴存比例则应符合国家及当地有关规定，缴存资金应由本人承担。

87. 灵活就业人员办理个人账户设立应提供哪些资料?

答:(1)住房公积金开户申请表,包括姓名、性别、证件类型、证件号码、缴存基数、缴存比例、月缴存额等信息,宜包括婚姻状况、手机号码、电子邮箱、家庭住址、代扣借记卡号等;

(2)本人身份证件原件及复印件。

88. 灵活就业人员停缴或续缴应提供哪些资料?

答:(1)住房公积金停缴或续缴申请表,包括姓名、性别、身份证件号码、个人账号、代扣借记卡号、贷款情况等信息,宜包括停止缴存原因、联系方式等信息;

(2)本人身份证件原件及复印件。

89. 单位办理账户注销手续有哪些规定?

答:根据《住房公积金管理条例》(国务院令第262号)第十四条规定,单位发生合并、分立、撤销、解散或者破产的,应自发生上述情况之日起30日内由原单位或者清算组织向住房公积金管理中心办理变更登记或者注销登记,并自办妥变更登记或者注销登记之日起20日内,为本单位职工办理住房公积金账户转移或者封存手续。逾期不办理注销登记手续或原单位、清算组织已灭失的,住房公积金管理中心经查证核实后,可直接办理注销登记手续。

90. 办理单位缴存登记注销应提供哪些资料?

答:(1)住房公积金单位缴存注销登记表,包括单位名称、单位登记号、注销前账存人数、注销前月缴存额、注销原因、个人账户转移说明,宜包括单位地址、联系人信息;

(2)职工个人账户转移明细表,包括单位名称、单位登记号、职工姓名、身份证件号码、个人账号、住房公积金转移去向、手机号码;

(3)单位撤销、解散或破产的有关证明材料原件及复印件,包括上级单位或主管部门批准撤销、解散、政策性破产的文件,或人民法院裁定破产清算的文件,或工商部门责令关闭的文件和注销工商登记的文件等。

91. 开具个人缴存证明应提供哪些资料？

答： 职工因其他需要申请开具住房公积金缴存证明的，应提供职工本人身份证件原件及复印件进行办理。

92. 住房公积金管理中心开具的个人缴存证明应包含哪些信息？

答： 住房公积金个人缴存证明应包括单位名称、单位登记号、职工姓名、身份证件号码、个人账号、缴存起止年月、缴存基数、缴存比例、月缴存额、缴存余额、住房公积金贷款情况、缴存状态等信息。缴存状态包括正常、封存、缓缴、欠缴。

93. 单位申请开具缴存证明应提供哪些资料？

答：（1）开具缴存证明的书面申请；

（2）经办人身份证件原件；

（3）单位社保缴存证明。

94. 住房公积金管理中心开具的单位缴存证明应包含哪些信息？

答： 单位缴存证明包括单位名称、单位登记号、缴存起止年月、缴存人数、缴存比例、缴存状态等信息。缴存状态包括正常、缓缴、欠缴等。

95. 住房公积金汇缴、补缴业务发生记账错误的，调整时应符合哪些规定？

答：（1）因单位原因导致记账错误的，应由单位授权发起错账调整，住房公积金管理中心办理错账调整时应与职工核实；

（2）因住房公积金管理中心或受委托银行操作错误导致记账错误的，应由住房公积金管理中心发起错账调整，并告知涉及错误的单位或职工；

（3）因其他原因导致记账错误的，应由住房公积金管理中心核实后办理错账调整。

96. 单位发起错账调整的，应按什么程序办理？

答：（1）提供错账调整申请表，包括单位名称、错账事由、调整事项及金额、调整前和调整后的相关信息，并对单位汇缴或补缴错误的原因进行说明；

（2）住房公积金管理中心对单位错账调整的申请资料进行核实，并向错账调整涉及的职工核实；

（3）审核通过后，住房公积金管理中心根据单位申请进行错账调整操作。

97. 公积金中心发起错账调整的，应按什么程序办理？

答：（1）由住房公积金管理中心错账责任人填写错账调整申请表，包括单位名称、错账事由、调整事项及金额、调整前和调整后的相关信息，并对造成汇缴或补缴错误的原因进行说明；

（2）由住房公积金管理中心相关负责人进行审核，审核通过后，按规定程序办理错账调整手续，并告知错账调整涉及的单位或职工。

98. 网上归集业务宜包括哪些内容？

答：网上归集业务宜包括个人开户、缴存基数调整、缴存比例调整、封存、启封、个人账户同城转移、汇缴登记、补缴登记等。

99. 单位申请开通网上归集业务的程序是什么？

答：（1）单位向住房公积金管理中心提交开通网上归集业务的申请资料；

（2）住房公积金管理中心审核通过的，应与单位签订住房公积金网上业务系统用户协议，为单位开通网上业务，返回单位住房公积金网上业务授权书、住房公积金网上业务系统用户协议、单位数字证书存储介质；

（3）审核未通过的，住房公积金管理中心应告知不予办理原因，并退回申请资料。

100. 单位开通网上归集业务应提供哪些资料？

答：（1）住房公积金网上业务申请表，包括单位名称、单位登记号、统一社会信用代码或组织机构代码、缴款方式、法定代表人或负责人、经办人、联系电话，宜包括单位地址、电子邮箱、邮政编码等信息；

（2）住房公积金网上业务授权书，包括授权单位名称、被授权人姓名、证件类型、证件号码、授权办理的业务范围等信息；

（3）单位数字证书申请表，包括单位名称、单位登记号、统一社会信用代码或组织机构代码、法定代表人或责任人、经办人、联系电话、数字证书费用标准，宜包括单位地址、电子信箱、邮政编码等信息。

提取业务部分

1. 什么是住房公积金提取？

答： 按照《住房公积金提取业务标准》（GB/T 51353—2019）的规定，住房公积金提取是指缴存人"按规定将住房公积金存储余额部分或全部从个人住房公积金账户取出的行为"。

2. 住房公积金提取的依据是什么？

答： 住房公积金的提取依据国务院《住房公积金管理条例》及各地住房公积金管理委员会相关住房公积金提取管理规定。

3. 住房公积金提取管理模式是什么？

答： 住房公积金提取管理分为委托银行办理和自管办理。委托银行办理就是提取业务交给受委托银行负责。自管办理就是提取业务由住房公积金管理中心自己负责。

4. 住房公积金提取如何分类？

答： 按照缴存人是否保留账户来分，分为销户提取和非销户提取；按照住房消费情形来分，分为住房消费提取和非住房消费提取。

5. 什么是住房公积金销户提取？

答： 销户提取是指缴存人按规定提取本人住房公积金账户内的全部存储余额，计结当期利息，并注销其明细账户的行为。

6. 什么情况下可以办理销户提取？

答： 有下列情形之一的，提取金额应为本人住房公积金账户内的全部存储余额，并应注销个人住房公积金账户：离休、退休的；完全丧失劳动能力，并与单位终止劳动关系的；出境定居的；缴存人死亡或者被宣告死亡的；与单位解除或终止劳动（人事）关系且未在异地继续缴存并封存满半年的。

7. 什么是住房公积金非销户提取？

答： 非销户提取是指缴存人按规定提取本人住房公积金账户内部分资金，住房公积金管理中心不计结当期利息并继续保留其明细账户的行为。

8. 办理非销户提取的种类有哪些？

答： 发生下列情形之一的，缴存人可申请提取本人住房公积金账户内的部分储金：购买、建造、翻建、大修自住住房的；偿还购房贷款本息的；无房职工租房自住的；其他住房消费；其他政策允许的非销户提取种类。

9. 住房公积金住房消费提取情形包括哪些？

答： 住房消费情形包括购买、建造、翻建、大修自住住房，偿还购房贷款本息，无房职工租房自住，其他住房消费。

10. 住房消费情形中的其他住房消费是指什么？

答： 包括既有自住住宅加装电梯、弥补公共维修金不足、老旧小区改造等住房公积金管理委员会规定的住房消费情形。

11. 住房公积金非住房消费提取情形包括哪些？

答： 非住房消费提取情形包括离休、退休，完全丧失劳动能力并与单位终止劳动关系，出境定居，缴存人死亡或者被宣告死亡，与单位解除或终止劳动（人事）关系且未在异地继续缴存（封存满半年），政策允许的其他非住房消费提取。

12. 非住房消费情形中的其他非住房消费是指什么？

答： 包括本人享受城镇最低生活保障，因突发事件等导致家庭生活特别困难的情形。

13. 什么是提取申请人？

答： 符合住房公积金提取规定，向住房公积金管理中心提出提取申请的住房公积金缴存人，以及相关的继承人、受遗赠人等权益人。

14. 什么是提取受托人？

答：受提取申请人委托，办理住房公积金提取的有行为能力的自然人。包括单位经办人、配偶、直系亲属及委托代理人。

15. 什么是自住住房？

答：居住其内且对该房屋拥有所有权或租赁权的住房。

16. 具有所有权的住房指什么？

答：具有所有权的住房包括商品住房、政策性（保障性）住房。

17. 什么叫约定提取？

答：住房公积金管理中心对符合条件的提取申请人，按约定将其住房公积金划转至指定账户的行为。约定提取需缴存人与住房公积金管理中心签订约定提取协议。

18. 哪类提取可办理约定提取业务？

答：当提取申请人因偿还购房贷款本息、租住自住住房等情形需提取住房公积金时，可选择办理约定提取业务。有条件的个人商业住房贷款借款人也可办理约定提取业务。

19. 约定提取协议包含哪些内容？

答：住房公积金管理中心名称及联系方式，提取申请人姓名及有效身份信息，提取支付方式、支付时间、提取申请人结算账户，约定提取业务审核需查询的信息、信息查询时间、查询用途，协议有效期及协议变更或终止约定，签约日期。

20. 按月还贷委托提取是指什么？

答：按月还贷委托提取是指缴存人与住房公积金管理中心签订按月还贷

委托提取协议书，委托住房公积金管理中心根据还贷数据逐月提取其账户内的住房公积金，代为偿还住房贷款本息的一种提取方式。

21. 贷款提取的类型有哪些？

答： 贷款提取分为偿还住房公积金贷款提取和偿还商业住房贷款提取两种类型。

22. 住房公积金提取申请渠道有哪些？

答： 住房公积金提取申请可通过住房公积金管理中心业务窗口申请、向受委托银行申请、网络申请或住房公积金管理中心规定的其他方式进行。

23. 提取住房公积金需要提交申请吗？

答： 提取住房公积金应向住房公积金管理中心或受委托银行提出申请，并应提供身份证明材料和相关业务证明材料。提取申请人应对申请材料的真实性、合法性、有效性负责，不得隐瞒真实情况或者提供虚假材料。

24. 身份证明材料主要包括哪些？

答： 身份证明材料用于鉴别提取申请人或提取受托人身份。主要包括有效期内的中华人民共和国居民身份证、中华人民共和国临时居民身份证、中华人民共和国外国人永久居留证、港澳居民来往内地通行证、台湾居民来往大陆通行证、军官证、士兵证等证件材料。证件到期后应视为无效证件。

25. 提取申请人身份证明材料是如何规定的？

答： 对提取申请人要求提取本人住房公积金账户资金的，应提供本人身份证明材料；对提取申请人为继承人或受遗赠人的，应提供继承人或受遗赠人的身份证明材料和公证的继承协议、或公证的遗嘱、或人民法院的调解书（判决书）等裁判文书、或经人民法院确认的人民调解委员会出具的继承调解协议书；对提取申请人为监护人的，应提供监护人的身份证明材料和监护人证明材料；提取受托人受提取申请人委托、为提取申请人代办住房公积金提取手续的，应提供提取申请人和提取受托人身份证明材料、经公证的授权委托书。委托授权证明材料应注明授权人、被授权人、授权事项、授权时间。

26. 购买新建自住住房提取需要哪些证明材料？

答： 购买新建自住住房提取，应提供房地产交易管理部门登记备案的购房合同或不动产权证书、购房款发票。

27. 购买再交易自住住房提取需要哪些证明材料？

答： 购买再交易自住住房提取，应提供购房合同、交易过户后的不动产权证书、契税或增值税发票。

28. 购买保障性住房提取需要哪些证明材料？

答： 购买保障性住房提取，应提供准购证明文件、购房合同（协议）或不动产权证书、购房款发票。

29. 购买拆迁安置住房提取需要哪些证明材料？

答： 购买拆迁安置住房提取，应提供拆迁补偿安置合同（协议）或所购拆迁安置房屋不动产权证书、购房款发票或契税完税凭证。

30. 购买公有住房提取需要哪些证明材料？

答： 购买公有住房提取，应提供公有住房出售合同（协议）或不动产权证书、购房款发票。

31. 购买拍卖住房提取需要哪些证明材料？

答： 购买拍卖住房提取，应提供房屋拍卖成交确认书、不动产权证书、购房款发票。

32. 偿还购房贷款本息提取需要哪些证明材料？

答： 偿还购房贷款本息提取，应提供借款合同和贷款银行出具的还款证明。

33. 建造自住住房提取需要哪些证明材料？

答：建造自住住房提取，应提供建设规划许可证明材料、建房款发票。

34. 翻建自住住房提取需要哪些证明材料？

答：翻建自住住房提取，应提供原房屋所有权证或原房屋不动产权证书、旧房翻建许可证明材料、翻建费用发票。

35. 大修自住住房提取需要哪些证明材料？

答：大修自住住房提取，应提供房屋所有权证或不动产权证书、房屋危险性鉴定为 C 级或 D 级房屋安全鉴定报告、大修费用发票。

36. 租赁自住住房提取需要哪些证明材料？

答：租赁自住住房提取，应提供提取申请人和配偶无房证明。

37. 租赁公共租赁住房提取需要哪些证明材料？

答：租赁公共租赁住房提取，应提供房屋租赁合同、租金交纳凭证。

38. 享受城镇最低生活保障的缴存人提取需要哪些证明材料？

答：被纳入当地城镇居民最低生活保障范围，需要提取住房公积金的缴存人，应提供有效期内的低保证件。

39. 离休或退休提取需要哪些证明材料？

答：离休或退休提取，应提供离休证、退休证或相关证明。

40. 完全丧失劳动能力并与单位终止劳动关系的缴存人提取需要哪些证明材料？

答：完全丧失劳动能力并与单位终止劳动关系的缴存人提取，应提供完全丧失劳动能力鉴定结论证明材料、单位出具的解除劳动合同通知或终止劳动合同通知。

41. 出境定居者提取需要哪些证明材料？

答： 出境定居者提取，应提供出境定居签证或户籍注销证明。

42. 死亡或被宣告死亡提取需要哪些证明材料？

答： 死亡或被宣告死亡提取，继承人或受遗赠人应提供死亡人户籍注销证明、死亡证明或被宣告死亡证明、具有法律效力的继承或受遗赠文件。

43. 购买自住住房提取金额如何确定？

答： 购买自住住房提取，累计提取金额不应大于实际支付的购房款数额。

44. 建造、翻建、大修自住住房提取金额如何确定？

答： 建造、翻建、大修自住住房提取，累计提取金额不应大于实际支付的建造、翻建、大修自住住房费用。

45. 偿还购房贷款本息提取金额如何确定？

答： 偿还购房贷款本息提取，累计提取金额不应大于偿还贷款本息总额。

46. 偿还购房贷款本息提取金额包含罚息吗？

答： 偿还购房贷款本息提取金额不含因逾期产生的罚息。

47. 租住公共租赁住房提取金额如何确定？

答： 租住公共租赁住房提取金额应按实际房租支付金额提取。

48. 租住商品住房提取金额如何确定？

答： 租住商品住房提取金额不应大于各地住房公积金管理委员会根据当地市场租金水平和租住住房面积规定的租房提取额度。

49. 享受城镇最低生活保障提取金额如何确定？

答： 缴存人被纳入当地城镇居民最低生活保障范围的，提取金额为个人住房公积金账户余额。

50. 购买新建商品住房提取申请时间如何规定？

答：购买新建商品住房，应自购房合同备案登记或取得不动产权证书之日起申请。

51. 购买再交易住房提取申请时间如何规定？

答：购买再交易住房，应自取得不动产权证书之日起申请。

52. 购买保障性住房提取申请时间如何规定？

答：购买保障性住房，应自取得购房合同之日起申请。

53. 购买拆迁安置住房提取申请时间如何规定？

答：购买拆迁安置住房，应自签订拆迁安置补偿合同（协议）或取得拆迁安置不动产权证书之日起申请。

54. 购买公有住房提取申请时间如何规定？

答：购买公有住房，应自签订公有住房出售合同或取得不动产权证书之日起申请。

55. 购买拍卖住房提取申请时间如何规定？

答：购买拍卖住房，应自取得拍卖住房不动产权证书之日起申请。

56. 建造自住住房提取申请时间如何规定？

答：建造自住住房，应自取得建房款发票之日起申请。

57. 翻建、大修自住住房提取申请时间如何规定？

答：翻建自住住房，应自取得翻建、大修费用发票之日起申请。

58. 偿还购房贷款本息提取申请时间如何规定？

答： 偿还购房贷款本息提取，可在首次还款之日起申请。

59. 无房职工支付租房租金提取申请时间如何规定？

答： 无房职工支付租房租金，应在连续足额缴纳住房公积金满 3 个月后，取得无房证明或签订租住公共租赁住房合同（协议）之日起申请。

60. 享受城镇最低生活保障提取申请时间如何规定？

答： 被纳入当地城镇居民最低生活保障范围的缴存人，应自取得有效期内的低保证件之日起申请。

61. 完全丧失劳动能力并与单位终止劳动关系提取申请时间如何规定？

答： 完全丧失劳动能力并与单位终止劳动关系，应自取得解除劳动合同或终止劳动合同之日起申请。

62. 离休或退休提取申请时间如何规定？

答： 离休或退休，应自取得离休证、退休证之日起申请。

63. 出境定居提取申请时间如何规定？

答： 出境定居的，应自取得出境定居签证或户籍注销证明之日起申请。

64. 死亡或被宣告死亡提取申请时间如何规定？

答： 缴存人死亡或被宣告死亡，继承人或受遗赠人应自取得具有法律效力的继承或受遗赠文件之日起申请。

65. 受理住房公积金提取审批有哪些要求？

答： 提取申请人提交的申请材料应真实齐全，且应符合有关规定方可受理。申请材料不齐全或者不符合规定形式的，受理部门应一次性告知需要补正的内容。

66. 住房公积金提取时符合什么条件准予受理？

答：住房公积金提取申请填写准确规范，申请信息与住房公积金账户内个人信息一致，真实齐全；住房公积金提取条件和金额符合要求；提取申请人或提取受托人提供的身份证明材料、业务证明材料真实有效，内容清晰可见；提取业务证明材料已加盖印章；提取受托人代办的，不超出委托授权范围。

67. 住房公积金提取支付时限如何规定？

答：缴存人提取申请材料齐全的，审核无误后应及时办理。需对申请资料进一步核查的，应在受理提取申请之日起 3 个工作日内办结。约定提取的，应按约定提取协议执行。超过规定时限未支付的，提取申请人可到住房公积金管理中心申请核实。

68. 住房公积金提取划转渠道有哪些？

答：住房公积金一般不以现金形式给付提取申请人。提取资金划转渠道为"经审核可直接转入缴存人的住房公积金联名卡或银行存折（卡）"。除缴存人死亡或被宣告死亡提取业务、法院执行外，其余提取业务应将提取资金划转至缴存人结算账户或者根据经批准的缴存人与相关单位签订的资金支付协议划转至约定的结算账户。

69. 核实提取业务信息有哪些途径？

答：通过人工核查、信息联网、数据交换等方式核实提取业务信息。

70. 人工核查方式有哪些？

答：采取面谈、实地复查，以及向相关部门电话、传真或发函等方式进行核查。

71. 住房公积金提取跨地协查机制指什么？

答：住房公积金管理中心进行提取业务审核，需核查申请人异地房产交易、不动产登记、户籍等相关信息的，可商请信息产生地住房公积金管理中心向相关信息管理部门代为核查。信息产生地住房公积金管理中心要予以支持，及时核查信息并反馈结果。人员跨地区流动频繁的地区，要率先建立更加紧密的信息协查机制，共同防控违规提取住房公积金行为。

72. 核实提取业务信息包括哪些内容？

答： 户籍信息和出境定居信息，不动产权证书登记信息，购房合同备案信息、住房大修信息和公有住房买卖信息，婚姻状况登记信息，贷款发放和归还信息，个人征信信息，公共租赁住房租住信息，自住住房建造或翻建批准信息及规划信息，缴存人劳动能力鉴定信息、离退休信息、死亡信息。

73. 住房公积金提取政策咨询渠道有哪些？

答： 住房公积金提取政策咨询渠道有服务窗口、服务热线（12329）、网络服务平台等。

74. 住房公积金提取政策咨询答复时限有哪些要求？

答： 对于柜台、咨询台及电话咨询应当立即答复。对于疑难问题或网上咨询，回复时限不超过 5 个工作日。

75. 提取申请人对住房公积金审核意见有异议的可以申请复核吗？

答： 提取申请人对住房公积金管理中心审核意见有异议的，可申请复核。复核申请应在 5 个工作日内给予答复。

76. 办理提取业务时申请受理地点和形式有哪些？

答： 住房公积金管理中心受理申请提取地点和形式主要包括自设窗口集中办理、受委托银行窗口办理、委托缴存人所在单位统一进行办理以及通过互联网、手机 App 办理等方式。

77. 突发事件是指什么？

答： 突发事件是指突然发生，造成或者可能造成严重社会危害，需要采取应急处置措施予以应对的自然灾害、事故灾害、公共卫生事件和社会安全事件。

78. 什么情况下可以以突发事件为由申请提取住房公积金？

答： 遇有突发事件，造成家庭生活严重困难的，缴存人可以申请提取住房公积金。

79. 因突发事件申请提取住房公积金需要哪些证明资料？

答： 因突发事件申请提取住房公积金，应提供相关部门对突发事故的鉴定证明、费用支出证明、相关部门出具的缴存人家庭生活严重困难证明。

80. 因突发事件申请提取住房公积金的金额如何确定？

答： 提取总额不超过家庭自付费用。

81. 因突发事件提取住房公积金申请时间如何规定？

答： 应自取得相关部门对突发事故的鉴定证明之日起申请。

82. 既有住宅改造加装电梯提取住房公积金需要满足什么条件？

答： 凡符合既有住宅改造加装电梯的相关规定，在加装电梯项目竣工验收后，已先行支付建设资金的房屋所有权人，可以申请提取本人及配偶住房公积金账户内的资金，用于弥补加装电梯过程中个人所需承担的支出。

83. 既有住宅加装电梯提取住房公积金需要哪些证明资料？

答： 既有住宅加装电梯提取住房公积金应提供不动产权证书或房屋所有权证、加装电梯竣工证明、个人付款发票或收据。

84. 既有住宅加装电梯提取住房公积金金额如何确定？

答： 本人及其配偶提取住房公积金总额不超过实际出资金额且不超过申请人住房公积金账户余额。

85. 既有住宅加装电梯提取住房公积金申请时间如何规定？

答：既有住宅加装电梯提取住房公积金申请时间应自取得加装电梯竣工证明之日起申请。

86. 异地购房提取住房公积金有哪些限制？

答：对于异地购房尤其是非户籍地非缴存地购房、非配偶或非直系亲属共同购房等申请提取住房公积金的情况，各地可结合自身实际情况决定是否实施该类型提取政策。实施该类型提取政策的地方，要严格审核申请人的提取要件。

87. 住房公积金提取业务"跨省通办"事项有哪些？

答：目前住房公积金提取"跨省通办"事项有正常退休提取公积金和购房提取住房公积金。

88. 住房公积金提取业务"跨省通办"事项办理方式有哪些？

答：住房公积金提取业务"跨省通办"服务事项的办理共有两种方式：全程网办、两地联办。其中：正常退休提取公积金为全程网办，购房提取住房公积金为两地联办。

89. 什么是全程网办？

答：全程网办是指缴存单位及缴存人可不受地域限制，直接登录缴存地住房公积金管理中心的网上办事大厅、网络小程序、手机 App 等，进行身份认证并提交申请材料。属地管理中心依照业务办理规则，通过综合服务平台的管理系统进行校验、审批和反馈。

90. 两地联办住房公积金提取如何操作？

答：受理地住房公积金管理中心（指购房地管理中心）收到申请人业务申请，在核实购房信息后，主动向缴存人属地管理中心发起业务联办请求，并根据当地提取政策提供相关材料。属地管理中心按照相关规定进行办理，将提取资金转入申请人银行账户，同时将办理结果及时反馈受理地管理中心。受理地管理中心将申请材料和办理回执的电子扫描件通过全国住房公积金监管服务平台传递给缴存地管理中心。

91. 人民法院扣划住房公积金需要提供哪些证明材料？

答： 人民法院扣划住房公积金，应提供法院执行裁定书、协助执行通知书、符合提取情形的相关证明材料。

92. 同一套住房一年内多次交易如何提取住房公积金？

答： 对于同一套住房一年内多次交易的，各地提取限制有所不同。一般来说，不管该套住房一年内交易几次，其住房公积金提取权益只能由购买人享受一次，其他购买人不能再以此为由进行提取。

93. 缴存人购买的住房存在配偶以外的共有人如何提取住房公积金？

答： 缴存人购买的住房存在配偶以外的共有人，提取金额不得超过出资份额。

94. 缴存人婚前单独全款购房，婚后配偶可以提取住房公积金吗？

答： 缴存人婚前单独全款购房的，婚后配偶不能申请提取住房公积金。

95. 缴存人婚前单独贷款购房，婚后配偶可以提取住房公积金吗？

答： 缴存人婚前单独贷款购房，婚后配偶参与共同还款的，配偶可以申请提取住房公积金，并自结婚之日起开始核算可提取额度。

96. 装修可以提取住房公积金吗？

答： 根据有关规定，房屋装修不属于基本住房消费，不能以此为由提取住房公积金。

97. 购买商业用房、商业公寓可以提取住房公积金吗？

答： 商业用房、商业公寓不属于自住住房，不能提取住房公积金。

98. 消费贷款、抵押贷款可以提取住房公积金吗？

答： 根据有关规定，只有住房按揭贷款才可以申请提取住房公积金用于还贷。消费贷款、抵押贷款不属于提取住房公积金范畴。

99. 继承、赠与、置换、离婚过户等取得的房产可以提取住房公积金吗？

答： 继承、赠与、置换、离婚过户不属于基本住房消费，不能以此为由提取住房公积金。

100. 进城务工人员、城镇个体工商户、自由职业人员购买自住住房可以提取住房公积金吗？

答： 进城务工人员、城镇个体工商户、自由职业人员购买自住住房或者在户口所在地购建自住住房，可以凭购房合同、用地证明以及其他有效证明材料，提取本人及其配偶住房公积金账户内的资金。

101. 已缴存住房公积金的港澳台同胞可以提取住房公积金吗？

答： 已缴存住房公积金的港澳台同胞，与内地缴存职工享有同等权利，可以在符合使用条件的情况下申请提取个人住房公积金。与用人单位解除或终止劳动（聘用）关系并返回港澳台的，可以按照相关规定提取个人住房公积金账户余额。

102. 住房公积金销户提取时如何计算利息？

答： 住房公积金个人账户在日常销户结清时，应区分当年归集和上年结转两部分，按销户日挂牌公告的适用利率分别结计利息。即：住房公积金个人账户日常销户结清时，当年归集的，按销户日挂牌公告的一年整存整取存款利率结计利息；上年结转的，按销户日挂牌公告的一年整存整取存款利率结计利息。

103. 住房公积金属于个人所有为何不能随意提取使用？

答： 根据《住房公积金管理条例》规定，职工缴存的住房公积金和单位为职工缴存的住房公积金，属于职工个人所有。住房公积金是长期住房储金，应当用于职工购买、建造、翻建、大修自住住房等，专款专用，是法律规定使用权受到限制的个人专用储金。当缴存人符合使用条件时，递交提取申请并附相关佐证材料，经住房公积金管理中心审批或授权审批后，方可使用该笔资金。住房公积金管理中心具有确保住房公积金提取、使用符合相关规定的法定职责。

贷款业务部分

1. 什么是个人住房贷款？

答： 根据《个人住房贷款管理办法》（银发〔1998〕190号），个人住房贷款是指贷款人向借款人发放的用于购买自用普通住房的贷款。

2. 什么是住房公积金个人住房贷款？

答： 按照《住房公积金个人住房贷款业务规范》（GB/T 51267—2017）的规定，住房公积金个人住房贷款是指依据《住房公积金管理条例》的相关规定，由住房公积金管理中心运用住房公积金，委托受委托商业银行向申请且经审核符合条件的住房公积金缴存职工发放的，用于购买、建造、翻建、大修自住住房的个人住房贷款。

3. 住房公积金贷款的性质是什么？

答： 住房公积金贷款是具有住房保障性质的，由城市住房公积金管委会授权，由住房公积金管理中心委托受委托银行发放的专项用于缴存职工建、购、大修自住住房的政策性委托贷款。如无特别规定，住房公积金个人住房贷款宜参照《个人住房贷款管理办法》（银发〔1998〕190号）的一般规定。

4. 什么是委托贷款？

答： 依据《贷款通则》第二章第七条：委托贷款系指由政府部门、企事业单位及个人等委托人提供资金，由贷款人（即受托人）根据委托人确定的贷款对象、用途、金额、期限、利率等代为发放、监督使用并协助收回的贷款。贷款人（受托人）只收取手续费，不承担贷款风险。住房公积金贷款即是一种委托贷款。

5. 什么是借款合同？

答： 借款人向贷款人借款，到期返还借款并支付利息的合同。

6. 住房公积金贷款借款合同的形式和主要内容有哪些？

答： 根据《民法典》第六百六十八条，借款合同应当采用书面形式，且借款合同应当包括借款种类、用途、数额、利率、期限和还款方式等条款。住房公积金贷款借款合同的内容也应符合以上形式和内容。

7. 住房公积金贷款的借款合同中还应明确借款人的哪些权利义务？

答： 根据住房公积金贷款业务实践和《住房公积金个人贷款业务规范》，在《住房公积金个人住房贷款合同》中，除法律、法规规定的合同内容外，一般还应明确约定借款人的以下权利和义务：

（1）借款人有权要求受委托银行按委托方委托放款通知文件的要求和合同约定发放贷款；

（2）借款人有权要求委托贷款人和受托银行对甲方提供的有关家庭资产、财务情况等方面的个人资料予以保密，但法律法规和规章另有规定及本合同另有约定的除外；

（3）借款人应按要求提供有关个人身份、还款能力及个人信用的资料，保证其提供的有关资料、文件和信息完整、准确、真实、有效、合法；

（4）借款人应按合同约定的用途使用借款，不得将借款挪作他用；

（5）借款人应按合同约定按期归还借款本息、缴纳约定的各类费用；

（6）如要为他人债务提供担保，借款人应当书面通知住房公积金管理中心并征得书面同意。

8. 什么是住房公积金个人住房贷款借款申请人？

答： 因购买、建造、翻建、大修自住住房，提出贷款申请的住房公积金缴存人。

9. 什么是住房公积金贷款共同借款人？

答： 共同借款人是指就同一笔贷款与借款申请人共同提出贷款申请的个人，包括借款申请人配偶及其他符合住房公积金贷款规定的个人。住房公积金贷款共同借款人一般为缴存人的配偶。

10. 什么是住房公积金贷款委托贷款人？

答： 在住房公积金个人住房贷款业务活动中，住房公积金管理中心受权履行委托贷款人的职责，行使委托贷款人的权利义务。

11. 什么是住房公积金贷款受托贷款银行？

答： 在住房公积金个人住房贷款业务活动中，接受住房公积金管理中心委托，负责办理贷款发放、贷款回收等有关业务的商业银行。

12. 住房公积金贷款的用途有哪些？

答： 按照《住房公积金管理条例》的规定，住房公积金贷款只能用于住房公积金缴存人购买、建造、翻建、大修自住住房的个人住房贷款。目前，各地主要是用于缴存人购买普通自住住房的个人住房按揭贷款和购买存量房（二手房）贷款。

13. 住房公积金贷款的种类有哪些？

答： 按贷款用途划分，住房公积金个人住房贷款主要包括个人住房按揭贷款和个人存量房（二手房）贷款。有的地方还开展了商业银行个人住房贷款转住房公积金贷款、住房公积金和商业银行组合个人住房贷款。

14. 住房公积金贷款业务岗位设置应遵循什么原则？

答： 住房公积金个人住房贷款业务，应按照审贷分离的原则办理，同一笔贷款业务相邻业务环节的工作不得由同一人完成，且贷款受理和贷款签约工作不得由同一人承担。

15. 什么是住房公积金个人住房按揭贷款？

答： 住房按揭贷款就是购房者以所购住房作抵押并由其所购买住房的房地产企业提供阶段性担保的个人住房贷款业务。

住房公积金个人住房按揭贷款是指住房公积金管理中心运用住房公积金委托承办银行向符合条件的购房者发放的个人住房按揭贷款。

16. 什么是住房公积金个人存量房（二手房）贷款？

答： 住房公积金个人存量房（二手房）贷款是指住房公积金管理中心运用住房公积金委托承办银行向缴存住房公积金的购房者，以所购存量住房（二手房）作抵押发放的个人住房按揭贷款。

17. 什么是商转公贷款？

答： 商转公贷款是指符合规定条件的住房公积金缴存人，把商业银行个人住房按揭贷款转化为以所购住房为抵押的住房公积金个人住房贷款。值得说明的是，商转公贷款不是住房公积金管理中心必须开办的日常贷款项目。住建部办公厅《关于住房公积金使用效率督促检查情况的通报》（建办金函〔2015〕407号）指出："结余资金较多的城市，要开展'商转公'贷款，扩大住房公积金受益面。"因此，在结余资金较多的情况下，住房公积金管理中心认为有必要的，可提请住房公积金管理委员会批准后，开展商转公贷款业务。

一般来说，商业银行个人住房按揭贷款的借款人所购住房需取得不动产权证书后，才能办理商转公贷款。

18. 什么是个人住房组合贷款？

答： 个人住房组合贷款是指申请住房公积金个人贷款的缴存人，同时符合某商业银行个人住房贷款条件，商业银行和住房公积金管理机构向同一申请人发放的，用于购买同一套自住普通商品住房的个人住房贷款组合。住建部、财政部、中国人民银行《关于发展住房公积金个人住房贷款业务的通知》（建金〔2014〕148号）指出："住房公积金个人住房贷款发放率在85%以上的城市，要主动采取措施，积极协调商业银行发放住房公积金和商业银行的组合贷款。"

19. 组合贷款中的商业银行贷款部分还能转公积金贷款吗？

答： 住房公积金办理组合贷款时，借款人已按当时的规定享受了住房公积金贷款的权利。因此，组合贷款中的商业银行贷款部分不能再转为住房公积金贷款。

20. 什么是住房公积金异地贷款？

答： 住建部、财政部、中国人民银行《关于发展住房公积金个人住房贷款业务的通知》（建金〔2014〕148号）明确，职工在就业地缴存住房公积金，在户籍所在地购买自住住房的，可持就业地住房公积金管理中心出具的缴存证明，向户籍所在地住房公积金管理中心申请住房公积金个人住房贷款。简单地说，异地贷款就是住房公积金缴存人根据有关政策在缴存地之外申请并取得的住房公积金贷款。

21. 申请人申请住房公积金贷款，应提供担保的依据是什么？

答： 申请人申请住房公积金贷款，应提供担保的依据是《住房公积金管理条例》第二十七条规定的"申请人申请住房公积金贷款的，应当提供担保"。

22. 借款人在住房公积金贷款时不能提供房产抵押怎么办？

答： 一般来说，住房公积金存量房贷款，以所购房产作抵押物提供抵押；购买期房的，一般由所购房产的出售人，即房地产开发公司提供阶段性连带责任保证，也可由经批准、依法成立的专业的担保公司提供全贷款期连带责任保证。

23. 申请住房公积金贷款应具备的担保方式有哪些？

答： 申请住房公积金贷款应具备保证人保证、抵押、质押担保方式之一或经城市住房公积金管理委员会认可的其他担保方式。

24. 什么是住房公积金贷款保证担保方式？

答： 住房公积金贷款保证担保是指经住房公积金管理中心认可的保证人与住房公积金管理中心协议约定，对符合规定的缴存人办理的个人住房贷款进行担保。各城市在住房公积金贷款实践中，主要存在由依法成立的担保公司对住房公积金贷款全程保证担保或由房地产开发公司、有资质的中介公司提供阶段性保证担保的方式。

25. 什么是保证合同？

答： 为保障债权的实现，保证人和债权人约定，当债务人不履行到期债务偿还责任或者发生当事人约定的情形时，保证人履行债务偿还或承担责任的合同。

26. 什么是住房公积金贷款的阶段性担保？

答： 一般是指符合规定的房地产开发企业为认购其开发的住房的借款人，提供的自贷款发放开始，至办理了不动产抵押登记止的阶段性连带责任保证。

27. 住房公积金贷款关系中，保证人承担什么方式的保证责任？

答： 保证人在住房公积金贷款的阶段性担保中提供的保证一般为连带责任保证。

28. 什么是连带责任保证？

答： 根据《民法典》第六百八十八条规定，当事人在保证合同中约定保证人和债务人对债务承担连带责任的，为连带责任保证。

连带责任保证的债务人不履行到期债务或者发生当事人约定的情形时，债权人可以要求债务人履行债务，也可以要求保证人在其保证范围内承担保证责任。

29. 住房公积金贷款中保证人的保证范围是哪些？

答： 根据《民法典》第六百九十一条的规定，"保证的范围包括主债权及其利息、违约金、损害赔偿金和实现债权的费用。当事人另有约定的，从其约定"。

《住房公积金个人住房贷款业务规范》条文说明第二节《住房公积金个人住房贷款借款合同》示范文本的"担保条款"第十三条：保证人在本合同项下的保证范围包括本合同约定的借款本金，利息（包括罚息），违约金，赔偿金，借款人应向委托贷款人、受托贷款人支付的其他款项以及委托贷款人、受托贷款人为实现债权与担保权利而发生的相关费用（包括但不限于诉讼费、仲裁费、财产保全费、律师费、执行费、评估费、拍卖费等）。这个示范保证条款的范围，吸收了各地在住房公积金贷款贷后管理中，通过诉讼回收贷款的实务和司法实践的经验与做法。

30. 住房公积金贷款中的阶段性保证的起止期间是如何规定的？

答： 保证期间为保证合同生效之日起至抵押登记已办妥抵押物的他项权利证书、抵押登记证明文件正本及其他权利证书由抵押权人或其授权代理人核对无误、收执之日止。

31. 住房公积金贷款中的阶段性保证合同的实质是什么？

答： 住房公积金贷款中，住房公积金管理机构同房地产开发公司签订的保证合同实质是一种最高额保证合同。

32. 什么是最高额保证合同？

答： 最高额保证是指保证人与债权人在保证合同中约定，在最高限额内就一定期间连续发生的债权提供保证。

33. 住房公积金贷款中保证合同或保证条款的独立性应如何约定？

答： 根据《民法典》有关规定，保证合同和保证条款的内容是由双方协商的。为了最大限度地维护住房公积金贷款资金安全，防范贷款风险，一般在保证合同或保证条款中应当约定为：保证条款的效力独立于合同其他条款，合同其他条款不生效、无效或部分无效、被撤销、被解除并不影响本条款的效力。如借贷合同关系被确认为不成立、不生效、全部或部分无效、被撤销、被解除，则保证人对于甲方因返还财产或赔偿损失而形成的债务也承担连带责任。

34. 什么是房产抵押？

答： 为担保债务的履行，借款人或者第三人不转移财产的占有，以贷款用途对应的房产或其他符合规定的财产作为抵押物，对贷款进行担保。

35.什么是抵押人？

答： 为担保债务的履行，借款人或者第三人不转移财产的占有，以贷款用途对应的房产或其他符合规定的财产作为抵押物，对贷款进行担保，债务人或者第三人即为抵押人。

36.什么是抵押财产？

答： 为担保债务的履行，借款人或者第三人不转移财产的占有，以贷款用途对应的房产或其他符合规定的财产作为抵押物，对贷款进行担保，提供担保的财产即为抵押财产。

37.什么是抵押权人？

答： 为担保债务的履行，借款人或者第三人不转移财产的占有，以贷款用途对应的房产或其他符合规定的财产作为抵押物，对贷款进行担保，债权人即为抵押权人。

38.抵押权何时开始设立？

答：《民法典》第四百零二条规定，以正在建造的建筑物抵押的，应当办理抵押登记。抵押权自登记时设立。

39.哪些房产不得设定抵押？

答： 根据《城市房地产抵押管理办法》（2011年建设部令第98号）的规定，下列房产不得设定抵押：

（1）权属有争议的房产；

（2）用于教育、医疗、市政等公共福利事业的房产；

（3）列入文物保护的建筑物和有重要纪念意义的其他建筑物；

（4）已依法公告列入拆迁范围的房产；

（5）被依法查封、扣押、监管或者以其他形式限制的房产；

（6）依法不得抵押的其他房地产。

40. 住房公积金贷款中抵押物的价值是如何确定的？

答： 根据建设部《城市房地产抵押管理办法》，设定房地产抵押时，抵押房地产的价值可以由抵押当事人协商议定，也可以由房地产价格评估机构确定。法律法规另有规定的除外。

住房公积金贷款中，新建商品房的价值一般以购房合同成交价格设定为抵押价值；二手房的房产抵押价值，根据住房和城乡建设部《关于取消部分部门规章和规范性文件设定的证明事项的决定》（建法规〔2019〕6 号）规定，申请人不再提交二手房估价报告，采取申请人向主管部门作出书面承诺、由主管部门内部核查的方式确定。

41. 住房公积金贷款中抵押率（成数）是如何规定的？

答： 根据建设部《城市房地产抵押管理办法》第九条，住房公积金贷款中抵押人所担保的债权不得超出抵押物的价值。住房公积金贷款中，新建商品房一般以购房合同成交价格设定抵押价值，抵押率一般不超过 80%；抵押物为存量房的，应视剩余土地使用年限和房产的成新程度设置适当的抵押率。

42. 什么是质押？

答： 为担保债务的履行，借款人或者第三人以符合规定的动产或权利作为质物，对贷款进行担保。

43. 什么是出质人？

答： 为担保债务的履行，债务人或者第三人将其动产出质给债权人占有的，债务人不履行到期债务或者发生当事人约定的实现质权的情形，债权人有权就该动产优先受偿。前款规定的债务人或者第三人为出质人。

44. 什么是质押财产？

答： 为担保债务的履行，债务人或者第三人将其动产出质给债权人占有的，债务人不履行到期债务或者发生当事人约定的实现质权的情形，债权人有权就该动产优先受偿。前款规定的交付的动产为质押财产。

45. 什么是质权人？

答：为担保债务的履行，债务人或者第三人将其动产出质给债权人占有的，债务人不履行到期债务或者发生当事人约定的实现质权的情形，债权人有权就该动产优先受偿。前款规定的债权人为质权人。

46. 采取质押担保时，对质押物有哪些要求？

答：采取质押担保时，质押物应符合以下要求：质物应为凭证式国债或受委托贷款银行人民币定期存单；拟申请贷款金额不应超过质物金额的 90%；质物到期日应晚于贷款到期日；其他应审查的事项。

47. 住房公积金贷款实务中，进行项目核准的作用是什么？

答：《住房公积金管理条例》第二十七条规定，"申请人申请住房公积金贷款的，应当提供担保"。开展项目核准的核心作用是审核阶段性保证人是否有足够的代偿能力和抵押物、质物的合规性。

住建部、财政部、中国人民银行《关于发展住房公积金个人住房贷款业务的通知》（建金〔2014〕148 号）指出："住房公积金个人住房贷款担保以所购住房抵押为主。"所以，住房公积金个人住房贷款的担保方式，宜优先采用抵押担保，特别是以所购住房为抵押物。这种抵押贷款的优势为：抵押物和贷款之间有直接的联系，发生问题对抵押物容易处理，而且抵押物价值也易于确定。

同时，考虑到存在放款前无法及时落实抵押登记的情况，也可采用阶段性保证与抵押担保相结合的方式，即保证人承担贷款发放至抵押登记完成期间的保证责任，抵押登记完成后转为抵押担保。采用阶段性保证担保方式，对保证人的资质和担保能力应从严认定。

48. 住房公积金贷款实务中，项目核准审查一般有哪些内容？

答：如果采取由合规的担保公司全程保证的担保方式，住房公积金管理部门对项目核准，一般是指对期房开发项目的合法性进行审查；如果采取由合规的房地产开发企业提供阶段性担保加抵押的担保方式，项目核准的审查应包括两个方面：一是对买卖双方拟申请办理住房公积金贷款的房地产开发公司是否具备履行阶段性保证责任的资格和能力进行审查；二是对买卖双方拟申请办理住房公积金贷款的楼盘项目和楼座工程是否合法、合规进行审查。

49. 办理项目准入，开发建设主体一般应具备哪些基本条件？

答：合作的住房开发建设主体（企业）应同时具备以下核准条件：

（1）房地产开发资质等级为规定等级；

（2）剔除预收款后的资产负债率不超过规定比例（一般为70%）；

（3）净负债率不超过100%；

（4）现金短债比一般不应小于1；

（5）企业无不良信用记录，企业或控股股东未卷入重大经济诉讼和刑事案件；

（6）经营稳健，内部管理机制健全。

50. 办理开发主体保证资格准入，应审查哪些材料？

答：办理开发建设主体（企业）保证资格准入，应审查以下材料：

（1）合法有效的企业法人营业执照（正副本）复印件；

（2）法定代表人身份证复印件；

（3）房地产开发企业资质、资信等级证书复印件；

（4）经审计的上年度及最近企业财务报表复印件；

（5）公司章程及董事会（股东会）同意办理住房公积金贷款合作的决议。

51. 办理住房公积金贷款的住房项目一般应具备哪些基本条件？

答：拟合作开展住房公积金贷款的楼盘建设项目应符合以下基本条件：

（1）楼盘项目资金（自有资金）与楼盘总投资比例不低于规定比例；

（2）合作楼盘项目用地必须为住宅用地，用地年限是70年；

（3）楼盘项目取得建设工程规划许可证及其许可明细；

（4）楼盘项目开发和销售进度基本合理，资金充足，预计楼盘建设能完工交付使用。

52. 拟合作的住房建设项目应审查哪些资料？

答： 拟合作的在建楼盘的合法性审查，一般应提交以下证件和材料：

（1）国有土地使用证及其附件的复印件；

（2）建设项目规划许可证及其附件的复印件；

（3）建设工程规划许可证及其附件的复印件。

已建设完成的楼盘项目应提交不动产权证书复印件。

53. 哪些住房建设项目应控制办理住房公积金贷款准入？

答： 存在以下情况之一的楼盘项目，一般应控制办理贷款合作准入：

（1）存在重大诉讼风险、法律瑕疵等情况，尚未消除的；

（2）存在重大的拆迁纠纷、工程款纠纷、业主维权或媒体负面报道，影响项目整体实施的；

（3）销售进度缓慢、长期销售不畅的；

（4）房价高于同地段、同类楼盘项目价格的；

（5）采用零首付、低成数首付等变相促销手段的。

54. 申请办理住房公积金贷款合作的住房楼栋，应满足哪些基本条件？

答： 住房楼栋一般应符合以下合作基本条件：

（1）住房建设开发企业已经核准合作；

（2）住房建设楼盘项目已经核准合作；

（3）住房楼栋已取得商品房销（预）售许可证；

（4）开发建设主体（企业）、楼盘项目在被核准合作后，未出现影响合作条件的事项。

55. 申请办理住房公积金贷款合作的住房楼栋，应审查哪些基本材料？

答： 拟合作楼栋应审查下列资料之一：

（1）商品房销（预）售许可证复印件；

（2）工程竣工验收合格证或不动产权证书复印件（现房提供）。

可视审批要求及住房开发的实际情况，追加核查其他资料。

56. 审核开发企业项目准入材料的真实性，一般有哪些网上途径？

答： 审核项目准入材料，可通过政府相关网站的核查功能，确保组卷归档材料真实有效：

（1）房地产企业信息核实。通过国家企业信用信息公示系统（www.gsxt.gov.cn），查询企业是否正常经营、注册资金、经营范围、经营期限、股东姓名及持股情况等。

（2）通过人民银行征信中心企业信用信息基础数据库网站，查询企业信用状况。

（3）在最高人民法院网站（www.court.gov.cn），点击页面中部"中国执行信息公开"页面下的"被执行人信息"，进入全国法院被执行人信息查询系统，输入公司法定代表人的身份证号码，查询法定代表人是否有涉诉事项；输入借款人组织机构代码，查询公司是否有涉诉事项；对涉及诉讼的，在"失信被执行人"中，查询企业法定代表人、股东是否为失信被执行人；在"限制消费人员"中，查询企业法定代表人、控股股东（股份占51%以上）是否为限制消费人员，核查申请材料中是否有相应的事实说明。

57. 项目核准中，现场考察环节一般需注意哪些方面？

答： 项目核准过程中，一般应当组成考察组，不少于2人到项目现场进行实地调查，调查如下情况：

（1）申请项目的实际位置是否与建设工程规划许可证、商品房销（预）售许可证及其附件批准的位置、规划、层楼相符；

（2）建筑主体的施工进度是否正常，对于已经封顶的楼盘，核实楼盘实际建设层数与建设工程规划许可证、商品房销（预）售许可证批准层数是否一致；

（3）考察楼栋的坐落位置，拍照打印并标明层数及楼号。

58. 哪些人可以申请住房公积金个人住房贷款？

答： 住房公积金贷款申请人应当连续缴存住房公积金，达到申请贷款城市规定的最低缴存时间并购买首套或二套自住住房。住房公积金贷款对象为购买首套自住住房或第二套改善型普通自住住房的缴存职工。

59. 什么是购房首付款？

答：购房首付款是指个人购买售房人具有房屋产权证或能在市场上流通交易的住房时，除以要购买的房产作为抵押，向银行或公积金贷款管理机构申请的按揭贷款外，应由自己支付的、一定比例的房款。

60. 购买首套普通自住住房，住房公积金贷款首付款比例是如何规定的？

答：根据住房和城乡建设部、财政部、中国人民银行《关于规范住房公积金个人住房贷款政策有关问题的通知》（建金〔2010〕179号），使用住房公积金个人住房贷款购买首套普通自住房，套型建筑面积在90平方米（含）以下的，贷款首付款比例不得低于20%；套型建筑面积在90平方米以上的，贷款首付款比例不得低于30%。

购买首套普通自住住房，最低首付款比例是由国家有关部门根据各时期的经济社会发展、房地产市场发展以及防范贷款风险的需要，适时调整决定的，是强制性规定，各地必须严格执行。

61. 购买第二套住房，首付款比例是如何规定的？

答：住房和城乡建设部、财政部、中国人民银行《关于规范住房公积金个人住房贷款政策有关问题的通知》（建金〔2010〕179号）规定：第二套住房公积金个人住房贷款首付款比例不得低于50%。

中国人民银行、住房和城乡建设部、中国银行业监督管理委员会《关于个人住房贷款政策有关问题的通知》（银发〔2015〕98号）规定：对拥有一套住房并已结清相应购房贷款的缴存职工家庭，为改善居住条件再次申请住房公积金委托贷款购买普通自住房，最低首付款比例为30%。

住建部、财政部、中国人民银行《关于调整住房公积金个人住房贷款购房最低首付款比例的通知》（建金〔2015〕128号）规定：对拥有一套住房并已结清相应购房贷款的居民家庭，为改善居住条件再次申请住房公积金委托贷款购买住房的，最低首付款比例由 30% 降低至 20%。

具体各时期的购买第二套住房的首付款比例，是由国家相关部门根据各时期的经济社会发展及房地产市场发展需要，适时调整决定的。

62. 申请住房公积金贷款需要提交哪些资料？

答： 借款申请人（含共同申请人）填写、提交住房公积金个人住房贷款申请表，同时应按下列要求提供借款申请资料：

（1）身份证明：包括居民身份证、户口簿等有效身份证件。

（2）婚姻状况证明：包括结婚证、离婚证等。

（3）首付款证明：购买新建自住住房的，提供售房单位出具的发票或收据；购买再交易自住住房的，提供售房人或符合规定的第三方出具的收据或已支付凭证；建造、翻建、大修自住住房的，提供施工单位出具的收款凭证。

（4）贷款用途证明：贷款用于购买自住住房的，提供经房地产行政主管部门备案的购房合同（协议）或其他证明文件；贷款用于建造、翻建自住住房的，提供工程概预算以及规划、建设等有关部门的批准文件；贷款用于大修自住住房的，提供房屋权属证明、房屋安全鉴定证明、工程概预算等。

（5）贷款担保资料：贷款采取抵押或质押担保方式的，提供抵押或质押权利清单、权属证明文件，及有处分权人出具的同意抵押或质押的证明；贷款采取保证担保的，由保证人提供相关担保资料。

（6）住房公积金个人住房贷款收款人银行开户情况证明等贷款收款账户资料。

（7）贷款还款账户资料。

（8）异地贷款的，提供异地贷款职工住房公积金缴存使用证明。

（9）其他需要的佐证资料。

63. 住房公积金贷款的额度是如何确定的？

答： 住房公积金贷款额度一般应根据借款申请人（含共同申请人）的还款能力、贷款用途、担保情况、本地区单笔最高贷款额度、国家相关政策以及住房公积金管理委员会确定的其他条件确定。

64. 借款申请人缴存余额与贷款额之间有关系吗？

答： 贷款额度与缴存余额挂钩能够防范贷款风险、提高缴存率、限制不当提取的发生。但考虑到各地方房地产市场、贷款需求存在差异，各个地区资金情况不同，所以可由城市住房公积金管理委员会根据所购房屋性质不同、面积不同，结合本地方实际情况，区别设定具体倍数。

65. 什么是住房公积金个人住房贷款发放额？

答： 经住房公积金管理中心核定批准，由住房公积金管理中心及受托银行同借款申请人签订的《住房公积金贷款合同》中列明的住房公积金贷款实际发放金额。

66. 什么是住房公积金个人住房贷款发放日期？

答： 按照《住房公积金贷款合同》的约定，由受托银行依借据将贷款资金划转到借款人指定的售房人账户的时间。

67. 什么是个人住房公积金贷款余额？

答： 指在还款期内某一时点，尚未结清的个人住房公积金贷款本金金额。

68. 如何认定借款人的住房公积金贷款还贷能力？

答： 根据《住房和城乡建设部 财政部 中国人民银行关于切实提高住房公积金使用效率的通知》（建金〔2015〕150 号）第一条"在保证借款人基本生活费用的前提下，月还款额与月收入比上限控制在 50% ～ 60%"，以及第五条"缴存职工申请住房公积金个人住房贷款、同意根据本人住房公积金月缴存额推算其月收入的，不需单位出具职工收入证明"的规定，对于"月还款额与月收入比上限控制在 50% ～ 60%"的内容，各地中心应依据相关规定，结合本地实际，在政策范围内，合理确定月还款额与月收入的具体比例上限。

69. 缴存职工可以同时有两笔住房公积金贷款吗？

答： 不可以。根据建设部、财政部、中国人民银行《关于住房公积金管理若干具体问题的指导意见》（建金管〔2005〕5 号）规定，"职工没有还清贷款前，不得再次申请住房公积金贷款"。

70. 缴存职工申请第二套住房公积金贷款是如何规定的？

答： 根据住建部、财政部、中国人民银行《关于规范住房公积金个人住房贷款政策有关问题的通知》（建金〔2010〕179 号）规定，"第二套住房公积金个人住房贷款的发放对象，仅限于现有人均住房建筑面积低于当地平均水平的缴存职工家庭，且贷款用途仅限于购买改善居住条件的普通自住房。第二套住房公积金贷款首付款比例不得低于 50%，贷款利率不得低于同期首套住房公积金个人住房贷款利率的 1.1 倍"。

71. 职工购买第三套住房，可以申请办理住房公积金个人住房贷款吗？

答： 不可以。根据住建部、财政部、中国人民银行《关于规范住房公积金个人住房贷款政策有关问题的通知》（建金〔2010〕179 号）第四条规定，"停止向购买第三套及以上住房的缴存职工家庭发放住房公积金个人贷款"。

住建部、财政部、中国人民银行《关于发展住房公积金个人住房贷款业务的通知》（建金〔2014〕148 号）第一条规定："住房公积金管理中心不得向购买第三套及以上住房的缴存职工家庭发放住房公积金个人住房贷款。"因此，购买第三套住房的不能办理住房公积金贷款。

72. 住房公积金贷款的最长期限是多长？

答： 根据中国人民银行、建设部《关于调整个人住房公积金存、贷款期限和利率等问题的通知》（银传〔1999〕45 号）规定，"住房公积金管理中心委托商业银行发放的个人住房公积金贷款最长期限由现行 20 年延长到 30 年"。

根据《住房和城乡建设部 财政部 中国人民银行关于切实提高住房公积金使用效率的通知》（建金〔2015〕150 号）的规定，住房公积金个人住房贷款偿还期限可延至借款人法定退休年龄后 5 年，最长贷款期限为 30 年。

73. 住房公积金贷款的贷款期限如何确定？

答： 具体期限应根据借款申请人（含共同申请人）的还款能力、贷款用途、担保情况、本地区单笔最高贷款额度、国家相关政策等要素确定。

74. 什么是住房公积金个人住房贷款利率？

答： 住房公积金个人住房贷款利率是指由中国人民银行、住房和城乡建设部公布的住房公积金个人住房贷款利率。合同项下发放借款时，该利率按借款起息日当日施行的住房公积金个人住房贷款利率确定。

75. 什么是住房公积金贷款月利率？

答： 住房公积金贷款月利率是指按国家公布的住房公积金个人住房贷款年利率除以 12 的换算值。

76. 什么是住房公积金贷款日利率？

答： 住房公积金贷款日利率是指按国家公布的住房公积金个人住房贷款年利率除以 360 换算，换算结果应精确到"%"表示的小数点后 6 位。

77. 目前执行的住房公积金贷款利率是多少？

答： 目前执行的住房公积金贷款利率，是 2022 年 10 月 1 日中国人民银行、住房和城乡建设部调整并公布实施的利率，即五年以上公积金贷款利率 3.1%，月利率为 3.1%÷12；五年及以下公积金贷款利率为年利率 2.6%。

78. 住房公积金贷款利率是如何调整变化的？

答： 近 15 年来住房公积金贷款利率调整变化情况见下表（降序排列）：

历年个人住房公积金贷款利率表（%）		
调整时间	5 年及以下利率	5 年以上利率
2022 年 10 月 1 日	2.60	3.10
2015 年 8 月 26 日	2.75	3.25
2015 年 6 月 28 日	3.00	3.50
2015 年 3 月 1 日	3.25	3.75

（续表）

历年个人住房公积金贷款利率表（%）		
调整时间	5 年及以下利率	5 年以上利率
2014 年 11 月 22 日	3.75	4.25
2012 年 7 月 6 日	4.00	4.50
2012 年 6 月 8 日	4.20	4.70
2011 年 7 月 7 日	4.45	4.90
2011 年 4 月 6 日	4.20	4.70
2011 年 2 月 9 日	4.00	4.50
2010 年 12 月 26 日	3.75	4.30
2010 年 10 月 20 日	3.50	4.05
2008 年 12 月 23 日	3.33	3.87
2007 年 9 月 14 日	4.77	5.22

79. 什么是住房公积金贷款合同利率？

答： 住房公积金贷款借款合同中约定的计算利息的利率数值。

80. 职工家庭购买二套住房的住房公积金贷款利率是如何规定的？

答： 住房和城乡建设部、财政部、中国人民银行《关于规范住房公积金个人住房贷款政策有关问题的通知》（建金〔2010〕179 号）文件规定："第二套住房公积金个人贷款利率不得低于同期首套住房公积金个人住房贷款利率的 1.1 倍。"

81. 什么是罚息利率？

答： 指当借款合同履行期间借款人未按借款合同约定日期足额偿还贷款，发生贷款逾期时，应自约定还款日开始计收逾期罚息的比率。

82. 住房公积金贷款的计息、结息计算的规则有哪些？

答： 贷款利息自受托银行放款之日起计算。

贷款按月计结息，首次结息日为首次还款日前一日。以此类推，贷款自每月还款日当日起息，至下一还款日前一日结息；对于采用固定日方式还款的，首次和末次还款按实际天数计结息。逾期还款、提前还款按实际天数计息，结息日为实际还款日前一日。

贷款期限在 1 年以内（含 1 年）的，还款期内如遇法定利率调整，实行合同利率，不分段计息；贷款期限在 1 年以上的，遇法定利率调整，于次年 1 月 1 日开始，按相应利率档次执行新的利率。

83. 如何计算罚息？

答： 借款人未按合同约定用途使用借款的，罚息利率为借款合同载明的贷款利率水平上加收 100% 执行。

合同项卜借款人未在合同约定的时限前足额偿还任意一期借款本息的，罚息利率在合同载明的贷款利率水平上加收 30% ～ 50% 执行。

84. 贷款期间，住房公积金贷款利率调整了怎么办？

答： 根据中国人民银行《个人住房贷款管理办法》（银发〔1998〕190 号）第十四条规定，还款期间，当遇法定贷款利率调整时，按下列规则执行：对贷款期限在 1 年及 1 年以内的，应实行合同利率，不分段计息；对贷款期限在 1 年以上的，应于下年 1 月 1 日开始，按相应利率档次执行新的利率规定。

85. 什么是住房公积金贷款期数？

答： 指在批准的贷款期限内，合同约定的以年、月或旬为还款付息周期的周期数。

86. 什么是住房公积金贷款当期应还款金额？

答： 指按约定的等额本息或等额本金还款法，计算的某一还款周期应当偿还的本金和利息之和。

87. 什么是住房公积金贷款当期应还款本金？

答： 指按约定的等额本息或等额本金还款法，计算的某一还款周期内，当期应还款本息金额中包含的应当偿还的借款本金数。

88. 什么是住房公积金贷款当期应还款利息？

答： 指按约定的等额本息或等额本金还款法，计算的某一还款周期内，当期还款本息金额中，包含的应当偿还的利息数。

89. 什么是住房公积金贷款还款日？

答： 借贷双方合同约定的借款方偿还当期贷款的最后时限，贷款受托银行扣收当期还款本息的结算日。

90. 什么是收款账户？

答： 借款人购买、建造、翻建、大修自住住房的交易对象认可的，在商业银行设立的，用于接收受委托贷款银行发放的贷款资金的账户。

91. 什么是还款账户？

答： 借款人提供的符合银行扣划要求、用于偿还贷款的银行账户。

92. 为确保按合同约定按期还款扣款，一般在借款合同中约定哪些内容？

答： 借款合同中约定采用委托扣款方式还款，为确保受委托银行有效扣款，一般还应明确约定借款人要履行以下义务：

（1）借款人应提供真实合法的委托扣款账户资料；

（2）借款人应按约定将每期应还款额足额存入委托扣款账户中，并保证委托扣款之后存款账户上仍保留符合受委托银行（丙方）要求的最低存款余额；

（3）如委托扣款账户出现冻结、挂失、余额不足等情况而造成受委托银行无法足额扣款的，借款人应及时在受委托银行（丙方）另行开立合法有效的扣款账户并按住房公积金管理中心的规定办理账户变更手续，或及时补足账户余额并申请扣款，或及时到指定的银行营业柜台还款。

93. 住房公积金贷款回收方式有哪些规定？

答： 住房公积金贷款应由受委托银行按借款合同约定，从借款人还款账户扣划贷款本息。因特殊原因无法进行委托扣划还款的，可通过现金、支票等方式回收贷款，住房公积金管理中心应与受委托银行制定现金、支票回收贷款的具体操作方法。受委托贷款银行应将回收的借款人还贷资金及时划入住房公积金管理中心指定账户，并应将还款结果及时反馈住房公积金管理中心。

94. 住房公积金贷款的偿还方式有哪些？

答： 按照《住房公积金个人住房贷款业务规范》（GB/T 51267—2017）6.0.2 条规定，住房公积金贷款偿还应采取分期按月偿还的方式。当采取其他还款方式时，应经住房公积金管理委员会批准并报上级监管部门备案后实行。

95. 如何确定住房公积金贷款的分期还款额？

答： 住房公积金贷款采取分期按月偿还的方式，分期还款额的确定一般有等额本息还款法和等额本金还款法等方式。当采取其他还款方式时，应经住房公积金管理委员会批准并上报上级监管部门备案后实行。

96. 贷款的偿还资金回收顺序是如何规定的？

答： 贷款的偿还资金应按下列顺序回收：

（1）正常还款的偿还资金，按利息、本金的顺序回收。

（2）逾期还款的偿还资金，按罚息、逾期利息、逾期本金的顺序回收；多期逾期贷款的偿还资金，按逾期时间先后顺序回收；同一笔还款包含逾期还款和正常还款资金的，所偿还资金按照逾期还款部分、正常还款部分的顺序回收。

（3）提前还款的偿还资金，按利息、本金的顺序回收。

97. 贷款的还款扣划有哪些规则？

答： 贷款的还款扣划按以下规则执行：

（1）扣划借款合同约定分期按月的正常还款，以及逾期还款时，当借款人还款账户余额大于应扣款金额时，按应扣款金额进行扣划；若借款人还款账户余额小于应扣款金额时，原则上不扣划，未偿还贷款记为逾期。

（2）扣划借款人约定提前还款时，当借款人还款账户余额大于或等于应扣款金额时，按应扣款金额进行扣划；当借款人还款账户余额小于应扣款金额时，则不扣划。

98. 还款扣划日如何确定？

答： 住房公积金贷款应采用日对日还款或固定日还款的方式确定每期还款扣划日。

99. 什么是等额本息还款法？

答： 等额本息还款法即把按揭贷款的本金总额与利息总额相加，然后平均分摊到还款期限的每个月中，每个月的还款额是固定的，但每月还款额中的本金比重逐月递增、利息比重逐月递减。

100. 什么是等额本金还款法？

答： 等额本金还款是指在还款期内把贷款数总额等分，每月偿还同等数额的本金和剩余贷款在该月所产生的利息。这种还款方式相对等额本息而言，总的利息支出较低，但是前期支付的本金和利息较多，还款负担逐月递减。

101. 等额本息还款时，月还款额是如何计算的？

答： 等额本息还款时，借款人每期应以相等的金额（分期还款额）偿还贷款，分期还款额应按下式计算：

$$F = P \times \frac{I \times (1+I)^N}{(1+I)^N - 1}$$

式中：F——分期还款额；

P——贷款金额；

I——贷款月利率（‰）；

N——贷款期数。

102. 等额本金还款时，月还款额是如何计算的？

答： 等额本金还款时，借款人每期应偿还等额的本金，同时付清本期应付的贷款利息，分期还款额应按下式计算：

$$F_t = \frac{P}{N} + P \times \left(1 - \frac{t-1}{N}\right) \times I$$

式中：F_t——第 t 期分期还款额；

　　　P——贷款金额；

　　　I——贷款月利率（‰）；

　　　N——贷款期数；

　　　t——当期期数。

103. 住房公积金贷款采取什么计息方法？

答： 根据中国人民银行《关于人民币存贷款计结息问题的通知》（银发〔2005〕129 号）的规定，可采用积数计息法和逐笔计息法计算利息。积数计息法按实际天数每日累计账户余额，以累计积数乘以日利率计算利息；逐笔计息法按预先确定的计息公式逐笔计算利息。相应计算公式为：

计息为整年（月）的，计息公式为：

利息＝本金 × 年（月）数 × 年（月）利率

计息期有整年（月）又有零头天数的，计息公式为：

利息＝本金 × 年（月）数 × 年（月）利率＋本金 × 零头天数 × 日利率

逐笔计息法更符合住房公积金贷款固定分期按月偿还的形式，贷款正常还款按月计结息。住房公积金个人住房贷款利息计结息参考了银行的常规做法，贷款自每月还款日当日起息，至下一还款日前一日结息，即利息"算头不算尾"。

104. 什么是提前还款？

答： 在约定的贷款期限到期前，部分或全部偿还使用的贷款本金。

105. 住房公积金贷款的借款人是否可以提前还款？

答： 住房公积金贷款可以提前还款。根据《中华人民共和国民法典》第六百七十七条规定，"借款人提前返还借款的，除当事人另有约定外，应当按照实际借款的期间计算利息"。

106. 提前还清全部住房公积金贷款时利息怎么计算？

答： 根据《中华人民共和国民法典》第六百七十七条规定："借款人提前返还借款的，除当事人另有约定外，应当按照实际借款的期间计算利息。"住房公积金贷款提前还款，一般按照实际天数计息。

107. 提前还款对个人负担利息有什么影响？

答： 除当事人另有约定外，应当按照实际借款的期间计算利息。因此，不使用贷款资金即不再承担利息，提前还清贷款对借款人没有影响。

108. 什么是借款逾期？

答： 借款逾期是指借款人在合同约定的时限前，未能足额偿还任意一期借款本息的行为。

109. 罚息是怎样计算的？

答： 未按借款合同约定归还的贷款本息应计为逾期，对逾期部分应计收罚息，罚息应按下式计算：

$$L_f = (B_y + L_y) \times S \times I_f$$

式中：L_f——罚息；

$\quad\quad B_y$——逾期本金；

$\quad\quad L_y$——逾期利息；

$\quad\quad S$——计息天数；

$\quad\quad I_f$——罚息日利率。

110. 什么是实收逾期本金金额？

答： 逾期本金是指借款人未按借款合同约定归还的贷款本金。在贷款实务中，因借款人没有全部偿还逾期本金，受托银行和住房公积金管理中心实际收到的逾期贷款本金即为实收逾期本金。

111. 什么是实收逾期利息？

答：逾期利息是指借款人未按借款合同约定归还的贷款本息所产生的利息。在贷款实务中，因借款人没有全部偿还逾期利息，受托银行和住房公积金管理中心实际收到的逾期贷款利息即为实收逾期利息。

112. 什么是实收逾期罚息金额？

答：逾期罚息是指借款人未按借款合同约定归还的贷款本息加收的利息。在贷款实务中，因借款人没有全部偿还逾期罚息，受托银行和住房公积金管理中心实际收到的逾期贷款罚息即为实收逾期罚息。

113. 当借款合同履行期间发生贷款展期时，如何计算利息？

答：当借款合同履行期间发生贷款展期时，所变更期限应自贷款发放日起累计计算。当累计期限达到新的利率期限档次时，自变更之日起，贷款利息应按新的期限档次利率计收；当达不到新的期限档次时，应按原档次利率计息。

114. 什么是贷款分类？

答：贷款分类是指商业银行按照一定的规则，按照风险程度将贷款划分为不同档次的过程，其实质是判断债务人及时足额偿还贷款本息的可能性。

115. 评估贷款质量的五级分类是如何划分的？

答：根据中国银监会《贷款风险分类指引》（银监发〔2007〕54 号），商业银行应按照该指引将贷款划分为正常、关注、次级、可疑、损失五类。后三类合称不良贷款。

116. 住房公积金贷款能否按照贷款风险分类标准划分风险档次？

答：按照中国人民银行《贷款通则》，住房公积金贷款本质上是委托贷款，是贷款的一种形态，由于委托贷款不是银行的自有信贷资产，受委托银行不承担贷款风险，因而受托银行并不对其按五级分类标准进行划分和判断。住房公积金管理机构参考《贷款风险分类指引》的相关标准，对住房公积金贷款的风险程度进行合理的判断和分类，是可行的。

117.《贷款风险分类指引》五级分类中的"正常"类衡量标准是什么？

答： 借款人能够履行合同，没有足够理由怀疑贷款本息不能按时足额偿还。

118.《贷款风险分类指引》五级分类中的"关注"类衡量标准是什么？

答： 尽管借款人目前有能力偿还贷款本息，但存在一些可能对偿还产生不利影响的因素。

119.《贷款风险分类指引》五级分类中的"次级"类衡量标准是什么？

答： 借款人的还款能力出现明显问题，完全依靠其正常营业收入无法足额偿还贷款本息，即使执行担保，也可能会造成一定损失。

120.《贷款风险分类指引》五级分类中的"可疑"类衡量标准是什么？

答： 借款人无法足额偿还贷款本息，即使执行担保，也肯定要造成较大损失。

121.《贷款风险分类指引》五级分类中的"损失"类衡量标准是什么？

答： 在采取所有可能的措施或一切必要的法律程序之后，本息仍然无法收回，或只能收回极少部分。

122. 借款人不按约定偿还住房公积金贷款如何处理？

答： 根据《民法典》规定，借款人未按约定的期限返还借款的，应当按约定或者国家有关规定支付逾期利息。对于住房公积金借款人逾期期数超出约定的期数，住房公积金管理机构有权按借款合同约定提前收回贷款或解除合同。

123. 借款合同变更的法律依据是什么？

答： 依据《民法典》第五百三十三条规定，合同成立后，合同的基础条件发生了当事人在订立合同时无法预见的、不属于商业风险的重大变化，继续履行合同对于当事人一方明显不公平的，受不利影响的当事人可以与对方重新协商；在合理期限内协商不成的，当事人可以请求人民法院或者仲裁机构变更或者解除合同。

124. 生效的住房公积金借款合同应如何变更？

答： 生效的住房公积金借款合同如需变更，应符合以下要求：

（1）合同生效后，如需变更，须经协商一致，并另行签订变更协议。合同另有约定的除外。

（2）对于借款人申请提前部分偿还贷款、提前还清全部贷款、变更委托扣款账号、变更还款方式的，经委托贷款人方审批同意即可。对于委托贷款人方审批核定的结果，借款人其他各方均应予以认可。

125. 住房公积金贷款合同变更，需要担保方同意吗？

答： 根据《民法典》第六百九十五条规定，债权人和债务人未经保证人书面同意，协商变更主债权债务合同内容，减轻债务的，保证人仍对变更后的债务承担保证责任；加重债务的，保证人对加重的部分不承担保证责任。因而，住房公积金贷款合同变更，宜经当事各方书面同意为妥。

126. 还款方式能变更吗？

答： 一般来说，是可以的。但因还款方式变更，有可能造成借款人还款能力受到影响，有可能增加担保方风险，因而，借款方应就还款额的变更出具担保方的书面证明。

127. 还款方式如何变更？

答： 贷款期间内，当借款人需变更原合同约定的还款方式时，应向住房公积金管理中心提出变更申请。经审核同意的，住房公积金管理中心应根据贷款变更当期余额和剩余期限，利率按新的还款方式确定，告知借款人新的还款计划。

128. 还款账户应如何变更？

答： 贷款期间内，当借款人用于还款的借记卡（或活期存折）因丢失、损坏等原因，需要变更原合同约定还款账户时，借款人应向住房公积金管理中心和受委托贷款银行提出变更申请，并应提供新的符合受委托贷款银行扣划要求的还款账户。

住房公积金管理中心或受委托贷款银行为借款人办理还款账户变更，应核实并确认新的还款账户为借款人本人账户，且应真实有效。核对有误的，应及时联系借款人进行修改。

129. 如何办理贷款缩短期限？

答： 贷款期间内，当借款人需要缩短贷款期限时，应向住房公积金管理中心提出变更申请。

申请缩短贷款期限的，住房公积金管理中心应审核借款人具备按期偿还贷款本息的能力。经审核同意办理缩短贷款期限的，住房公积金管理中心应根据贷款当期余额、还款方式，按贷款期限缩短后的剩余期限和利率确定并告知借款人新的还款计划。

但因变更贷款缩短期限，有可能造成借款人还款能力受到影响，有可能增加担保方风险，因而，借款方应就还款额的变更出具担保方的书面证明。

130. 贷款期限展期应具备哪些条件？

答： 贷款期间内，当借款人出现下列情况之一时可申请贷款展期：

（1）借款人失业，致使其无力按期足额偿还借款本息；

（2）借款人或与其有抚养关系的直系亲属患有重大疾病、遭受重大伤害，需借款人支付大额医疗费用，致使借款人无力按期足额偿还借款本息；

（3）借款人收入明显下降，致使其无力按期足额偿还借款本息；

（4）其他规定情形。

131. 贷款期限展期应提交哪些材料？

答： 借款人办理贷款展期，应向住房公积金管理中心提供担保人同意展期的书面意见，并应提交下列符合展期条件的证明资料：

（1）借款人失业，致使其无力按期足额偿还借款本息的，应提供相关部门依职权出具的失业证明或领取救济金证明等；

（2）借款人或与其有抚养关系的直系亲属患有重大疾病、遭受重大伤害，需借款人支付大额医疗费用，致使借款人无力按期足额偿还借款本息的，应提供相关诊断证明及费用支付凭证；

（3）借款人收入明显下降，致使其无力按期足额偿还借款本息的，应提供借款人所在单位出具的工资收入降低证明或个人所得税证明；

（4）符合其他规定情形的，应按住房公积金管理中心规定提供相应资料。

132. 审核住房公积金展期的注意事项有哪些？

答： 申请贷款展期的，审核应按照下列要求进行：

贷款期限在 1 年及 1 年以内的，延长期限累计不得超过原贷款期限；贷款期限在 1 年以上的，延长期限与原贷款期限相加不得超过 30 年。

延长期限后，当达到新的利率期限档次时，自期限延长之日起，应按当日挂牌的同档次利率计息；延长期限后，贷款到期日不得超过借款人法定退休时间后 5 年，同时不得超过抵押物剩余使用年限或质物到期日；担保人应已同意延长期限。

133. 办理住房公积金贷款展期需要重签合同吗？

答： 经审核同意办理贷款展期的，住房公积金管理中心应与原合同当事方签署关于贷款展期的书面协议，并应根据贷款当期余额、还款方式，按展期后的贷款剩余期限、利率确定并告知借款人新的还款计划。

134. 住房公积金贷款合同的借款人能变更吗？

答： 根据《住房公积金个人住房贷款业务规范》，贷款期间内，借款人（抵押人）发生下列情况之一时，可申请变更借款人（抵押人）：

（1）借款人离婚；

（2）借款人死亡；

（3）其他规定情形。

135. 住房公积金贷款合同的借款人变更应提交哪些材料？

答： 借款人（抵押人）变更应填写住房公积金个人住房贷款变更信息表，并应提供下列符合变更条件的证明资料：

（1）借款人协议离婚的，应提供离婚证和公证机关出具的证明房屋产权及债务归属的公证书；借款人经法院判决离婚的，应提供已生效的法院判决书或民事调解书。

（2）借款人死亡的，应提供死亡证明和公证机关出具的证明房屋产权及债务归属，且该继承人具有完全民事行为能力的公证书。

（3）符合其他规定情形的，按住房公积金管理中心规定提供相应资料。

136. 审核借款人变更应注意哪些方面？

答： 申请借款人（抵押人）变更的，审核应按下列要求进行：

（1）变更申请事项已征得原合同当事人及其他利害关系人的同意；

（2）变更后的借款人（抵押人）具有完全民事行为能力；

（3）变更后的借款人原则上应为贷款所购买、建造、翻建、大修住房的所有权人之一。

经审核同意的，住房公积金管理中心应与原合同当事方签署关于借款人（抵押人）变更的书面协议。借款人（抵押人）变更后，需办理还款账户变更的，应按规定办理还款账户变更手续。借款人（抵押人）变更涉及变更抵押登记的，变更事项应于抵押人和抵押权人办妥抵押变更等相关手续后生效。

137. 住房公积金贷款抵押人能变更吗？

答： 住房公积金贷款的借款人应为购买、建造、翻建、大修自住住房的房屋所有权人或共有权人，一般应当和抵押人一致。借款人变更的，抵押人应相应变更。

138. 住房公积金贷款的抵押物能变更吗？

答： 贷款期间内，当因抵（质）押物减值、灭失等原因，需变更原合同约定的担保时，借款人应向住房公积金管理中心提出变更申请。

提供或追加新的抵押物的，新的抵押物应按要求进行评估，贷款余额与新的抵押物价值之比不得大于规定的抵押率，且新的抵押物剩余使用年限应长于剩余贷款期限。

139. 住房公积金贷款的保证人能变更吗？

答： 贷款期间内，当保证人无法履行保证责任等原因，需变更原合同约定的担保时，借款人应向住房公积金管理中心提出变更申请。提供或追加新保证人的，新的保证人应符合住房公积金管理中心对保证人的要求。

140. 住房公积金借款合同的生效方式？

答： 住房公积金贷款合同同时满足以下条件后生效：

（1）借款人或其授权代理人签字；

（2）委托贷款人，即住房公积金管理中心负责人或授权代理人签字（或盖个人名章）并加盖公章（或合同专用章）；

（3）受托贷款人，即受托贷款银行负责人或授权代理人签字（或盖个人名章）并加盖公章（或合同专用章）；

（4）担保人（抵押人，或出质人）为自然人的，经担保人或其授权代理人签字；

（5）担保人为法人或其他组织的，经其法定代表人（负责人）或授权代理人签字或加盖公章（或合同专用章）。

141. 借款合同的争议如何解决？

答： 住房公积金贷款的争议解决方式一般在借款合同中明示约定。

凡因住房公积金借款合同引起的或与合同有关的任何争议，当事人可以通过协商解决；协商不成，按照合同约定的方式解决。

在诉讼或仲裁期间，合同不涉及争议部分的条款仍需履行。

142. 借款合同的争议解决方式有哪些？

答： 借款合同是民事合同的一种。争议的解决方式一般有协商、申请仲裁和提起诉讼三种方式。

143. 什么是年末住房公积金个人贷款余额？

答： 指截至年度末累计向职工个人发放的、尚未归还的住房公积金个人住房贷款本金数额。

144. 什么是当年住房公积金个人贷款发放额？

答： 指考核年度内向缴存人发放的住房公积金个人贷款数额。

145. 什么是年末住房公积金个人贷款逾期额？

答： 指截至考核年度末借款合同约定到期 3 个月（不含）以上、6 个月（含）以内应还未还贷款本金额与合同约定到期 6 个月（含）以上未归还贷款的本金余额之和。

146. 什么是住房公积金贷款风险准备金余额？

答： 指截至考核年度末累计提取的住房公积金贷款风险准备金总额扣除已按规定核销的个人住房贷款风险准备金后的数额。

147. 住房公积金呆账的范围包括哪些？

答： 根据财政部《住房公积金呆账核销管理暂行办法》（财综〔2006〕10号），住房公积金呆账包括以下范围：

（1）1999 年 4 月 3 日以前，公积金中心利用住房公积金委托银行发放的单位贷款和项目贷款（含利息）形成的呆账；

（2）1999 年 4 月 3 日前，已签订贷款合同或协议，之后经重新审查继续利用住房公积金发放的经济适用住房建设项目贷款形成的呆账；

（3）公积金中心利用住房公积金委托银行发放的职工住房贷款形成的呆账。

148. 贷款核销时，需提供的贷款核销资料有哪些？

答： 根据财政部《住房公积金呆账核销管理暂行办法》，住房公积金贷款核销时，贷款核销资料应包括：

（1）借款人等相关资料。包括呆账核销的书面申请报告、住房公积金呆账核销申报及审批表以及审核审批的相关资料，债权发生明细资料，借款人及担保人和担保方式的基本情况、财产现状及清算情况等。

（2）核查报告。包括呆账形成的原因、采取的补救措施及其结果；具体追收过程及其证明、抵押物（质押物）处置情况；核销的理由；债权经办人、部门负责人和单位负责人的情况，对责任人进行处理的有关文件等。

（3）其他相关证明材料。

149. 住房公积金呆账核销的程序规定有哪些？

答：（1）公积金中心向设区城市财政部门提出核销呆账书面申请及相关资料，经设区城市财政部门审核并报住房公积金管理委员会审议同意后，报省、自治区、直辖市财政部门批准核销；

（2）公积金中心将经省、自治区、直辖市财政部门批准核销的住房公积金呆账情况，如实报送设区城市财政部门、住房公积金管理委员会和上级监管部门备案；

（3）公积金中心根据省、自治区、直辖市财政部门批准核销住房公积金呆账的意见，进行住房公积金呆账核销会计处理。

核算业务部分

1. 什么是住房公积金会计核算?

答: 住房公积金会计核算是指以货币为主要计量单位,采用借贷记账方法,对住房公积金所发生的经济活动进行连续、系统、全面的确认、计量、记录、报告,定期编制并提供真实、准确、可靠的财务会计报告等会计信息,控制和分析资金管理情况,全面反映住房公积金运营状况和经济成果的管理活动。

2. 最早的住房公积金会计规章是哪年颁布的?

答: 1999 年 5 月 26 日,财政部颁布了《住房公积金财务管理办法》(财综字〔1999〕59 号);1999 年 12 月 4 日,财政部颁布了《住房公积金会计核算办法》(财会字〔1999〕33 号)。这两个部门规章,对规范住房公积金管理机构财务管理和会计核算、确保资金安全运营发挥了重要的指导作用,标志着住房公积金事业特别是财务会计管理方面进入了规范化发展新阶段,在住房公积金发展史上具有里程碑意义。

3.《住房公积金会计核算办法》的适用范围是什么?

答:《住房公积金会计核算办法》适用于中华人民共和国境内的住房公积金管理中心管理的住房公积金。

4.《住房公积金财务管理办法》的适用范围是什么?

答:《住房公积金财务管理办法》适用于中华人民共和国境内的住房公积金管理中心。

5. 住房公积金会计核算执行什么会计制度?

答: 在住房公积金会计核算上,既要遵守我国基本会计法规和会计基础规范有关规定,又要执行住房公积金行业会计核算有关规定。

6. 住房公积金会计核算的目标是什么?

答: 住房公积金是单位及其在职职工缴存的长期储金,由职工所在单位和职工个人按职工工资收入的一定比例逐月缴纳，专项用于职工住房支出。住房公积金会计核算的目标是正确、及时、完整地记录、反映住房公积金管理机构的经济活动和财务收支情况；通过核算有效地进行分析、管理，提高收益水平，保障缴存职工合法权益。

7. 什么是住房公积金会计核算方法？

答： 住房公积金会计核算方法是指对住房公积金会计对象进行连续、系统、全面、综合的确认、计量和报告所采用的各种方法。

8. 住房公积金会计核算方法的具体内容是什么？

答： 住房公积金会计核算方法的具体内容包括填制和审核会计凭证、设置会计科目和账户、复式记账、登记账簿、财产清查、编制财务会计报告等。

9. 住房公积金会计核算的基本职能是什么？

答： 住房公积金会计核算的基本职能是核算和监督。

10. 住房公积金会计核算的对象是什么？

答： 住房公积金会计核算的对象是住房公积金归集、使用和日常管理等业务活动。具体来说，住房公积金管理中心对资金运作过程、住房公积金的收支进行全面核算，核算对象涵盖住房公积金缴存、使用、业务收支及收益分配核算等能以货币表现的住房公积金业务活动。

11. 住房公积金会计核算的基本特征是什么？

答： 住房公积金会计核算是以货币（金额）为主要计量单位，以货币对住房公积金业务活动进行确认、计量、记录和报告，为有关各方提供会计信息。

12. 住房公积金会计核算的基本内容包括什么？

答： 住房公积金会计核算的基本内容包括住房公积金缴存核算、住房公积金提取核算、住房公积金贷款核算、与住房公积金相关的债权债务核算、业务收入核算、业务支出核算、住房公积金增值收益及其分配核算。

13. 住房公积金会计核算的基本要求是什么？

答： 住房公积金管理中心要真实、全面、准确、及时地建立住房公积金总账和职工明细账，建立完整的财务管理制度，并对管理全过程进行资金管理、会计核算。

14. 住房公积金会计核算的主体是谁？

答： 住房公积金会计核算的主体是住房公积金管理中心，住房公积金会计核算实行统一管理、统一核算的原则。

15. 住房公积金会计核算如何划分会计期间？

答：《住房公积金会计核算办法》（财会字〔1999〕33号）规定住房公积金会计核算应当正确划分会计期间，分期结算账目和编制会计报表。会计年度自公历1月1日起至12月31日止，年度、季度的起讫日期采用公历日期。

16. 住房公积金会计核算的基础是什么？

答： 住房公积金收入和支出的核算采用权责发生制。

17. 什么是权责发生制？

答： 权责发生制是指收入、费用的确认应当以收入和费用的实际发生作为确认的标准，合理确认当前损益的一种会计制度。

18. 住房公积金会计信息的使用者有哪些？

答： 住房公积金会计信息使用者主要包括缴存、提取、贷款等债权债务主体，包括住房公积金管理者、政府主管部门、行业监管部门等。

19. 住房公积金会计信息的质量要求包括什么？

答： 住房公积金会计信息的质量要求包括可靠性、相关性、可理解性

（清晰性）、可比性和及时性等。

20. 住房公积金会计工作组织形式是怎样的？

答： 会计工作组织形式有独立核算与非独立核算、集中核算与非集中核算、专业核算与群众核算等几种组织形式。住房公积金会计工作组织形式兼具独立核算、集中核算、专业核算特征，公积金中心的全部财务活动在单位负责人的领导下，由财务部门统一管理。

21. 住房公积金财务管理的基本原则是什么？

答：《住房公积金财务管理办法》（财综字〔1999〕59号）规定了住房公积金财务管理的基本原则：执行国家有关法律、法规、规章和财政、财务制度；建立健全内部财务制度，做好财务管理基础工作；降低运作风险，保证住房公积金保值增值，确保住房公积金所有者的合法权益不受侵犯；厉行节约，制止奢侈浪费。

22. 住房公积金财务管理的主要任务是什么？

答：《住房公积金财务管理办法》（财综字〔1999〕59号）规定住房公积金财务管理的主要任务是：编制住房公积金和住房公积金管理中心管理费用年度预决算；建立职工住房公积金明细账，记载职工个人住房公积金的缴存、提取等情况；依法办理住房公积金委托贷款业务，防范风险；严格执行住房委员会（住房公积金管理委员会）批准的住房公积金归集、使用计划，核算住房公积金增值收益；严格执行财务部门批准的管理费用预算，控制管理费用支出，努力降低住房公积金运行成本。

23. 住房公积金的归集计划包括什么？

答： 住房公积金的归集计划包括住房公积金的覆盖面、住房公积金的缴存基数、住房公积金的缴存比例、计划期内住房公积金应归集的总量等。

24. 住房公积金的使用计划包括什么？

答： 住房公积金的使用计划包括住房公积金提取数额、贷款数额、购买国债数额、风险准备金数额等。

25. 住房公积金归集使用计划执行报告应当反映哪些方面的情况？

答： 依据《住房公积金管理条例》释义对于住房公积金管理中心职责的有关解释，归集使用计划执行报告应包括：（1）参加住房公积金的单位数和职工人数；（2）住房公积金的归集总量和提取总量；（3）住房公积金的贷款总量，申请贷款的合同份数；（4）住房公积金的保值情况；（5）住房公积金归集、使用情况；（6）计划执行情况的说明。

26. 住房公积金管理中心调整归集使用计划有什么规定？

答： 住房公积金归集使用计划如遇特殊情况需要调整时，由住房公积金管理中心编制预算调整方案，并说明情况，报本级财政部门批准后执行。

27. 住房公积金管理中心归集使用计划的实施机制是什么？

答： 住房公积金管理中心应按住房公积金管理委员会审议批准的资金预算执行计划，加强对计划执行情况的监督，并应定期向住房公积金管理委员会报告归集使用计划的执行情况。

28. 住房公积金会计机构的设置、会计人员配备、会计核算、会计监督、内部会计管理制度按什么要求执行？

答： 按照《会计基础工作规范》（2019年3月14日中华人民共和国财政部令第98号）的规定执行。

29. 住房公积金管理中心会计机构设置一般是怎样的？

答： 住房公积金管理中心要设置会计工作的专职机构，负责办理财务会计工作。应当配备会计机构负责人、专职会计人员，在专职会计人员中指定会计主管人员，有条件的住房公积金管理中心还可以设置总会计师。

30. 住房公积金会计岗位主要包括哪些？

答： 住房公积金会计岗位主要有资金管理岗、出纳、会计、档案管理、统计、稽核、会计主管等。

31. 住房公积金主要会计法规制度有哪些？

答： 住房公积金主要会计法规制度有《住房公积金财务管理办法》（财综字〔1999〕59号）、《住房公积金会计核算办法》（财会字〔1999〕33号）、《住房公积金呆账核销管理暂行办法》（财综〔2006〕10号）、《利用住房公积金发放保障性住房建设项目贷款相关业务会计核算办法》（财会〔2010〕18号）等。

32. 住房公积金管理中心的财务主管部门是谁？

答： 各级财政部门是本级住房公积金管理中心的财务主管部门。

33. 住房公积金、住房公积金增值收益和管理费用的管理要求是什么？

答： 住房公积金、住房公积金增值收益和公积金中心管理费用应严格实行分立账户、单独核算。

34. 什么是住房公积金预算？

答： 住房公积金预算是指经住房公积金管理委员会批准的年度住房公积金归集使用的财务收支计划。

35. 住房公积金预算编审程序是如何规定的？

答：《住房公积金财务管理办法》（财综字〔1999〕59号）规定了住房公积金预算编审程序：公积金中心应于年度终了前，根据本年度预算执行情况和下年度住房公积金收支预测，编制下一年度住房公积金收支预算。公积金中心编制住房公积金年度预算建议，上报本级财政部门审核；由财政部门提出住房公积金年度预算草案，经住房委员会（住房公积金管理委员会）审议通过后，向公积金中心批复住房公积金年度预算，并报上级财政部门备案。

36. **住房公积金会计采用什么记账方法**？

答： 住房公积金会计采用借贷记账法。

37. **住房公积金的会计处理方法可以变更吗**？

答： 住房公积金的会计处理方法前后期应当一致，不得随意变更。如确有需要变更，应当将变更的情况、变更的原因，在财务情况说明书中加以说明。

38. **住房公积金管理中心的会计核算要素包括什么**？

答： 住房公积金会计核算要素分别为资产类、负债类、净资产类、收支类。

39. **反映住房公积金管理中心财务状况的要素有哪些**？

答： 反映住房公积金管理中心财务状况的要素有资产类、负债类、净资产类。

40. **反映住房公积金管理中心资金运营结果的要素有哪些**？

答： 反映住房公积金管理中心资金运营结果的要素为收支类。

41. **为什么要进行住房公积金明细核算**？

答： 住房公积金属于缴存职工个人所有，当住房公积金缴存到住房公积金管理中心的账户后，职工个人和住房公积金管理中心之间就确立了债权债务关系，债权人是职工个人，债务人是住房公积金管理中心。为能真正承担债务责任，履行职责，维护债权人的利益，住房公积金管理中心必须要对住房公积金的缴存等情况适时进行明细核算。

42. **住房公积金账务核算体系是如何分级的**？

答： 住房公积金实行三级核算管理，建立住房公积金三级账务核算体系。设立住房公积金总账一级核算科目，在住房公积金总账科目下分设缴存单位二级明细账和缴存职工个人三级明细账户。

43. 住房公积金总账（一级科目）反映和记载什么内容？

答： 住房公积金总账用于反映和记载全域住房公积金的增减、变动、结存情况。

44. 住房公积金单位账户（二级科目）反映和记载什么内容？

答： 住房公积金单位账户按缴存单位分别设立，用于反映和记载各单位缴存住房公积金的增减、变动、结存情况。

45. 住房公积金个人账户（三级科目）反映和记载什么内容？

答： 住房公积金个人账户按缴存单位名下职工个人分别设立，用于反映和记载职工个人住房公积金的增减、变动、结存情况。

46. 住房公积金管理中心资产指的是什么？

答： 指住房公积金管理中心在运作过程中形成的委托存款、委托贷款和国家债券。

47. 住房公积金管理中心负债是指什么？

答： 住房公积金管理中心负债主要是指住房公积金管理中心委托银行归集的住房公积金。

48. 归集的住房公积金在财务管理上有什么要求？

答： 住房公积金管理中心应及时为单位办理住房公积金缴存登记，建立职工住房公积金明细账，记载职工个人住房公积金的缴存、提取情况。

49. 住房公积金管理中心的净资产指什么？

答： 住房公积金管理中心的净资产包括贷款风险准备金和待分配增值收益。

50. 住房公积金的业务收入包括哪些？

答： 住房公积金的业务收入包括委托存款利息收入、委托贷款利息收入、国家债券利息收入和其他收入。

51. 什么是住房公积金委托存款利息收入？

答： 委托存款利息收入是指住房公积金管理中心将住房公积金存入受委托银行取得的利息收入。

52. 什么是住房公积金委托贷款利息收入？

答： 委托贷款利息收入是指住房公积金管理中心委托银行向职工发放住房公积金贷款取得的利息收入。

53. 什么是住房公积金国家债券利息收入？

答： 国家债券利息收入是指住房公积金管理中心经住房公积金管理委员会批准，用住房公积金购买国家债券取得的利息收入。

54. 什么是住房公积金其他收入？

答： 其他收入是指住房公积金运作过程中产生的除上述收入外的收入，如住房公积金逾期贷款的罚息收入、逾期不办理住房公积金的罚款收入等。

55. 住房公积金的业务支出包括哪些？

答： 住房公积金的业务支出包括住房公积金利息支出和手续费支出。

56. 什么是住房公积金利息支出？

答： 住房公积金利息支出是指按国家规定应支付职工个人的住房公积金利息。

57. 什么是住房公积金手续费支出？

答： 手续费支出是指住房公积金管理中心按照规定支付给受委托银行的住房公积金归集手续费和委托贷款手续费。

58. **住房公积金归集手续费的计提比例是多少？**

答： 住房公积金归集手续费一般按当年归集额的 0.5% 计提。

59. **住房公积金贷款手续费的计提比例是多少？**

答： 住房公积金委托贷款手续费按不高于当年贷款利息收入的 5% 计提。

60. **职工在办理住房公积金贷款过程中发生的不动产登记费由谁负担？**

答： 根据《国家发展和改革委员会 财政部关于不动产登记收费标准等有关问题的通知》（发改价格规〔2016〕2559 号）文件精神，职工在办理公积金贷款过程中房产抵押登记相关费用由住房公积金管理中心承担。

61. **什么是住房公积金增值收益？**

答： 住房公积金增值收益来源于资金运作产生的收益，是指住房公积金归集、使用过程中发生的业务收入与业务支出的差额。

62. **住房公积金增值收益的性质是什么？**

答： 住房公积金增值收益（扣除计提风险准备金后的余额）属于政府非税收入。

63. **住房公积金管理中心可以截留增值收益吗？**

答： 住房公积金管理中心不可以截留增值收益。住房公积金管理中心要将住房公积金增值收益扣除计提风险准备金后的余额作为政府非税收入全额上缴同级国库。

64. **住房公积金管理中心可以坐支增值收益吗？**

答： 住房公积金管理中心实行收支两条线管理，不可以坐支增值收益。

65. **住房公积金增值收益的管理要求是什么？**

答： 住房公积金增值收益应当专户存储、专户管理。住房公积金管理中心应当单独在受委托银行开立增值收益专户，单独核算管理。住房公积金增值收益只能用于《住房公积金管理条例》规定的三种用途，不能用于其他方面。

66. 住房公积金增值收益专户产生的利息收入如何核算？

答：住房公积金增值收益专户产生的利息收入全额计入住房公积金增值收益。

67. 无继承人也无受遗赠人的住房公积金作如何处理？

答：死亡或者被宣告死亡的职工，无继承人也无受遗赠人的，职工住房公积金账户内的存储余额纳入住房公积金增值收益。

68. 住房公积金增值收益表的"年初未弥补亏损"项目反映什么？

答：住房公积金增值收益表的"年初未弥补亏损"项目反映住房公积金年初未弥补的损失，以"—"号表示。

69. 住房公积金增值收益表的"年末未弥补亏损"项目反映什么？

答：住房公积金增值收益表的"年末未弥补亏损"项目反映住房公积金年末未弥补的损失，以"—"号表示。

70. 住房公积金增值收益的用途是什么？

答：住房公积金增值收益应用于建立住房公积金贷款风险准备金、住房公积金管理中心管理费用、建设城市廉租住房补充资金。

71. 建立住房公积金贷款风险准备金的必要性是什么？

答：按照《住房公积金管理条例》释义有关解释，住房公积金集中归集使用，向缴存住房公积金的职工发放个人住房贷款，不可避免会发生贷款风险。为保障住房公积金的安全，防范风险，应建立贷款风险准备金制度，用于核销因住房公积金贷款不能偿还而造成的资金损失，保护缴存职工的合法权益。

72. **什么是住房公积金财务报告？**

答： 住房公积金财务报告是反映住房公积金财务状况的总结性书面文件。住房公积金财务报告包括财务报表和财务情况说明书。

73. **住房公积金财务报告的报送时间是如何规定的？**

答： 根据《住房公积金财务管理办法》（财综字〔1999〕59号）规定，住房公积金管理中心应于年度终了后的30日内，向本级财政部门报送住房公积金财务收支报告。

74. **住房公积金财务会计报告的组成是什么？**

答： 住房公积金财务会计报告由会计报表、会计报表附注和财务情况说明书组成。

75. **住房公积金对外提供的财务报表包括什么？**

答： 住房公积金管理中心对外提供的住房公积金财务报表包括：资产负债表、增值收益表、有关附表。

76. **住房公积金财务情况说明书主要说明什么事项？**

答： 住房公积金财务情况说明书主要说明住房公积金归集运用情况、增值收益分配情况、对本期或下期财务状况发生重大影响的事项以及其他要说明的财务事项。

77. **对外提供的住房公积金财务会计报告的内容、会计报表种类和格式等由谁规定？**

答： 住房公积金管理中心对外提供的住房公积金财务会计报告的内容、会计报表种类和格式等由《住房公积金会计核算办法》（财会字〔1999〕33号）规定。

78. **住房公积金内部会计报表可以自行规定吗？**

答： 可以，对住房公积金进行内部管理需要的会计报表由住房公积金管理中心自行规定。

79. 住房公积金会计报表的编报时间是如何规定的？

答： 依据《住房公积金会计核算办法》（财会字〔1999〕33 号）规定，季度会计报表应于季度终了后 10 日内报出，年度会计报表应于年度终了后 30 日内报出。

80. 住房公积金会计报表封面有哪些规定？

答： 住房公积金会计报表封面应注明住房公积金管理中心名称、报表所属年度、月份、送出日期等，并由管理中心负责人和主管会计工作的负责人、会计机构负责人（会计主管人员）签名和盖章。设置总会计师的单位，还需总会计师签名和盖章。

81. 住房公积金会计报表按上报时间如何分类？

答： 住房公积金会计报表按上报时间分为月报、季报和年报。

82. 住房公积金会计报表的金额单位是如何规定的？

答： 住房公积金会计报表的填列，以人民币"元"为金额单位，"元"以下填至"分"。

83. 什么是住房公积金资产负债表？

答： 住房公积金资产负债表是表示住房公积金管理中心在一定日期（通常为各会计期末）的财务状况（即资产、负债和净资产的状况）的主要会计报表。

84. 住房公积金资产负债表的作用是什么？

答： 住房公积金资产负债表反映住房公积金管理中心财务状况，即时点日资产、负债、净资产及其构成情况。

85. 住房公积金资产负债表的基本结构是怎样的？

答： 住房公积金资产负债表利用会计平衡原则，将合乎会计原则的资产、负债、净资产等交易科目分为"资产"和"负债及净资产"两大区块，在经过分录、分类账、试算、调整等会计程序后，以特定日期的静态情况为基准，浓缩成一张报表。

86. 住房公积金资产负债表平衡公式是怎样的？

答： 住房公积金资产负债表的平衡公式即财务状况恒等式，为：资产＝负债＋净资产。

87. 什么是住房公积金增值收益表？

答： 住房公积金增值收益表是反映住房公积金在季度内、年度内实现的增值收益的会计报表。

88. 住房公积金增值收益表的作用是什么？

答： 住房公积金增值收益表反映住房公积金的收益情况，即季度、年度内实现的增值收益。

89. 住房公积金增值收益表的平衡公式是怎样的？

答： 住房公积金增值收益表的平衡公式为：业务收入－业务支出＝增值收益。

90. 什么是住房公积金增值收益分配表？

答： 增值收益分配表是反映住房公积金增值收益分配情况的报表，增值收益分配表是住房公积金增值收益表的附表。

91. 住房公积金增值收益分配表的基本结构或平衡公式是怎样的？

答： 住房公积金增值收益分配表的平衡公式为：增值收益＋年初未弥补损失－提取贷款风险准备金－提取公积金中心管理费用－提取城市廉租住房

建设补充资金＝年末未弥补损失。

92. 住房公积金增值收益按什么顺序分配？

答： 住房公积金的增值收益除国家另有规定外，应按下列顺序进行分配：

（1）住房公积金贷款风险准备金；

（2）上缴财政的公积金中心管理费用；

（3）城市廉租住房建设补充资金。

93. 住房公积金增值收益分配表的作用是什么？

答： 住房公积金增值收益分配表反映住房公积金增值收益的分配情况。

94. 住房公积金财务分析指标主要包括哪些？

答： 住房公积金主要财务分析指标包括住房公积金归集率、住房公积金缴存额增长率、住房公积金覆盖率、住房公积金提取率、个人住房贷款率、个人住房贷款逾期率、资金运用率、住房公积金增值收益率、个人住房贷款市场占有率等。

95. 住房公积金贷款风险准备金的提取规定是怎样的？

答： 依据财政部《关于住房公积金财务管理补充规定的通知》（财综字〔1999〕149 号），建立住房公积金贷款风险准备金的比例，按不低于住房公积金增值收益的 60% 核定，或按不低于年度住房公积金贷款余额的 1% 核定，从住房公积金增值收益中分配。按上述两种办法核定的各年度住房公积金贷款风险准备金，均不得累计列入住房公积金增值收益中分配。具体比例和办法由各省、自治区、直辖市财政厅（局）会同建委（建设厅），结合本地实际制定。

96. 什么是住房公积金结息？

答： 住房公积金结息是指住房公积金管理中心按规定对缴存人缴存的住房公积金运算利息。

97. 住房公积金的结息日、结息年度及结息方式是如何规定的？

答：《住房公积金会计核算办法》（财会字〔1999〕33 号）规定，每年 6 月 30 日为结息日，给缴存职工计结利息，结转入本金。

98. 住房公积金结息年度是如何规定的？

答：根据中国人民银行、建设部《关于调整个人住房公积金存、贷款期限和利率等问题的通知》（银传〔1999〕45 号）规定，住房公积金的结息年度为当年的 7 月 1 日至次年的 6 月 30 日，每年 6 月 30 日为结息日。

99. 住房公积金结息方式是如何规定的？

答：根据中国人民银行、住房和城乡建设部、财政部《关于完善职工住房公积金账户存款利率形成机制的通知》（银发〔2016〕43 号）规定，住房公积金结息方式为按一年期定期存款基准利率执行。

100. 单位缴存住房公积金的列支渠道是如何规定的？

答：《住房公积金管理条例》明确了单位为职工缴存的住房公积金，按照下列规定列支：机关在预算中列支；事业单位由财政部门核定收支后，在预算或者费用中列支；企业在成本中列支。

101. 住房公积金会计科目是统一规定的吗？

答：《住房公积金会计核算办法》（财会字〔1999〕33 号）统一规定了住房公积金的会计科目和编号，住房公积金管理中心必须按规定规范执行。

102. 为什么要统一规定住房公积金会计科目？

答：统一规定住房公积金会计科目是为了便于编制会计凭证、登记账簿、查阅账目，实行会计电算化。

103. 住房公积金管理中心可以随意改变会计科目编号或打乱重编吗？

答：不可以。但在某些会计科目之间留有了空号，住房公积金管理中心可根据自身需要增设科目。

104. 在填制会计凭证、登记账簿时，如何填制会计科目？

答： 住房公积金管理中心在填制住房公积金的会计凭证、登记账簿时，应填列会计科目的名称，或同时填列会计科目的名称和编号，不应只填列会计科目编号、不填列会计科目名称。

105. 住房公积金会计科目如何分类？

答： 住房公积金会计科目分为四大类：资产类、负债类、净资产类、收支类。

106. 住房公积金会计科目编号方法是怎样规定的？

答： 根据《住房公积金会计核算办法》（财会字〔1999〕33 号）规定，住房公积金会计科目表为每一个会计科目编制了一个固定的号码，这些号码称为会计科目的编号，住房公积金会计科目采用三位数编号方法，第一位数代表会计科目类别，分别为 1 代表资产类、2 代表负债类、3 代表净资产类、4 代表收支类，第二、三位数为顺序号。

107. 住房公积金会计科目的分级是如何规定的？

答： 住房公积金管理中心根据自身的特点，在不影响会计核算要求和会计报表指标汇总的前提下，可以按照重要性原则要求对会计科目进行细分，设置更为具体的会计科目，一般不超过三级。

108. 住房公积金资产类科目有哪些？

答： 住房公积金资产类科目有住房公积金存款、增值收益存款、委托贷款、逾期贷款、应收利息、其他应收款和国家债券。

109. "住房公积金存款"科目核算什么内容？

答： "住房公积金存款"科目核算按规定存入受委托银行住房公积金专户

的款项。

110. 将款项存入住房公积金专户，如何进行账务处理？

答：将款项存入住房公积金专户，借记"住房公积金存款"科目，贷记有关科目。

111. 提取和支付住房公积金专户的款项，如何进行账务处理？

答：提取和支付住房公积金专户的款项，借记有关科目，贷记"住房公积金存款"科目。

112. "住房公积金存款"科目需要设置日记账吗？

答："住房公积金存款"科目应设置"住房公积金存款日记账"，由出纳人员根据收付款凭证，按照业务的发生顺序逐笔登记，每日终了应结出余额。

113. "住房公积金存款日记账"的对账要求是什么？

答："住房公积金存款日记账"应定期与"银行对账单"核对，至少每月核对一次。

114. 月份终了，住房公积金银行存款账面结余与银行对账单余额之间如有差额，应如何处理？

答：银行存款账面结余与银行对账单余额之间如有差额，必须逐笔查明原因进行处理，并应按月编制"住房公积金存款余额调节表"，调节相符。

115. "住房公积金存款"科目的期末借方余额反映什么？

答："住房公积金存款"科目的期末借方余额，反映实际存在受委托银行住房公积金专户的款项。

116. "增值收益存款"科目核算什么内容？

答："增值收益存款"科目核算按规定存入受委托银行增值收益专户的款项。

117. **收到银行转来的公积金增值收益专户利息收入，如何进行账务处理？**

答： 收到银行转来的公积金增值收益专户利息收入，借记"增值收益存款"科目，贷记"业务收入——增值收益利息收入"科目。

118. **实际上缴财政部门的住房公积金管理中心管理费用、城市廉租住房建设补充资金，如何进行账务处理？**

答： 实际上缴财政部门的住房公积金管理中心管理费用、城市廉租住房建设补充资金，借记"专项应付款"科目，贷记"增值收益存款"科目。

119. **期末（季末或年末）如何进行住房公积金的收支结转？**

答： 期末，按规定将除住房公积金增值收益专户利息之外的各项业务收入与业务支出的差额，自银行住房公积金专户转入增值收益专户，借记"增值收益存款"科目，贷记"住房公积金存款"科目。

120. **"增值收益存款"科目需要设置日记账吗？**

答： "增值收益存款"科目应设置"增值收益存款日记账"，由出纳人员根据收付款凭证，按照业务的发生顺序逐笔登记，每日终了应结出余额。

121. **"增值收益存款日记账"的对账要求是什么？**

答： "增值收益存款日记账"应定期与"银行对账单"核对，至少每月核对一次。

122. **月份终了，增值收益银行存款账面结余与银行对账单余额之间如有差额，应如何处理？**

答： 银行存款账面结余与银行对账单余额之间如有差额，必须逐笔查明原因进行处理，并应按月编制"增值收益存款余额调节表"，调节相符。

123."增值收益存款"科目的期末借方余额反映什么？

答："增值收益存款"科目的期末借方余额，反映实际存在受委托银行增值收益专户的款项。

124."应收利息"科目核算什么内容？

答："应收利息"科目核算住房公积金运作过程中发生的各项应收未收的利息，如委托贷款发生的应收利息。

125.期末实际收回委托贷款利息时，如何进行账务处理？

答：期末，计算当期尚未收到的委托贷款利息，借记"应收利息"科目，贷记"业务收入——委托贷款利息收入"科目；实际收回利息时，借记"住房公积金存款"科目，贷记"应收利息"科目。

126.按规定程序经批准核销的住房公积金呆账贷款，如何进行账务处理？

答：按规定程序经批准核销的住房公积金呆账贷款，冲销计提的贷款风险准备，借记"贷款风险准备"科目，贷记"应收利息"和"逾期贷款"科目，同时借记"住房公积金存款"科目，贷记"增值收益存款"科目。

127.核销的贷款又收回，如何进行账务处理？

答：核销的贷款以后又收回，按收回的住房公积金本金和利息，借记"住房公积金存款"科目，贷记"贷款风险准备"科目，同时借记"增值收益存款"科目，贷记"住房公积金存款"科目。

128."委托贷款"科目核算什么内容？

答："委托贷款"科目核算按规定在受委托银行办理职工住房公积金委托贷款的款项。

129. 按规定向职工发放的住房公积金贷款，如何进行账务处理？

答： 按规定向职工发放的住房公积金贷款，借记"委托贷款"科目，贷记"住房公积金存款"科目。

130. 收回的住房公积金贷款，如何进行账务处理？

答： 收回的住房公积金贷款，按本息合计，借记"住房公积金存款"科目；按本金，贷记"委托贷款"；按已计利息，贷记"应收利息"科目；按未计利息，贷记"业务收入——委托贷款利息收入"科目。

131. 对于借款合同约定到期（含展期后到期）未归还的委托贷款，如何进行账务处理？

答： 对于借款合同约定到期（含展期后到期）未归还的委托贷款，应转作逾期贷款处理，自"委托贷款"科目转入"逾期贷款"科目，借记"逾期贷款"科目，贷记"委托贷款"科目。

132. 对借款人申请住房公积金贷款而提供的担保，需要进行账务处理吗？

答： 不需要。但对借款人申请住房公积金贷款而提供的担保，应建立备查簿，详细登记担保的形式（抵押、质押等形式）、担保金额等情况。

133. "委托贷款"科目期末借方余额反映什么？

答： "委托贷款"科目期末借方余额，反映实际发生的、在借款合同约定期限内尚未归还的住房公积金委托贷款。

134. "逾期贷款"科目核算什么内容？

答： "逾期贷款"科目核算合同约定到期（含展期后到期）未归还的委托贷款。

135. 收回逾期贷款，应如何进行账务处理？

答： 收回逾期贷款，借记"住房公积金存款"科目，贷记"逾期贷款"科目和"应收利息"科目。

136. 逾期贷款期末借方余额反映什么？

答： 逾期贷款的期末借方余额，反映已经超过借款合同约定期限但尚未归还的住房公积金贷款。

137. "国家债券"科目核算什么内容？

答： "国家债券"科目核算按规定用住房公积金购买的国家债券。

138. 按规定购买的国家债券，如何进行账务处理？

答： 按规定购买的国家债券，按实际支付的价款，借记"国家债券"科目，贷记"住房公积金存款"科目。

139. 国家债券到期收回本金或按规定转让时，如何进行账务处理？

答： 国家债券到期收回本金或按规定转让时，按实际收到的金额，借记"住房公积金存款"科目；按债券账面价值，贷记"国家债券"科目；按其差额，贷记"业务收入——国家债券利息收入"科目。

140. 住房公积金负债类科目有哪些？

答： 住房公积金负债类科目有：住房公积金、应付利息、其他应付款和专项应付款。

141. "住房公积金"科目核算什么内容？

答： "住房公积金"科目核算住房公积金的归集、结息和支付等情况。

142. "住房公积金"科目的贷方核算什么？

答： "住房公积金"科目的贷方核算住房公积金的归集和结息情况。

143. 收到单位和职工个人缴存的住房公积金，如何进行账务处理？

答： 收到单位和职工个人缴存的住房公积金，借记"住房公积金存款"科目，贷记"住房公积金"科目。

144. 按规定给职工住房公积金账户进行年度结息，如何进行账务处理？

答： 按规定给职工住房公积金账户进行年度结息，按已提利息，借记"应付利息"科目；按未提利息，借记"业务支出——住房公积金利息支出"科目，贷记"住房公积金"科目。

145. 职工在住房公积金管理中心管辖范围内调动工作，如何进行账务处理？

答： 职工在住房公积金管理中心管辖范围内调动工作，在"住房公积金"有关明细科目之间进行转账，借记"住房公积金"科目（调出单位），贷记"住房公积金"科目（调入单位）。

146. "住房公积金"科目借方核算什么内容？

答： "住房公积金"科目借方核算职工住房公积金账户内存储余额的提取情况。

147. 职工因住房需求部分提取住房公积金账户内的存储余额，如何进行账务处理？

答： 职工部分提取住房公积金账户内的存储余额，借记"住房公积金"科目，贷记"住房公积金存款"科目。

148. 职工因离退休、完全丧失劳动能力并与单位终止劳动关系、户口迁出所在市县或者出境定居等原因而销户提取住房公积金账户内的存储余额，如何进行账务处理？

答： 职工销户提取，按照职工个人账户结余数额，借记"住房公积金"科目；按已提利息，借记"应付利息"科目；按未提利息，借记"业务支出——住房公积金支出"科目；按实际支付金额，贷记"住房公积金存款"科目。

149. 死亡或者被宣告死亡的职工，无继承人也无受遗赠人的，如何进行账务处理？

答： 死亡或者被宣告死亡的职工，无继承人也无受遗赠人的，应将职工住房公积金账户内的存储余额转入业务收入，借记"住房公积金"科目，贷记"业务收入——其他收入"科目。

150. "住房公积金"科目应设置辅助账户吗？

答： 为了分析、掌握住房公积金欠缴情况，住房公积金管理中心可设置"住房公积金缴存额"备查簿，详细登记缴存住房公积金的有关情况。为了解、掌握住房公积金账户内存储余额的提取情况，住房公积金管理中心可设置"住房公积金账户提取情况"备查簿，详细登记职工提取住房公积金账户内存储余额的情况。

151. 住房公积金管理中心需要与缴存单位进行账务核对吗？

答： 住房公积金管理中心应向缴存单位及时提供单位住房公积金的存储余额，按期与缴存单位核对住房公积金账户的余额。

152. "住房公积金"科目如何设置明细账？

答： "住房公积金"科目应按缴存单位和职工个人设置明细账。

153. "住房公积金"科目的期末贷方余额反映什么？

答： "住房公积金"科目的期末贷方余额，反映职工住房公积金账户存款余额。

154. "应付利息"科目核算什么内容？

答： "应付利息"科目核算住房公积金运作过程中发生的应付未付的利息，如计提的职工住房公积金账户利息。

155. 期末计提职工住房公积金账户利息时，如何进行账务处理？

答： 期末计提职工住房公积金账户利息时，借记"业务支出——住房公积金利息支出"科目，贷记"应付利息"科目。

156. 按规定给职工公积金账户进行年度结息时，如何进行账务处理？

答： 按规定给职工公积金账户进行年度结息时，按已提利息，借记"应付利息"科目；按应计利息扣除已提利息的差额，借记"业务支出——住房公积金利息支出"科目；按应计利息，贷记"住房公积金"科目。

157. "应付利息"科目的期末余额反映什么？

答： "应付利息"科目的期末余额反映应付未付的利息。

158. "专项应付款"科目核算什么内容？

答： "专项应付款"科目核算应交财政部门的住房公积金管理中心管理费用和城市廉租住房建设补充资金。

159. "专项应付款"科目如何设置明细科目？

答： "专项应付款"科目应设置以下两个明细科目：（1）住房公积金管理中心管理费用；（2）城市廉租住房建设补充资金。

160. 按规定从住房公积金增值收益中提取住房公积金管理费用，如何进行账务处理？

答： 按规定从住房公积金增值收益中提取住房公积金管理费用，借记"增值收益分配——提取公积金中心管理费用"科目，贷记"专项应付款"科目。

161. 住房公积金增值收益在扣除贷款风险准备金和公积金中心管理费用后的余额，作为城市廉租住房建设补充资金，如何进行账务处理？

答： 住房公积金增值收益在扣除贷款风险准备金和公积金中心管理费用

后的余额，作为城市廉租住房建设补充资金，借记"增值收益分配——城市廉租住房建设补充资金"科目，贷记"专项应付款"科目。

162. 实际上交财政部门的公积金中心管理费用、城市廉租住房建设补充资金，如何进行账务处理？

答： 实际上交财政部门的公积金中心管理费用、城市廉租住房建设补充资金，借记"专项应付款"科目，贷记"增值收益存款"科目。

163. "专项应付款"科目期末贷方余额反映什么？

答： "专项应付款"期末贷方余额，反映尚未上交财政部门的住房公积金管理中心管理费用、城市廉租住房建设补充资金。

164. 住房公积金净资产类科目有哪些？

答： 住房公积金净资产类科目有贷款风险准备、增值收益、增值收益分配。

165. "贷款风险准备"科目核算什么内容？

答： "贷款风险准备"科目核算按规定提取的住房公积金贷款风险准备金。

166. 年度终了提取住房公积金贷款风险准备金时，如何进行会计处理？

答： 年度终了按规定提取住房公积金贷款风险准备金，借记"增值收益分配——提取贷款风险准备"科目，贷记"贷款风险准备"科目。

167. 对于确实无法收回的逾期贷款如何进行账务处理？

答： 对于确实无法收回的逾期贷款，按规定程序经批准作为呆账贷款。冲销计提的贷款风险准备金，借记"贷款风险准备"，贷记"逾期贷款""应收利息"科目，同时借记"住房公积金存款"，贷记"增值收益存款"科目。

168. 对于已确认并转销的呆账贷款，如果以后又收回，如何进行账务处理？

答： 对于已确认并转销的呆账贷款，如果以后又收回，按实际收回的本金和利息，借记"住房公积金存款"科目，贷记"贷款风险准备"科目，同时，借记"增值收益存款"科目，贷记"住房公积金存款"科目。

169. "增值收益"科目核算什么内容？

答： "增值收益"科目核算住房公积金各项收入与各项支出的差额，即实现的住房公积金增值收益。

170. 期末结转收支类科目，如何进行账务处理？

答： 将"业务收入"科目贷方余额转入本科目，借记"业务收入"科目，贷记"增值收益"科目；将"业务支出"科目借方余额转入本科目，借记"增值收益"科目，贷记"业务支出"科目。

171. 期末，住房公积金业务收支结转后还要进行存款之间的结转吗？

答： 期末，业务收支结转后，将各项业务收入与业务支出的差额自银行住房公积金专户转入增值收益专户，借记"增值收益存款"科目，贷记"住房公积金存款"科目。

172. 年度终了，"增值收益"科目是否有余额？

答： 年度终了，应将"增值收益"科目贷方余额转入"增值收益分配"科目，借记"增值收益"科目，贷记"增值收益分配——待分配增值收益"科目；如为借方余额作相反会计分录，结转后"增值收益"科目应无余额。

173. "增值收益分配"科目核算什么内容？

答： "增值收益分配"科目核算住房公积金增值收益的分配情况。

174. "增值收益分配"科目下设明细科目情况是怎样的？

答："增值收益分配"科目设置四个明细科目，分别为提取贷款风险准备、提取公积金中心管理费用、城市廉租住房建设补充资金、待分配增值收益。

175. 年度终了，"增值收益"科目结转分配，如何进行账务处理？

答：年度终了，将"增值收益"科目贷方余额转入"增值收益分配"科目，借记"增值收益"科目，贷记"增值收益分配——待分配增值收益"。

176. 按规定从增值收益中提取住房公积金贷款风险准备金，如何进行账务处理？

答：按规定从增值收益中提取住房公积金贷款风险准备金，借记"增值收益分配——提取贷款风险准备"，贷记"贷款风险准备"科目。

177. 按规定从增值收益中提取上交财政部门的公积金中心管理费用，如何进行账务处理？

答：按规定从增值收益中提取上交财政部门的公积金中心管理费用，借记"增值收益分配——提取公积金中心管理费用"，贷记"专项应付款"科目。

178. "增值收益分配"科目年末有余额吗？

答："增值收益分配"科目年末一般无余额，如有借方余额，反映未弥补的损失。

179. 住房公积金收支类科目有哪些？

答：住房公积金收支类科目有业务收入和业务支出。

180. 收到委托银行转来的住房公积金增值收益专户存款利息收入，如何进行账务处理？

答：收到委托银行转来的住房公积金增值收益专户存款利息收入，借记"住房公积金存款"，贷记"业务收入——住房公积金利息收入"。

181. 期末计算当期应收未收的委托贷款利息，如何进行账务处理？

答： 期末计算当期应收未收的委托贷款利息，借记"应收利息"科目，贷记"业务收入——委托贷款利息收入"科目。

182. 收回住房公积金委托贷款，如何进行账务处理？

答： 收回住房公积金委托贷款，按本息合计，借记"住房公积金存款"科目；按本金，贷记"委托贷款"科目；按已计利息，贷记"应收利息"科目；按未计利息，贷记"业务收入——委托贷款利息收入"。

183. 国家债券到期收回或按规定转让时，如何进行账务处理？

答： 国家债券到期收回或按规定转让时，按实际收到的金额，借记"住房公积金存款"科目；按债券账面价值，贷记"国家债券"；按其差额，贷记"业务收入——国家债券利息收入"。

184. 收到住房公积金逾期贷款的罚息收入，以及逾期不办理住房公积金的罚款收入，如何进行账务处理？

答： 收到住房公积金逾期贷款的罚息收入，以及逾期不办理住房公积金的罚款收入，借记"住房公积金存款"科目，贷记"其他收入"。

185. 期末，业务收入科目有余额吗？

答： 期末，应将"业务收入"科目余额全部转入"增值收益"科目，借记"业务收入"科目，贷记"增值收益"科目，结转后"业务收入"科目应无余额。

186. "业务支出"科目核算什么内容？

答：" 业务支出"科目核算住房公积金的业务支出，包括按国家规定给职工住房公积金账户计算的利息、住房公积金管理中心按照规定支付给受委托银行的住房公积金归集手续费和委托贷款手续费。

187. 期末计提职工住房公积金账户利息时，如何进行账务处理？

答：期末，计提职工住房公积金账户利息时，借记"业务支出——住房公积金利息支出"，贷记"应付利息"科目。

188. 按规定给职工住房公积金账户进行年度结算时，如何进行账务处理？

答：按规定给职工住房公积金账户进行年度结算时，借记"业务支出——住房公积金利息支出"和"应付利息"科目，贷记"住房公积金"科目。

189. 按照规定支付给受委托银行的住房公积金归集手续费，如何进行账务处理？

答：按照规定支付给受委托银行的住房公积金归集手续费，借记"业务支出——住房公积金归集手续费支出"，贷记"住房公积金存款"科目。

190. 按照规定支付给受委托银行的住房公积金委托贷款手续费，如何进行账务处理？

答：按照规定支付给受委托银行的住房公积金委托贷款手续费，借记"业务支出——委托贷款手续费支出"，贷记"住房公积金存款"科目。

191. 期末，"业务支出"科目有余额吗？

答：期末，应将"业务支出"科目的借方余额全部转入"增值收益"科目，借记"增值收益"科目，贷记"业务支出"，结转后"业务支出"科目应无余额。

192. 住房公积金发放项目贷款的利率是多少？

答：住房公积金管理中心发放项目贷款利率按照五年期以上住房公积金个人住房贷款利率上浮 10% 执行，并随住房公积金个人住房贷款利率变动相应调整。

193. 住房公积金项目贷款风险准备金计提比例是如何规定的？

答： 根据《利用住房公积金发放保障性住房建设项目贷款相关业务会计核算办法》（财会〔2010〕18 号）规定，住房公积金管理中心发放项目贷款，按照年末项目贷款余额的 4% 计提贷款风险准备金，并从当年增值收益中列支，当累计计提的项目贷款风险准备金余额达到项目贷款余额的 4% 时，不再继续计提项目贷款风险准备金。

194. 住房公积金呆账核销中产生的相关费用如何进行会计处理？

答： 依据《住房公积金呆账核销管理暂行办法》（财综〔2006〕10 号）规定，公积金中心在核销住房公积金呆账过程中产生的相关费用，包括诉讼费、执行费、保全费、评估费、拍卖费、律师费等，经同级财政部门批准后在"业务支出"中增设的"其他支出"科目中列支。

195. 住房公积金开立账户有哪些规定？

答： 住房公积金管理中心是不以营利为目的的事业单位，其开设的账户应当严格按照规定报同级财政部门批准，不得随意开设账户或转存资金。

196. 住房公积金账户的基本结构和内容包括什么？

答： 住房公积金账户是根据会计科目设置的，具有一定的结构。包括以下内容：账户的名称、日期、凭证号码、摘要、借（贷）金额及余额。

197. 国家对住房公积金税收方面的规定有哪些？

答： 根据财政部、国家税务局《关于住房公积金管理中心有关税收政策的通知》（财税〔2000〕94 号）规定，对住房公积金管理中心用住房公积金购买国债、在指定的委托银行发放个人住房贷款取得的利息收入，免征企业所得税；对住房公积金管理中心取得的其他经营收入，按规定征收各项税收。根据财政部、国家税务总局《关于基本养老保险费、基本医疗保险费、失业保险费、住房公积金有关个人所得税政策的通知》（财税〔2006〕10 号）规定，按照国家或省级地方政府规定的比例缴付住房公积金免征个人所得税，单位和个人分别在不超过职工本人上一年度月平均工资 12% 的幅度内，其实际缴存的住房公积金，允许在个人应纳税所得额中扣除；个人实际领（支）取住房公积金时，免征个人所得税。

198. 住房公积金汇补缴业务账务处理是如何规定的？

答：根据住房公积金管理制度的要求和业务特点，住房公积金管理中心设立住房公积金总账和单位明细账以及个人明细账，对同一业务分别进行同步核算。公积金总账，用于反映和记载住房公积金的增减、变动、结存情况。单位明细账，按缴存单位分别设立，用于反映和记载各单位缴存住房公积金的增减、变动、结存情况；职工个人明细账，按缴存单位名下职工个人分别设立，用于反映和记载职工个人缴存住房公积金的增减、变动、结存情况。

199. 个人自愿缴存住房公积金业务账务处理是如何规定的？

答：个人自愿缴存住房公积金业务账务处理同单位缴存。

200. 异地转入资金业务账务处理是如何规定的？

答：异地转入的资金，经与转出地提供的个人信息核对无误后，应直接计入个人住房公积金账户。

201. 住房公积金个人贷款发放业务账务处理是如何规定的？

答：贷款发放成功后，受委托银行及时将贷款发放结果、贷款发放凭证等资料返还住房公积金管理中心，住房公积金管理中心及时对贷款发放结果及发放凭证等资料进行复核，并登记公积金贷款明细账。

202. 住房公积金预提管理是如何规定的？

答：根据《住房公积金资金管理业务标准》（JGJ/T 474—2019）规定，住房公积金会计核算应采用"权责发生制"，按月或按季对住房公积金账户利息、手续费等业务支出和保值增值业务收入等收支项目进行预提管理。

203. 什么是住房公积金原始凭证？

答：原始凭证是指在住房公积金业务发生或完成时取得或填制的，用以记录或证明住房公积金业务的发生或完成情况的依据。

204. 住房公积金原始凭证有哪些重要性？

答：原始凭证不仅能用来记录住房公积金业务发生或完成情况，还可以明确经济责任，是进行会计核算的原始资料和重要依据，是会计资料中最具有法律效力的一种文件。

205. 住房公积金会计凭证如何分类？

答：住房公积金会计凭证按其编制的程序和用途分为原始凭证和记账凭证。

206. 住房公积金原始凭证的分类是什么？

答：住房公积金原始凭证按其取得的来源不同，分为外来原始凭证和自制原始凭证。

207. 住房公积金原始凭证的审核内容有哪些？

答：住房公积金原始凭证审核的主要内容包括审核原始凭证的真实性、合法性、合理性、完整性、正确性、及时性。

208. "双贯标"后，住房公积金原始凭证有什么变化？

答：基于简化要件以及业务驱动核算的理念，纸质原始凭证逐步取消，原有记账系统下，住房公积金会计核算是依据纸质原始凭证进行记账的，单位填写上报的纸质原始凭证作为会计凭证附件。而现有模式下，会计业务的原始凭证即资金业务的原始凭证，资金结算业务的银行纸质票据作为原始凭证，另外结算过程中通过计算机等电子设备形成、传输和存储的电子凭证也可作为原始凭证，原始凭证大大简化。

209. 住房公积金电子凭证指的是什么？

答：结算过程中通过计算机等电子设备形成、传输和存储的电子凭证应作为原始凭证。住房公积金电子凭证，包括但不限于业务办理中的电子签名、重要档案扫描件以及与受委托银行、不动产登记中心等外部单位之间进行信息交换所采信的数据。

210. 什么是住房公积金记账凭证？

答：记账凭证是住房公积金管理中心根据《中华人民共和国会计法》、财政部《住房公积金会计核算办法》和审核无误的原始凭证，按照住房公积金业务事项的内容加以分类，并据以确定会计分录后所填制的会计凭证，它是登记账簿的直接依据。

211. 住房公积金记账凭证如何生成？

答：根据《住房公积金信息系统技术规范》（JGJ/T 388—2016）规定，住房公积金管理中心会计核算在业务处理和资金结算数据的基础上自动生成凭证，实现账务处理功能。在住房公积金业务系统的生成凭证环节，依据结算金额生成记账凭证号和会计分录。另据《住房公积金资金管理业务标准》（JGJ/T 474—2019）规定，结算成功的业务流水和银行结算流水匹配后，根据预先设定的住房公积金业务所涉及的会计科目、借贷方向、记账金额和摘要等要素自动生成记账凭证。非结算类业务（住房公积金归集、提取、使用过程中不产生资金结算的各类业务）根据业务类型自动生成记账凭证。

212. 住房公积金记账凭证的类型是什么？

答：住房公积金记账凭证属于通用复式记账凭证，因其根据一定期间的记账凭证按其种类分别汇总填制，也属于分类汇总凭证。

213. 住房公积金记账凭证的基本内容有哪些？

答：住房公积金记账凭证的基本内容包括填制日期、记账凭证编号、摘要、会计科目及记账方向、金额、所附原始凭证张数以及填制凭证人员、审核人员、记账人员、会计主管签名或者盖章。

214. 住房公积金记账凭证要素填制依据是什么？

答： 住房公积金记账凭证中摘要、借贷方金额、记账金额等要素，应根据现行行业标准《住房公积金基础数据标准》（JGJ 320—2014）按业务发生自动填制。

215. 住房公积金记账凭证的审核内容有哪些？

答： 住房公积金记账凭证审核的主要内容有：

（1）记账凭证是否附有原始凭证，记账凭证的经济内容是否与所附原始凭证的内容相同；

（2）凭证是否编号，编号是否正确；

（3）业务摘要是否反映了经济业务的基本内容；

（4）会计科目是否使用正确，总账科目和明细科目是否填列齐全；

（5）所附原始凭证的张数与记账凭证上填写的附件张数是否相等；

（6）应借应贷的会计账户对应关系是否清晰，金额是否正确；

（7）记账凭证中的项目是否填制完整，有关人员签章是否齐全。

216. 原始凭证和记账凭证的归档处理要求有哪些？

答： 住房公积金管理中心对会计凭证应当建立档案，妥善保管；会计档案的保管期限和销毁办法，按财政部、国家档案局《会计档案管理办法》的有关规定进行。

217. 纸质凭证和电子凭证的归档处理要求有哪些？

答： 纸质凭证和电子凭证应按纸质形式和电子形式分别归档保存。

218. 住房公积金错账调整有哪些规定？

答：《住房公积金归集业务标准》（GB/T 51271—2017）规定，住房公积金汇缴、补缴业务发生记账错误的，应及时调整，应符合下列规定：因缴存单位原因导致记账错误的，应由缴存单位申请发起错账调整，住房公积金管理中心办理错账调整时应与单位职工核实；因住房公积金管理中心或受委托银行操作错误导致记账错误的，应由住房公积金管理中心发起错账调整，并告知涉及错账的缴存单位或职工；因其他原因导致记账错误的，应由住房公积金管理中心核实后办理错账调整。

219. 什么是住房公积金资金结算平台？

答： 住房公积金资金结算平台是住建部为实现全国各地住房公积金通过统一支付结算通道与各受托商业银行进行电子支付结算，提升住房公积金银行结算效率，提高对缴存人的服务水平而建设的全国住房公积金银行结算数据应用系统。

220. 住房公积金"三账联动"指的是什么？

答： 所谓住房公积金"三账联动"，指的是业务账、资金账和财务账三账联动，其基本要求是"业务驱动资金，资金驱动财务"，业务办理明细、资金结算明细和财务核算明细三者自动匹配，提高财务管理效率。

221. 住房公积金财务自动结算的基本流程是怎样的？

答： 住房公积金财务结算基本流程：

（1）业务提交后系统自动生成业务明细数据，进行资金的收付结算；

（2）公积金中心从结算平台获取资金结算流水（用于后续财务记账、对账）；

（3）账户变动通知生成银行存款日记账，系统自动进行业务和资金匹配；

（4）根据业务类型，自动生成会计凭证（每类业务每天生成一张汇总凭证）；

（5）系统自动编号，即生成记账凭证号（此为记账凭证的唯一编号，并作为三账联动的唯一标识）；

（6）自动记账（依据资金结算流水登记银行存款日记账，依据会计凭证所涉及的会计科目借贷方发生额登记总账、明细账和多维辅助核算账）；

（7）自动对账（自动核对银行账，生成余额调节表；自动核对财务账与业务账；自动核对日记账与总账、明细账与总账；自动核对多维辅助核算账与总账）。

222. 住房公积金账务处理程序采用的是什么方式？

答： 住房公积金管理中心会计核算采用的是科目汇总表账务处理程序。住房公积金管理中心经济业务较多，采用科目汇总表账务处理程序，减轻了登记总分类账的工作量，并可做到试算平衡、简明易懂。科目汇总表的编制时间为一个月。比如住房公积金资产负债表（月报）这一会计报表，就是根据住房公积金存款、委托贷款、住房公积金、其他应付款等汇总科目所生成，而每一个汇总科目是根据多个记账凭证登记借方与贷方发生额。

223. 什么是住房公积金会计凭证的自动生成？

答： 会计凭证的自动生成，这里是指在一级核算模式下，住房公积金管理中心所有业务按照《住房公积金基础数据规范》（JGJ/T 320—2014）所规定的业务类型，每种业务类型每天自动生成一张汇总凭证。

224. 住房公积金汇总凭证业务类型有哪些？

答： 汇总凭证应包括汇补缴、部分提取、销户提取、提取还贷、内部转移和账户合并、外部转入、外部转出、贷款发放、贷款归还、资金划转、结息、缴存资金回退、计提公积金利息、计提定期存款利息、到期逾期、单位销户等业务。

225. 住房公积金结算类业务记账凭证的生成要求是什么？

答： 根据《住房公积金信息系统技术规范》（JGJ/T 388—2016）规定，住房公积金结算类业务在业务处理和资金结算数据的基础上自动生成凭证，实现账务处理功能。结算成功的业务流水和账户变动通知匹配后，根据预先设定的住房公积金业务所涉及的会计科目、借贷方向、记账金额和摘要等要素自动生成记账凭证。

226. 住房公积金会计凭证如何自动记账？

答： 凭证生成完成且对应业务明细和资金明细中的三账联动唯一标识（记账凭证号）更新完毕，即触发凭证自动记账任务。依据会计凭证所涉及业务对应的资金结算流水，记录银行存款日记账；依据会计凭证所涉及的会计科目（含上级科目）、借方发生额、贷方发生额等依次记录总账、明细账、多维辅助账。

227. 什么是住房公积金非结算类业务？

答： 住房公积金非结算类业务是指住房公积金归集、提取、使用过程中不产生资金结算的各类业务。

228. 住房公积金非结算类记账凭证的生成要求有哪些？

答： 非结算类业务宜根据业务类型自动生成记账凭证。

229. 住房公积金记账凭证的填制要求有哪些？

答： 住房公积金记账凭证的填制要求：

（1）记账凭证的日期应以业务办理日期为准；

（2）摘要栏要对业务简要说明；

（3）按住房公积金会计核算办法规定的会计科目核算；

（4）记账凭证所填金额与原始凭证或汇总表相同；

（5）记账凭证在一个月内应当连续编号；

（6）注明所附原始凭证张数；

（7）记账凭证应进行复核并加盖印章或签名。

230. 什么是住房公积金会计账簿？

答： 住房公积金会计账簿是由具有一定的格式、相互联系的账页所组成，用来序时、分类地全面记录住房公积金业务的会计簿册。

231. 住房公积金会计账簿的类别有哪些？

答： 住房公积金账簿按其用途不同，可分为序时账簿、分类账簿和备查账簿三种类型。

232. 什么是住房公积金序时账簿？

答： 序时账簿又称日记账，是按照经济业务发生或完成时间的先后顺序逐日逐笔进行登记的账簿。主要为银行存款日记账。

233. 什么是住房公积金分类账簿？

答： 分类账簿是对全部经济业务事项按照会计要素的具体类别而设置的分类账户进行登记的账簿。住房公积金账簿按照分类的概括程度不同，分为总分类账和明细分类账两种。

234. 什么是住房公积金备查账簿？

答： 备查账簿简称备查簿，是对某些在序时账簿和分类账簿等主要账簿中都不予登记或登记不够详细的经济业务事项进行补充说明登记时使用的账簿。备查账簿由各公积金中心根据需要进行设置。例如支票使用登记簿、国债备查账簿等。

235. 什么是住房公积金多维辅助核算？

答： 所谓辅助核算功能，是指当一笔经济业务发生后，在进行账务处理时，不但要登记到总分类账、明细账等正式账簿，还要求登记到相应的辅助核算账簿。按照现行行业标准规定，住房公积金按照科目核算维度生产会计科目核算信息，按照管理维度生产多维度辅助核算信息。住房公积金存款科目、增值收益存款科目、委托贷款科目、逾期贷款科目、住房公积金科目的下级科目宜通过辅助核算类进行核算。

236. 住房公积金多维辅助核算的类别包括哪些？

答： 辅助核算类别即辅助核算维度，辅助核算基础维度包括：单位、业务类别、银行类别、管理部/办事处、存款期限、单位所属行业、单位经济类型、房屋性质、组织机构类型等。辅助核算组合维度包括：银行类别&管理部/办事处、银行类别&管理部/办事处&存款期限、管理部/办事处&单位所属行业&单位经济类型&组织机构类型等。

237. 住房公积金自动对账的基本要求是什么？

答：按照国家有关规定，账目核对应做到账实相符、账证相符、账账相符和账表相符。住房公积金财务自动对账程序设计遵循账实相符、账证相符、账账相符和账表相符等对账要求开展。

238. 住房公积金账账相符指的是哪几组账相符？

答：住房公积金账账相符包括银行存款账与总账、明细账与总账、多维辅助核算账与总账核对相符。

239. 住房公积金账实相符指的是什么？

答：住房公积金账实相符是指银行存款日记账余额与账户实时余额相符。

240. 住房公积金账证相符指的是什么？

答：住房公积金账证相符指的是总账、明细账以及银行存款日记账的记录与原始凭证、记账凭证的时间、凭证字号内容、金额相符。

241. 住房公积金财务账与业务账核对指的是什么？

答：住房公积金财务账与业务账核对包括归集业务与总账、贷款业务与总账、归集业务与凭证、贷款业务与凭证相互核对。

242. 什么是住房公积金账证核对？

答：住房公积金账证核对是指住房公积金各种账簿的记录与有关会计凭证进行核对。

243. 什么是住房公积金账账核对？

答： 住房公积金账账核对是指住房公积金各账簿之间有关数据进行核对。

244. 什么是住房公积金账款核对？

答： 住房公积金账款核对是指各种货币资金和应收、应付款项账面余额与实存数进行核对。包括现金日记账账面余额与实际库存数核对、银行存款日记账账面余额与开户银行实际余额核对以及应收、应付账面余额与有关单位或个人核对等。

245. 什么是住房公积金银行存款余额调节表？

答： 住房公积金银行存款余额调节表是一种对账记录的工具，是在银行对账单余额与住房公积金账面余额的基础上，各自加上对方已收、本单位未收账项数额，减去对方已付、本单位未付账项数额，以调整双方余额使其一致的一种调节方法。

246. 住房公积金银行存款余额调节表的作用是什么？

答： 住房公积金银行存款余额调节表可作为银行存款科目的附列资料保存，是重要的会计档案。该表的主要作用是核对银行账目与公积金账目的差异，也用于检查银行与公积金账目的差错。调节后的银行存款余额调节表是住房公积金管理中心对账日银行实际可用的存款数额。

247. 住房公积金结账指的是什么？

答： 住房公积金结账是指在本期内所发生的住房公积金业务活动全部登记入账的基础上，于会计期末按照规定的方法结算账目，包括结出本期发生额和期末余额。

248. 住房公积金年终结账主要包括哪些工作？

答： 住房公积金年终结账工作主要包括年终转账、结清旧账、记入新账。

249. 住房公积金的财产清查主要包括哪些？

答： 住房公积金财产清查包含自身业务中货币资金、固定资产、应收应付的清查以及住房公积金业务中定期存单、国债的盘点核对等。

250. 住房公积金存贷款利率是如何确定的？

答： 根据《住房公积金管理条例》的规定，住房公积金存贷款利率由中国人民银行提出，在征求国务院建设行政主管部门的意见后，报国务院批准。

251. 公积金中心发放项目贷款产生的住房公积金增值收益如何管理？

答： 依据《利用住房公积金发放保障性住房建设贷款财务管理办法》（财综〔2010〕12号）规定，公积金中心发放项目贷款产生的住房公积金增值收益，按照《住房公积金财务管理办法》的规定，统一分配和管理。

252. 什么是住房公积金罚没收入，其性质是什么？

答： 住房公积金罚没收入，即对违反《住房公积金管理条例》规定不办理住房公积金缴存登记或不为职工办理住房公积金账户设立手续的单位处以的罚款，此项收入属政府非税收入，须上缴财政国库。

253. 住房公积金增值收益上缴有哪些规定？

答： 住房公积金实行"收支两条线"管理，增值收益作为非税收入，根据规定，扣除风险准备金后的余额全部上缴同级国库，住房公积金管理中心不得截留、坐支增值收益。

254. 住房公积金分中心、管理部的财务管理方式是怎样的？

答： 住房公积金管理机构设立的分中心、管理部，其公积金会计核算、管理费用一般由市（地区、州、盟）住房公积金管理中心统一核算管理，会计报表也由市（地区、州、盟）住房公积金管理中心统一编报。

255. 住房公积金年度预算、决算和财务报告审核、审议及公布是如何规定的？

答： 住房公积金管理中心编制的住房公积金年度预算、决算，应当经财政部门审核后，提交住房公积金管理委员会审议。住房公积金管理中心应当每年定期向财政部门和住房公积金管理委员会报送财务报告，并将财务报告向社会公布。

256. 住房公积金的会计监督包括哪些方面？

答： 住房公积金会计监督包括内部监督和外部监督。其中内部监督包括内部会计人员监督、内部稽核监督和纪检监察监督。住房公积金外部监督主要包括财政监督、监管部门监督、银行监督、审计监督以及其他外部监督。

257. 什么是住房公积金财政监督？

答： 财政监督是指财政部门对住房公积金管理工作中执行有关法律、法规和政策情况以及涉及财务收支、会计资料和国有资产等事项依法执行的检查监督，是实施财政政策、规范住房公积金秩序的重要手段。

258. 住房公积金财政监督的必要性是什么？

答： 财政监督是一种政府职能部门监督形式，财政监督有利于保证住房公积金的安全性和专项使用性，有利于规范住房公积金的管理行为，有利于保护住房公积金所有者的权利，有利于住房公积金制度的健康可持续发展。与审计监督、社会监督相比，财政监督在住房公积金监督体系中居首要地位。

259. 住房公积金财政监督是如何规定的？

答： 地方有关人民政府财政部门应当加强对本行政区域内住房公积金归集、提取和使用情况的监督，并向本级人民政府的住房公积金管理委员会通报。

260. 住房公积金财政监督的根本目的是什么？

答： 财政监督的根本目的是防止住房公积金的挪用和控制管理费用支出，

使住房公积金的运作管理工作规范、高效。

261. 住房公积金财政监督的内容包括什么？

答： 财政监督的主要内容包括住房公积金管理中心在编制当年归集使用计划时，必须征求财政部门意见；在审批住房公积金归集使用计划和计划执行情况报告时，必须有财政部门参加；审批住房公积金管理中心的管理费用；住房公积金管理中心应当定期向财政部门报送财务报表等。

262. 住房公积金财政监督的方式有哪些？

答： 住房公积金管理中心在编制住房公积金归集、使用计划时，财政部门通过提出意见和参与审议住房公积金归集、使用计划和计划执行情况的报告的方式，实现监督职能。

263. 财政部门对住房公积金管理中心财务会计执行情况的监督形式是什么？

答： 住房公积金管理中心年度收支决算，应经财政部门委托的会计师事务所或审计师事务所审定后，再报送同级财政部门。

264. 住房公积金银行监督的主要内容包括什么？

答： 住房公积金银行监督包括住房公积金存款监督和贷款监督，必要时可延伸到住房公积金缴存单位及住房公积金贷款业务涉及的相关单位和个人。除此之外，受委托银行对住房公积金支付业务有监督的权利和义务。

265. 什么是住房公积金审计监督？

答： 住房公积金审计监督是指审计机关将住房公积金财务收支情况纳入审计监督范围，对住房公积金的财务收支以及相关经济活动实现的经济效益、社会效益进行绩效审计。审计监督是实施政府监督的重要形式，是住房公积金财务监督的主要形式之一。

266. 住房公积金审计监督的作用是什么？

答：审计监督是一种重要的监督形式。对住房公积金的法律关系而言，审计监督的作用主要是对审计事项作出评价，出具审计意见；对违反国家规定的财务收支行为，依法予以处罚，在法定职责范围内作出审计决定或者向有关主管机关提出处理、处罚意见；发挥其监督职能，最终保护住房公积金所有者的合法权益不受侵犯。

267. 对住房公积金管理中心的审计监督主要包括哪些内容？

答：（1）住房公积金管理中心收入的真实性，有无隐瞒、转移收入；（2）住房公积金管理中心费用支出的真实性、合法性，有无虚报费用、虚列支出；（3）住房公积金管理中心损益、收支分配的真实性、合法性；（4）住房公积金管理中心财务收支计划的完成情况。

268. 住房公积金增值收益和公积金中心管理费用管理如何规定？

答：住房公积金增值收益和公积金中心管理费用应严格分立账户，单独核算，即严格执行收支两条线管理。

269. 住房公积金管理费用收入包括什么？

答：管理费用收入包括本级财政拨款和管理费用支出专户产生的利息收入。

270. 住房公积金管理费用支出包括什么？

答：管理费用支出包括基本工资、补助工资、职工福利费、社会保障费、公务费、业务费、设备购置费、修缮费和专项资金。

271. 住房公积金专项资金是指什么？

答：住房公积金专项资金是指公积金中心从财政部门取得的有指定项目和用途并且要求单独核算的资金。

272. 住房公积金管理费用标准制定是如何规定的？

答： 住房公积金管理费用标准的制定程序是由省级的建设行政主管部门会同同级财政部门制定，按略高于国家规定的事业单位费用标准核定。

273. 住房公积金管理费用使用的程序是如何规定的？

答： 住房公积金管理中心的管理费用，由住房公积金管理中心按照规定的标准编制全年预算总额，报本级人民政府财政部门批准后，从住房公积金增值收益中上交本级财政，由本级财政拨付。

274. 住房公积金管理费用财务收支报表包括什么？

答： 住房公积金管理费用收支报表包括资产负债表、管理费用支出明细表、有关附表以及财务情况说明书（资产负债表、收入费用表、预算收入支出表、财政拨款预算收入支出表）。

275. 住房公积金管理费用财务情况说明书主要包括什么内容？

答： 财务情况说明书主要说明管理费用收支结余及分配情况、各项财产物资的变动情况、财务分析情况、对本期或下期财务状况发生重大影响的事项以及需要说明的其他财务事项。

276. 住房公积金管理费用财务分析指标主要包括什么？

答： 管理费用财务分析指标主要包括资产负债比率、人员经费支出与公用经费支出分别占管理费用的比率。

277. 住房公积金财务基础数据包括哪些？

答：《住房公积金基础数据标准》（JGJ/T 320—2014）规定住房公积金财务基础数据包含科目信息、总账信息、明细账信息、记账凭证信息、银行存款日记账信息、定期存款明细信息、国债明细信息。

278. 住房公积金结算基础数据包括什么？

答： 住房公积金结算基础数据包括银行结算流水信息、银行专户信息。

279. 住房公积金结算基础数据的重要意义是什么？

答： 记录和维护住房公积金结算基础数据与实时账务银行专户变动信息，便于电子对账和资金安全。

280. 住房公积金采用全国统一的银行结算应用系统，实现了怎样的会计核算机制？

答： 住房公积金采用全国统一的银行结算应用系统，实现了业务驱动财务、自动对账、自动平衡检查的会计核算机制。

资金管理部分

1. 住房公积金的资金来源是什么？

答： 住房公积金作为长期住房储金，其资金来源有两个方面，一部分是单位按照职工的工资水平和单位缴存比例缴纳的住房公积金，另一部分是职工本人根据工资水平和个人缴存比例缴纳的住房公积金。

2. 什么是住房公积金资金管理？

答： 按照《住房公积金资金管理业务标准》（JGJ/T 474—2019）的规定，住房公积金资金管理是指住房公积金管理中心对资金计划、执行、控制和监督的管理活动。

3. 住房公积金资金管理对象有哪些？

答： 住房公积金资金管理包括以下内容：（1）住房公积金及其增值收益；（2）住房公积金贷款风险准备金；（3）住房公积金管理中心管理费用；（4）住房公积金活期存款、定期存款、大额存单、通知存款、协定存款、购买的国债等金融资产；（5）住房公积金业务收入与业务支出；（6）有关法律法规规定应由住房公积金管理中心管理的资金。

4. 住房公积金资金管理遵循的基本原则是什么？

答： 住房公积金资金管理应遵循统一决策、统一管理、统一制度、统一核算的原则。

5. 什么是住房公积金资金"统一决策"？

答： 住房公积金资金"统一决策"是指住房公积金管理中心应对资金计划、账户开立、大额资金划拨、流动性风险处置、资金保值等重大事项按程序规定进行集体决策。

6. 什么是住房公积金资金"统一管理"？

答： 住房公积金资金"统一管理"是指住房公积金管理中心应实现资金集中管理，且全部资金账户应在住房公积金结算应用系统登记备案。

7. 什么是住房公积金资金"统一制度"？

答： 住房公积金资金"统一制度"是指住房公积金管理中心应执行统一的住房公积金资金管理制度。

8. 什么是住房公积金资金"统一核算"？

答： 住房公积金资金"统一核算"是指住房公积金管理中心应按照统一的会计制度规定，对各类资金业务进行统一核算。

9. 住房公积金管理中心编制资金计划应注意什么？

答： 住房公积金管理中心应编制资金使用计划，包括：

（1）住房公积金月度、年度资金使用计划；

（2）编制住房公积金年度预算建议，上报本级财政部门审核，由财政部门提出住房公积金年度预算草案，经住房公积金管理委员会审议通过后，向住房公积金管理中心批复住房公积金年度预算，并报上级财政部门备案；

（3）住房公积金资金存储使用应按照计划执行，调整计划应履行规定的审批手续。

10. 住房公积金资金计划执行包括什么？

答： 住房公积金资金计划执行包括按照相关法律法规和资金使用计划，进行账户开设、核算结算、会计处理等。

11. 住房公积金管理中心如何对资金使用进行控制？

答： 住房公积金资金使用控制包括与业务相关的资金决策、账户开设、核算结算、会计处理、风险控制等。

12. 如何对住房公积金资金使用进行监督？

答： 住房公积金资金使用监督包括事后分析、评价和报告，具体有：（1）对资金使用应定期分析评价，对计划执行情况进行监督和控制。住房公积金管理中心应定期召开资金评估分析调度会，提高资金使用效率；（2）住房公积金管理中心应按住房公积金管理委员会审议批准的资金预算计划执行，加强对计划执行情况的监督，并定期向住房公积金管理委员会报告资金使用计划执行情况。

13. 住房公积金资金业务包括什么？

答： 住房公积金资金业务包括归集资金业务、提取资金业务、委托贷款资金业务以及资金调配、资产证券化、手续费支出等其他业务。

14. 单位汇缴和补缴资金如何规定？

答： 单位汇缴和补缴资金应从单位指定账户转入住房公积金存款账户；单位汇缴和补缴资金经核对无误后，应分配记入住房公积金账户；核对不一致的，应记入其他应付款科目进行挂账处理。

15. 个人自愿缴存业务的资金如何规定？

答： 个人自愿缴存的资金，应从个人银行账户转入住房公积金存款账户，经核对无误后记入个人住房公积金账户。

16. 单位、个人多缴、错缴的资金如何处理？

答： 单位、个人多缴、错缴的资金，应退回原账户。

17. 提取资金如何进行业务处理？

答： 提取资金，应从住房公积金存款专户直接转入住房公积金管理中心与提取申请人指定的本人银行账户。提取资金应实时支付，同步记减住房公积金账户和住房公积金存款科目余额。提取用于冲还住房公积金贷款的，应按业务发生时间、金额产生业务凭证，同步记减个人住房公积金账户余额和委托贷款科目余额。

18. 异地转出资金如何进行业务处理？

答： 异地转出资金应从转出地住房公积金专户转入指定的转入地住房公

积金存款专户。

19. 住房公积金结息资金如何规定？

答： 个人住房公积金账户结计的利息，应记入本人住房公积金账户。

20. 住房公积金利息计算的基数是什么？

答： 住房公积金利息计算的基数为上一年度结转住房公积金本息和本年计息年度各月缴存的住房公积金。

21. 个人住房贷款发放资金管理是如何规定的？

答： 住房公积金个人住房贷款资金管理应符合下列规定：住房公积金管理中心应将个人住房贷款发放资金从住房公积金存款专户转入委托贷款账户，由受委托银行根据与住房公积金管理中心签订的委托协议和放款通知，发放到借款合同约定账户。

22. 住房公积金个人住房贷款资金何时开始计息？

答： 个人住房贷款资金从委托贷款账户划出当日，受委托银行应完成贷款发放并实时向住房公积金管理中心反馈贷款发放汇总和明细信息，住房公积金管理中心应同步登记个人住房贷款账户信息和个人住房贷款业务明细，并开始计息。

23. 住房公积金个人贷款归还资金如何规定？

答： 住房公积金贷款归还资金，应从个人约定还款账户转入住房公积金存款专户，或转入委托贷款账户，住房公积金管理中心应同步更新个人住房贷款账户信息和个人住房贷款业务明细。

24. 住房公积金贷款结清如何进行资金业务处理？

答： 贷款结清应对个人住房贷款账户进行结清销户处理。

25. 住房公积金手续费支付如何处理？

答： 手续费支出应从住房公积金存款专户转入受委托银行的指定账户。

26. 住房公积金呆账核销资金如何处理？

答： 批准核销的住房公积金呆账，从住房公积金管理中心按规定提取的住房公积金贷款风险准备金中据实核销，提取的贷款风险准备金不足以核销呆账时，可以实行逐年核销。

27. 住房公积金管理中心对已核销的呆账还有追索的权利吗？

答： 住房公积金管理中心对已核销的呆账继续保留追索的权利，已核销的呆账以后又收回的，增加住房公积金贷款风险准备金。

28. 住房公积金资金结算类业务的原始凭证有哪些？

答： 资金结算业务的银行纸质票据和电子票据应作为原始凭证。结算过程中通过计算机等电子设备形成、传输和存储的电子凭证应作为原始凭证。

29. 什么是住房公积金流动性风险管理？

答： 住房公积金流动性风险管理是指对住房公积金业务中可能产生的资金缺口风险和资金过剩风险的监测、识别和控制。

30. 住房公积金流动性风险管理的目标是什么？

答： 住房公积金流动性风险管理的目标是通过住房公积金资金来源和使用的有效管理，建立流动性风险监测、评估、转移和处置体系。

31. 住房公积金流动性风险监管指标包括什么？

答： 住房公积金流动性风险监管指标包括住房公积金个人住房贷款率、资金净流量、逾期率等。

32. 住房公积金管理中心内部流动性管理制度包括什么？

答： 住房公积金内部流动性管理制度包括流动性管理规定、组织架构、指标体系和监督、决策机制，采取必要的人机系统监控方式，有效地监测、控制流动性风险。

33. 住房公积金流动性调整工具包括哪些？

答： 住房公积金流动性调整工具包括与归集相关的调整工具、与贷款相关的调整工具及其他调整工具。

34. 住房公积金与归集相关的流动性调整工具包括什么？

答： 与归集相关的流动性调整工具有调整缴存基数和比例、调整提取办法、加强归集执法力度等。

35. 住房公积金与贷款相关的流动性调整工具包括什么？

答： 与贷款相关的流动性调整工具有调整贷款条件、调整贷款额度、调整贷款期限及还款方式、贷款轮候等。其他调整工具有启动或停止公转商贷款、组合贷款、定期兑付等。

36. 住房公积金管理中心加强流动性风险管理的意义是什么？

答： 在住房公积金资金管理业务中，流动性风险管理是重要的内容之一。一方面，参照《商业银行流动性风险管理办法（试行）》（中国银行保险监督管理委员会令 2018 年第 3 号），对流动性不足风险进行有效识别、计量、监测和控制，避免出现因资金不足所产生的排队轮候等风险；另一方面，加强对资金流动性过剩的监测和管控，提高资金使用效率，维护好缴存职工权益。

37. 住房公积金流动性不足风险的控制措施包括什么？

答： 根据住建部办公厅《关于住房公积金使用效率督促检查情况的通报》（建办金函〔2015〕407 号）的有关要求，流动性紧张的城市，可通过"公转商"贷款贴息、中心向银行借款、发行住房公积金个人贷款资产支持证券及其他法律法规允许的外部融资，并及时调整防范流动性风险的公积金使用政策。

38. 住房公积金流动性过剩风险的控制措施包括什么？

答： 住房公积金管理中心控制流动性过剩风险可采用购买国债、大额存单及其他法律法规允许的保值增值业务。结余资金较多的城市，要开展"商转公"贷款，扩大住房公积金制度受益面。

39. 住房公积金流动性风险应急处置机制包括什么？

答： 住房公积金管理中心应建立流动性风险应急处置机制，包括以适当方式筹集资金、调整使用政策、使用贷款流动性风险准备金及开展保值增值业务等。

40. 什么是住房公积金资金流动性调节系数？

答： 住房公积金资金流动性调节系数指的是根据住房公积金满足职工资金使用需求能力的不同情况制定的贷款额度调整参数。

41. 什么是住房公积金资金流量分析表？

答： 住房公积金资金流量分析表是指反映住房公积金管理中心在一定期间内现金流入和现金流出动态状况的报表，将之应用在住房公积金管理控制中，便于管理者了解资金流动性状况，确保资金安全。

42. 什么是资金流动性管理预警机制？

答： 住房公积金资金流动性管理预警机制是指对住房公积金业务运行过程中发生的资金供求矛盾预先发布警示，并及时采取相应应对措施的制度。

43. 什么是住房公积金资金调配？

答： 住房公积金资金调配是指在资金管理业务中，住房公积金管理中心根据需要将资金在已开设的银行账户之间转出、转入。

44. 住房公积金资金调配业务应符合哪些规定？

答： 住房公积金资金调配业务应符合下列规定：

（1）资金调配业务应符合住房公积金提取、贷款和保值增值业务需要；

（2）资金应通过住房公积金结算应用系统，在住房公积金管理中心开设的资金账户间调配；

（3）大额资金转账应根据内部授权管理制度实行集体决策。

45. 什么是住房公积金资金存储？

答： 住房公积金资金存储是指在满足公积金业务需求的情况下，为实现资金增值，对当前结余的资金转存定期存款。

46. 公积金中心可以在受委托银行以外的金融机构进行资金存放吗？

答： 不可以。住房公积金管理中心必须在受委托银行范围内进行资金存储。

47. 住房公积金资金结算的基本要求是什么？

答： 住房公积金资金结算应按业务驱动资金结算，业务、资金和财务明细应自动匹配相符。

48. 什么是住房公积金资金统一联网结算？

答： 住房公积金统一联网结算是指住房公积金业务通过住房公积金结算应用系统实现与受委托银行联网结算。

49. 什么情况下应使用住房公积金统一联网核算？

答： 当住房公积金管理中心发起资金管理业务结算时，应统一联网结算。

50. 住房公积金资金结算业务的主要发起方是谁？

答： 住房公积金管理中心应主动向受委托银行发起资金结算业务。

51. 住房公积金管理中心发起资金结算业务的对账要求有哪些？

答： 住房公积金管理中心资金结算业务，应符合下列规定：

（1）应按照相关业务规则进行审批，审批通过后，发起资金结算请求；

（2）应根据受委托银行结算成功后推送的结算结果信息与对应的业务流水进行匹配，并根据受委托银行推送的账户变动通知完成资金和业务对账。

52. 受委托银行发起的资金结算业务的对账要求有哪些？

答： 受委托银行发起的资金结算业务，住房公积金管理中心应根据受委托银行推送的账户变动通知完成资金和业务对账。

53. 什么是住房公积金资金内控管理？

答： 资金内控管理是指住房公积金管理中心为实现资金管控目标，通过制定制度、实施措施和执行程序，对资金活动的风险进行防范和管控。

54. 住房公积金管理中心资金内控管理制度的具体要求有哪些？

答： 住房公积金管理中心应建立资金管理内控制度，并符合下列规定：

（1）大额资金转账、账户开立等重大事项应根据内部授权管理制度决策，所有的资金业务应执行授权、联签制度，并在授权范围内行使职权；

（2）住房公积金管理中心应建立不相容岗位相互制约机制；

（3）住房公积金管理中心应对流动资金及日常财务收支进行管理。

55. 住房公积金不相容岗位制约机制主要内容包括什么？

答： 资金管理、账务管理与实物资产管理岗位应相互分离。内部审计稽核、信息系统维护应建立岗位职责制度，相互分离。

56. 住房公积金管理中心的基本账户是什么？

答： 住房公积金管理中心经费账户为基本账户，且只有一个基本账户。

57. 什么是住房公积金银行专户存储？

答： 银行专户存储是指住房公积金管理中心在住房公积金管理委员会指定的受委托银行设立住房公积金专用账户，专项存储住房公积金。

58. 设立住房公积金银行专户的意义是什么？

答： 设立住房公积金专户是落实住房公积金安全运作和专项使用的基本措施。若由各公积金中心随意存入银行或其他金融机构，对住房公积金的统一管理就无从谈起，专款专用也无法保证。若不设立银行专户进行管理，会造成资金分散，形不成资金规模效益，建立住房公积金的目的就不可能实现，最终损害广大职工利益。同时，通过在银行设立住房公积金专用账户，办理住房公积金提取及委托贷款业务，可有效发挥银行监督职能，防止住房公积金的挪用和流失。

59. 住房公积金管理中心基本账户和专户的开设顺序是怎样的？

答： 住房公积金专用账户必须在基本账户开立之后方可开设。

60. 住房公积金账户开设由谁审批？

答： 住房公积金管理中心开设账户需本级财政部门和人民银行批准。

61. 住房公积金管理中心基本账户和专户的年检顺序是怎样的？

答： 在年度银行账户年检时，必须先对基本账户进行年检，基本账户年检完毕后方可进行专用账户年检。

62. 住房公积金管理中心可以变更或撤销银行账户吗？

答： 住房公积金管理中心可以按照人民银行关于单位银行结算账户的有关规定，根据需要办理账户变更或撤销手续。

63. 住房公积金资金账户设置有哪些规定？

答： 住房公积金资金账户开设应符合下列规定：

（1）在每家受委托归集银行只能开设一个住房公积金存款账户，根据业务需要可下设子账户；

（2）在每家受委托贷款银行只能开设一个住房公积金委托贷款账户；

（3）每家受委托项目贷款银行只能开设一个住房公积金项目贷款账户；

（4）定期存款账户应在受委托银行范围内开设；

（5）选择一家受委托银行开设一个住房公积金增值收益账户。

64. 住房公积金委托贷款账户必须开设吗？

答： 委托贷款账户不是必须开设的，住房公积金委托贷款账户可以与住房公积金存款专户合并使用。

65. 住房公积金资金账户管理有哪些规定？

答：（1）住房公积金资金管理所涉及的住房公积金存款账户、委托贷款账户和增值收益专户等所有活期、定期账户，应全部在住房公积金结算应用系统中注册；

（2）住房公积金管理中心应按要求办理资金账户审批报备手续。住房公积金委托贷款账户和项目贷款账户宜实行日终零余额管理。

66. 什么是住房公积金专用账户？

答： 住房公积金专用账户是指住房公积金管理中心在受委托银行设立的记载和反映住房公积金缴存、提取、使用和结算等资金情况的专门账户。

67. 住房公积金存储管理中为什么必须在受委托银行设立专户？

答： 根据《住房公积金管理条例》规定，住房公积金管理中心负责职工住房公积金的缴存、提取、使用及住房公积金的核算、保值和归还。在住房公积金的存储管理中，在住房公积金受委托银行设立专户才能真正履行其对职工住房公积金的债务责任，明晰住房公积金管理中心与受委托银行在住房公积金管理工作中的关系。

68. 住房公积金专用账户包括什么？

答：根据管理工作需要，住房公积金管理中心一般应在受委托银行设立三类住房公积金账户：一是住房公积金存款户，二是委托贷款基金户，三是结算户。

69. 住房公积金存款户的主要用途是什么？

答：住房公积金存款户亦称住房公积金资金总账户，用于全面反映和记载住房公积金管理中心归集的住房公积金资金情况。

70. 住房公积金委托贷款基金户的主要用途是什么？

答：委托贷款基金户用于反映和记载住房公积金管理中心委托银行发放和回收的住房公积金贷款本金情况。

71. 住房公积金结算户的主要用途是什么？

答：住房公积金结算户主要用于反映和记载住房公积金管理中心的利息收支和其他各项收支的增减变动情况。

72. 住房公积金资金账户的使用要求有哪些？

答：（1）覆盖全账户，根据"双贯标"结算应用系统接入要点，住房公积金管理所涉及的住房公积金存款专户、委托贷款账户和增值收益专户等所有活期、定期账户，应全部在住房公积金结算应用系统中注册；

（2）住房公积金管理中心应按要求办理资金账户审批报备手续；

（3）根据住房和城乡建设部《关于进一步加快住房公积金基础数据标准贯彻落实和结算应用系统接入工作的通知》（建办金〔2017〕74号）规定，应清理归并银行冗余账户，提高对资金账户的管控能力。

73. 住房公积金管理中心的融资方式有哪些？

答：住房公积金管理中心的融资方式有资产证券化、银行借款、公转商贷款、公转商贴息贷款、财政借款等。

74. 什么是住房公积金资产证券化？

答： 住房公积金资产证券化通常指住房公积金信贷资产证券化，是把原本不流通的住房公积金信贷资产以证券化的形式在资本市场出售，置换成流动性后再发放贷款。根据住建部、财政部、中国人民银行《关于发展住房公积金个人住房贷款业务的通知》（建金〔2014〕148号）文件精神，有条件的城市，要积极探索发展住房公积金个人住房贷款资产证券化业务。

75. 住房公积金资产证券化如何分类？

答： 住房公积金资产证券化按照资产类型可分为权益类和收益类。权益类资产证券化是指以住房公积金贷款本身（已发放未结清的贷款余额）作为基础资产进行的证券化。收益率资产证券化是指以住房公积金贷款或增值收益未来的预期收益作为基础资产进行的证券化。

76. 住房公积金资产证券化的条件是什么？

答： 住房公积金资产证券化的首要条件是基础资产具备未来稳定的现金流；其次需要将基础资产进行评估重组，将其打包成新的资产池，并将资产池中的资产进行风险与收益隔离，最终还需将新资产池信用升级。

77. 住房公积金资产证券化资金规定有哪些？

答： 住房公积金资产证券化应符合下列规定：

（1）以资产证券化方式募集的资金，应从发行机构银行账户转入住房公积金存款专户项下的子账户；

（2）发行费用资金应从住房公积金存款专户转入中介机构指定的银行账户或以募集资金内扣方式划付；

（3）封包期归还的个人住房贷款本息资金应从住房公积金存款专户转入发行机构银行账户。

78. 什么是住房公积金"公转商"贷款？

答： 住房公积金"公转商"贷款，一般指在住房公积金贷款资金紧张、排队轮候时间较长的情况下，符合住房公积金贷款条件的购房借款人在住房公积金管理中心审批同意的贷款额度内，由公积金中心指定的受委托银行向购房借款人发放商业性个人住房贷款，先行用于支付购房款；当住房公积金资金充裕时，再将商业性个人住房贷款置换为住房公积金贷款。

79. 住房公积金"公转商"贷款的利差如何解决？

答： 住房公积金"公转商"贷款中商业性个人住房贷款与住房公积金贷款利率之间的差额由住房公积金管理中心补贴。根据住房和城乡建设部办公厅《关于住房公积金使用效率督促检查情况的通报》（建办金函〔2015〕407号）文件精神，流动性紧张的城市，可通过"公转商"贷款贴息、中心向银行借款和贷款资产证券化等方式，缓解资金压力。

80. 什么是住房公积金"公转商"贴息贷款？

答： "公转商"贴息贷款，其全称是住房公积金个人住房贷款转商业性个人住房贴息贷款，是指在住房公积金流动性不足的情况下，为解决借款人的切实困难，引导借款人先行办理商业性购房贷款，个人每期按商业银行利率偿还本息后，即可享受住房公积金管理中心给予的每期因商业性银行贷款利率高于公积金贷款利率而产生的利息差额补贴。该类贷款可让借款人享受到与公积金贷款同等的优惠政策，且可待住房公积金流动性宽裕时再行转回住房公积金贷款。

81. 住房公积金管理中心的保值投资方式有哪些？

答： 住房公积金管理中心的保值投资方式有银行存款、大额存单、购买国债等。

82. 住房公积金银行活期存款主要包括什么？

答： 住房公积金银行活期存款主要包括活期存款、协定活期存款等。

83. **住房公积金银行定期存款主要包括什么？**

答： 住房公积金银行定期存款主要包括定期存款、通知存款、协议存款、智能存款、大额存单等。

84. **住房公积金管理中心购买的大额存单的性质和特点是什么？**

答： 住房公积金管理中心购买的大额存单属于一般性存款，1000 万元以上起存，受存款保险保障。根据中国人民银行《大额存单管理暂行办法》（中国人民银行公告〔2015〕第 13 号）监管规定，大额存单可提前支取，可转让。发行大额存单的银行必须是全国市场利率定价自律机制成员单位。

85. **住房公积金定期存款和大额存单存储期限有明确要求吗？**

答： 住房公积金资金定期存款和大额存单存储期限无明确要求，各公积金中心可以根据自身资金量、流动性以及使用计划等自行安排。

86. **什么是住房公积金沉淀资金？**

答： 住房公积金沉淀资金狭义上是指住房公积金管理中心归集资金后，扣除提取和发放贷款的资金，所剩余的资金。广义的沉淀资金，还包括资金使用过程中产生的收益部分（在未上缴之前）以及贷款风险准备金等净资产。

87. **住房公积金贷款的资金来源是什么？**

答： 住房公积金贷款的资金来源于职工提取后的缴存余额。

88. **住房公积金保值的前提是什么？**

答： 住房公积金管理中心在保证住房公积金提取和贷款的前提下，可以进行保值投资。

89. **住房公积金保值运作的主体是谁？**

答： 住房公积金保值运作的主体是住房公积金管理中心。

90. 住房公积金的保值形式由谁来确定？

答： 住房公积金的保值形式由住房公积金管理委员会确定。

91. 住房公积金资金保值增值的基本原则是什么？

答： 住房公积金资金保值增值需遵循三项基本原则，即安全性原则、流动性原则和收益性原则。

92. 什么是国债？

答： 国债是政府通过发行有价证券筹集财政资金所形成的一种债权债务关系，是以政府信用为担保的国家债务，是风险最小的投资形式之一。

93. 为什么确定国债为住房公积金保值方式？

答：《住房公积金管理条例》规定，住房公积金管理中心对归集的住房公积金进行保值增值，可以将住房公积金用于购买国债投资，并用部分增值收益建立风险准备金。购买国债相对于住房公积金在银行账户内沉淀，既提高了资金运作的安全性，又具有更好的效益性。

94. 住房公积金管理中心购买的国债如何计价？

答： 用住房公积金购买的国债按实际支付的金额计价入账。

95. 住房公积金管理中心购买的国债应如何管理？

答： 住房公积金管理中心购买的国家债券应视同货币资金妥善保管，确保账实相符。

96. 住房公积金管理中心购买国家债券有哪些规定？

答： 根据财政部《关于加强住房公积金财政监督管理的通知》（财综〔2005〕52号）的规定，使用住房公积金购买国债，必须确保住房公积金正常提取和贷款，经同级财政部门审核，并报住房公积金管理委员会批准。各级财政部门应明确住房公积金管理中心只能在银行间债券市场或商业银行柜台购买一级市场新发行的国债并持有到期，要禁止和纠正住房公积金管理中心从事国债回购或委托理财业务，严禁将住房公积金购买的国债用于质押、抵押等担保行为。

97. 住房公积金购买国债的种类有哪些？

答： 住房公积金管理中心购买国债的种类有记账式国债、凭证式国债和电子式储蓄国债。

98. 住房公积金管理中心可以向他人提供担保吗？

答： 住房公积金管理中心不是企业，不以营利为目的，所负责管理的住房公积金是职工个人所有的资金，住房公积金管理中心拥有的是管理权，不是所有权，住房公积金及其收益均不属于住房公积金管理中心。因此，《住房公积金管理条例》明确规定，住房公积金管理中心不得向他人提供担保。这是为了保证资金运作的安全，避免住房公积金管理中心向他人提供担保后，承担连带责任，造成资金损失。

99. 什么是资金竞争性存放？

答： 资金竞争性存放是指单位通过招投标方式选择确定资金存放银行，并遵循公开、公平、公正的原则，在确保资金安全和日常支付流动性需求的前提下，实现资金保值增值。

100. 住房公积金资金存放银行廉洁承诺书的主要内容是什么？

答： 廉洁承诺书的主要内容包括：承诺不得向住房公积金管理中心集体和相关负责人员输送任何利益，不得将资金存放与住房公积金相关负责人员在银行工作的亲属的业绩、收入挂钩等。

101. 什么是住房公积金贷款保证金？

答： 贷款保证金是指房地产开发企业根据与住房公积金管理中心签订的住房按揭贷款合作协议书之约定，按住房公积金贷款金额一定比例，在住房公积金管理中心委托银行设立的第三方监管账户中所存入的阶段性保证资金。

102. 房地产开发企业的保证责任是什么？

答： 房地产开发企业在保证期间，若出现住房公积金借款人未按规定按期偿还贷款本息的，由房地产开发企业承担偿还住房公积金个人贷款连带责任。

103. 住房公积金贷款保证金的保证期限是多长？

答： 保证期间为该项目贷款发放之日起至房屋抵押办理完结之日止。

104. 借款人未按借款合同要求履行住房公积金还款义务时，可以直接扣划该项目贷款保证金吗？

答： 借款人未按借款合同要求履行还款义务时，住房公积金管理中心依据合同约定，通知房地产开发企业后，可以直接扣划该项目贷款保证金用于偿还债务人的剩余贷款本息。

105. 住房公积金项目贷款资金规模要求是什么？

答： 根据建金〔2010〕101号文件规定，住房公积金管理中心必须优先保证缴存职工提取住房公积金和发放住房公积金个人贷款，并应留足备付准备金，可将50%以内的住房公积金结余资金用于发放保障房项目贷款。

106. 住房公积金项目贷款资金要实现计划管理吗？

答： 是的。住房公积金管理中心应将保障房项目贷款年度计划纳入住房公积金归集使用财务收支计划，并报住房公积金管理委员会审议决定。

107. 住房公积金项目贷款资金需要专户管理吗？

答： 需要。涉及保障房项目贷款业务的相关会计处理，在住房公积金委托贷款科目下设项目贷款明细科目进行核算管理。

108. **对建设项目贷款业务相关明细科目会计处理依据是什么？**

答： 对保障房建设项目贷款业务相关明细科目会计处理，遵照财政部《关于印发利用住房公积金发放保障性住房建设项目贷款相关业务会计核算办法的通知》（财会〔2010〕18 号）执行。

109. **什么是住房公积金项目贷款资金监管账户？**

答： 项目贷款资金监管账户是指借款人在住房公积金管理中心确定的受委托银行设立的第三方监管账户。

110. **什么是项目贷款资金封闭管理？**

答： 项目贷款的资金封闭管理是指住房公积金管理中心和受委托银行对项目贷款资金流入、流出情况进行全过程封闭管理。

111. **如何实现对项目贷款的资金封闭管理？**

答： 为实现项目贷款资金全程封闭管理，住房公积金管理中心、受委托银行和借款人需要办理资金监管账户，并签订《住房公积金支持保障性住房建设项目资金全封闭管理协议》等手续。

112. **我国现行住房公积金利率有哪几部分？**

答： 我国现行住房公积金利率分为三部分：一是住房公积金管理部门给缴存职工住房公积金账户资金结算的利率，二是个人住房公积金贷款利率，三是受委托银行对住房公积金沉淀资金结算的利率。

113. **住房公积金管理部门可以自行确定存贷款利率吗？**

答： 不可以。根据《住房公积金管理条例》规定，住房公积金的存贷款利率由中国人民银行提出，在征求国务院建设行政主管部门的意见后，报国务院批准。

114. 决定住房公积金增值收益的主要因素是什么？

答： 决定住房公积金增值收益的主要因素是住房公积金管理中心的业务收入和业务支出。

115. 利率对住房公积金增值收益会产生影响吗？

答： 利率是影响住房公积金增值收益的重要因素，利率的变化会直接影响住房公积金的利息收入和利息支出，进而影响整个业务收入和业务支出，最终影响住房公积金管理中心的资产负债以及当年的增值收益水平。

116. 住房公积金缴款结算方式有哪些？

答： 缴存单位可采用委托收款、转账支票、网银汇款和现金四种方式完成住房公积金缴存。

117. 住房公积金财务印章包括哪些？

答： 住房公积金财务印章有财务专用章、经费专用章、法定代表人章、授权代表人章、业务专用章以及财务人员个人名章等。此外，财务使用的印章还包括付讫章、作废章等。

118. 什么是住房公积金有价单证？

答： 住房公积金有价单证是指印有票面金额的特定凭证，包括银行定期存单、大额存单、国库券等。

119. 什么是住房公积金资金业务流水（银行结算流水）？

答： 银行结算流水是指住房公积金管理中心在一段时间内与银行发生的存、取款业务交易清单，是发生交易的实时凭据，一般只显示当笔交易和账户余额。

120. 住房公积金属于财政性资金吗？

答：《住房公积金管理条例》释义明确，住房公积金不同于财政性资金，住房公积金单位缴存部分，其来源不论是企业自筹的，还是财政拨付的，都是发给职工的工资（劳动报酬）的一部分，属于职工个人收入，就其性质而言，不属于财政性资金。

121. 住房公积金应纳入财政预算管理吗？

答： 根据《住房公积金管理条例》释义明确，住房公积金属于个人所有，不是财政预算资金，不应纳入财政预算资金管理。

122. 住房公积金管理中心能办理金融业务吗？

答： 住房公积金管理中心负责住房公积金的管理运作，并承担发放个人住房贷款的相关职能，但并不意味着住房公积金管理中心能办理金融业务。金融业务是金融机构的专营权，任何单位和个人都不得擅自经营金融业务。当然，政策的实施与资金的运作不能截然分离，处理好两者之间的关系很重要。各地在住房公积金的实际管理运作中，凡涉及金融业务，都要严格执行《住房公积金管理条例》和中国人民银行的有关规定。

委托银行业务部分

1. 什么是住房公积金受委托银行？

答： 根据《住房公积金管理条例》第十二条之规定，住房公积金受委托银行是指住房公积金管理委员会按照中国人民银行的有关规定，指定受委托办理住房公积金金融业务的商业银行，该银行即为受委托银行。

2. 住房公积金受委托银行如何确定？

答： 住房公积金管理中心是事业单位，有关住房公积金的金融业务应当根据中国人民银行的规定，委托商业银行承办。《住房公积金管理条例》把确定受委托银行的权力授予住房公积金管理委员会，由管委会根据实际情况，确定住房公积金金融业务的承办银行。住房公积金管理中心根据管委会的决定与确定的商业银行签订委托金融业务合同。

3. 住房公积金受委托银行的范围有哪些？

答： 根据国务院《关于进一步加强住房公积金管理的通知》（国发〔2002〕12 号）要求，住房公积金管理委员会应在人民银行规定的工商银行、农业银行、中国银行、建设银行和交通银行五家商业银行范围内，确定受委托银行，办理住房公积金贷款、结算等金融业务和住房公积金账户的设立、缴存、归还等手续。其中，受委托办理住房公积金账户设立、缴存、归还等手续的银行，一个城市不得超过两家。这一政策至今未有改变。

4. 住房公积金管理中心对受委托银行的委托管理模式有哪些？

答： 委托管理模式有两种：一是委托银行运营，二是自管自营。

5. 什么是住房公积金委托银行运营管理模式？

答： 委托银行运营，即所有的住房公积金资金归集和贷款业务直接交给银行办理，以"深圳模式"为代表。

6. 什么是住房公积金自管自营管理模式？

答： 自管自营，即所有住房公积金业务由管理中心负责，委托银行仅充当出纳的角色，以"北京模式"为代表。

7. 住房公积金受委托银行委托承办业务范围有哪些？

答： 依据《住房公积金管理条例》有关规定，住房公积金管理中心应当与受委托银行签订合同，委托银行办理住房公积金贷款、结算等金融业务和住房公积金账户的设立、缴存、归还等手续。

8. 住房公积金管理中心和受委托银行之间是一种什么样的关系？

答： 根据有关政策规定，住房公积金管理中心和受委托银行之间，形成了委托与被委托的合作关系。

9. 住房公积金受委托银行业务委托具体形式是什么？

答： 住房公积金管理中心根据住房公积金管理委员会的决定，与指定的受委托银行签订委托合同，在委托合同中约定各自的权利和义务以及相应的违约责任。

10. 住房公积金管理中心与受委托银行签订委托合同应包括哪些内容？

答：（1）合同双方的名称和住所；（2）委托的事项；（3）委托的方式、期限；（4）费用支付；（5）违约责任；（6）解决争议的方式；（7）当事人认为需要约定的事项。

11. 什么是住房公积金缴存银行？

答： 住房公积金缴存银行就是负责办理住房公积金缴存和提取资金业务的受委托银行。

12. 住房公积金归集业务受委托银行的确定应符合哪些规定？

答： 依据《住房公积金归集业务标准》（GB/T 51271—2017），住房公积金归集业务受委托银行的确定应符合下列规定：

（1）应根据服务质量、网点分布、风险防控能力、利率水平等因素通过招标方式确定；

（2）应由住房公积金管理中心拟定招标方案，报住房公积金管理委员会批准后实施。

13. 受委托银行在归集业务方面的主要职责是什么？

答： 受委托银行在归集业务方面的主要职责为按与住房公积金管理中心签订的委托合同提供住房公积金归集业务相关服务。

14. 受委托银行可以办理住房公积金托收业务吗？

答： 受委托银行可以办理住房公积金同城缴存托收。

15. 什么是住房公积金归集专户？

答： 住房公积金归集专户是指住房公积金管理中心在受委托银行设立的记载和反映住房公积金缴存情况的专用存款账户。

16. 受委托银行归集专户的设定要求是什么？

答： 住房公积金管理中心应在受委托银行设立归集专户，且在同一受委托银行只能设立一个归集专户。

17. 住建部结算平台上的公积金专户银行流水由谁推送？

答： 受委托银行应及时推送住建部结算平台上的公积金专户的银行流水。

18. 什么是住房公积金联名卡？

答： 住房公积金联名卡是职工缴存住房公积金的有效凭证，是由住房公积金管理中心与受托银行合作发行，具有住房公积金缴存凭证功能的银行卡。

19. 受委托银行应协助做好住房公积金归集扩面工作吗？

答： 受委托银行应积极利用自身资源配合住房公积金归集扩面工作，各地住房公积金管理中心一般把归集扩面列入对受委托银行的年度考核事项。

20. 什么是住房公积金受委托贷款银行？

答：住房公积金受委托贷款银行是指在住房公积金个人住房贷款业务活动中，接受住房公积金管理中心委托，负责办理贷款发放、贷款回收等有关业务的商业银行。

21. 为什么住房公积金管理中心发放贷款只能由受委托银行承办？

答：住房公积金管理中心负责住房公积金的管理运作，并不是说住房公积金管理中心能办理金融业务。由于住房公积金管理中心不是金融机构，不能直接发放贷款，发放住房公积金贷款工作只能委托银行承办。

22. 住房公积金受委托贷款银行一般负责哪些业务？

答：住房公积金受委托贷款银行负责与借款人签订借款合同、抵（质）押合同、保证合同，审查担保方式是否合法有效，办理保证金的划转、保险、质押单证的止付手续等。

23. 受委托银行要发放住房公积金贷款，必须与住房公积金管理中心签订协议书吗？

答：是的。受委托银行必须与住房公积金管理中心签订住房公积金贷款业务委托协议书，取得承办权之后才能办理公积金个人住房贷款业务。

24. 住房公积金委托贷款协议书一般应明确约定哪些具体条款？

答：应明确约定贷款对象、用途、期限、利率、还款付息方式等具体条款。

25. 住房公积金贷款风险承担主体是谁？

答：住房公积金贷款的风险由住房公积金管理中心承担。

26. 贷款发放后，受委托贷款银行的义务有哪些？

答： 住房公积金个人住房贷款发放后，受委托银行应按借款合同约定从借款人还款账户扣划贷款本金及利息资金。

27. 什么是住房公积金委托扣划业务？

答： 公积金委托扣划还款就是申请住房公积金贷款的借款人通过委托银行每月代理扣划个人公积金账户金额到个人银行还款账户中，从而简化公积金贷款还贷流程。

28. 受委托银行如何完成委托扣划业务？

答： 申请公积金贷款时，为了方便还贷，申请人同住房公积金管理中心、受委托银行三方签订公积金代扣还款协议。协议生效后，受委托银行在还款的第二个月开始的约定扣款时间，从指定的公积金账户中扣除贷款人当月应还款的金额到该银行的还款账户里，用来抵消住房公积金贷款。

29. 个人住房公积金账户封存后，受委托银行还会从账户里面扣余额吗？

答： 会。个人住房公积金账户封存并不影响冲抵房贷，委托银行系统会照常从账户里扣除余额用于偿还房贷。

30. 什么是住房公积金贷款业务中的收款账户？

答： 住房公积金贷款业务中的收款账户是指借款人购买、建造、翻建、大修自住住房的交易对象认可的，在商业银行设立的，用于接收受委托贷款银行发放的贷款资金的账户。

31. 什么是住房公积金贷款业务中的还款账户？

答： 住房公积金贷款业务中的还款账户是指借款人提供的符合银行扣划要求，用于偿还贷款的银行账户。

32. 住房公积金委托贷款采用什么还款方式？

答：住房公积金委托个人住房贷款还款可采用等额本息还款或等额本金还款方式。

33. 住房公积金个人住房贷款合同是住房公积金管理中心与借款人签订吗？

答：不是。住房公积金个人住房贷款合同由承办住房公积金贷款业务的银行与借款人签订。

34. 借款人提前还款、调整贷款期限、变更还款方式、变更担保方式等申请事项的审核、审批由谁负责？

答：由住房公积金管理中心负责。

35. 受委托银行收到住房公积金管理中心划拨的贷款资金后，依据什么办理贷款发放事宜？

答：受委托银行依据公积金个人住房贷款放款通知书、借款合同及时办理贷款发放事宜。

36. 受委托银行在贷款发放成功后，应及时将什么资料返还住房公积金管理中心？

答：受委托银行应在贷款发放成功后，及时将发放结果、贷款发放凭证等资料返还住房公积金管理中心。

37. 除约定扣划款外，受委托银行还可通过哪些方式回收贷款？

答：根据《住房公积金个人住房贷款业务规范》（GB/T 51267—2017），因特殊原因无法进行委托扣划还款的，可通过现金、支票等方式回收贷款，住房公积金管理中心应与受委托贷款银行制定现金、支票回收贷款的具体操作方法。

38.除发放住房公积金个人住房贷款外，还有哪些公积金业务必须由受委托银行办理？

答： 除发放个人住房贷款外，缴存、提取住房公积金涉及的转账、提现等业务也必须由受委托商业银行办理。

39.受委托银行承办的公积金会计业务包括哪些？

答： 受委托银行承办的公积金会计业务有住房公积金账户管理业务，住房公积金资金划拨、对账和查询、大额存单业务，协定存款业务，支票购买业务以及批量签约个人贷款扣款业务等。

40.受委托银行办理业务过程中涉及的原始凭证和业务单证交接要求有哪些？

答： 受委托银行和住房公积金管理中心应定期交接相关原始凭证和业务单据，原始凭证和记账凭证应定期进行归档处理。

41.开立住房公积金专用存款账户需提供哪些资料？

答： 申请开立住房公积金专用存款账户时，需提供开立基本存款账户规定的证明文件，包括组织机构代码证、法定代表人身份证、基本存款账户开户许可证、机构信用代码证和开立专户的文件，同时填制开户申请书。

42.住房公积金账户信息变更需履行哪些手续？

答： 根据中国人民银行《人民币结算账户管理办法》（中国人民银行令〔2003〕第5号）的要求，经办银行在接到存款人的变更通知后，应及时办理变更手续，并于2个工作日内向中国人民银行报告。同时，按住房公积金管理中心要求，更换预留印鉴。

43.受委托银行对住房公积金资金支付业务履行哪些审核事项？

答： 住房公积金管理中心办理账户资金支付业务时，填制支付凭证交付受委托银行经办网点相关经办人员，经办网点柜员负责审核下列事项：

（1）支付凭证填写是否齐全、清晰；

（2）凭证加盖的印章是否与预留印鉴相符；

（3）对于大额资金实施负责人审批签字制度和热线查证制度。

44. 受委托银行住房公积金大额存单业务包括哪些？

答： 受委托银行通过营业网点柜台或企业网银渠道根据指令为住房公积金管理中心办理大额存单认购、提前支取、到期兑付、查询等业务。

45. 受委托银行大额存单业务需提交哪些资料？

答： 住房公积金管理中心在知悉并同意《单位大额存单产品说明书》全部条款后，向受委托银行提交加盖预留印鉴的《单位大额存单认购申请书》以及法定代表人身份证原件和复印件。如授权代理人办理业务的，还需提交代理人身份证原件、复印件及授权书。

46. 受委托银行对大额存单的审核包括什么？

答： 受委托银行经办柜员审核住房公积金管理中心提交的资料是否完整、真实、有效，确认申请书填写内容准确无误，核对预留印鉴，审核大额存单投资人资格和约定支取转入结算账户状态，确认住房公积金管理中心账户内有足够的认购资金。同时，审核转账支票和进账单，将约定支取转入结算账户中的认购金额划转至住房公积金管理中心大额存单专用账户。

47. 大额存单是否可提前支取？

答： 对于住房公积金管理中心持有的到期一次还本付息的单位大额存单，可全额提前支取或部分多次提前支取。部分提取后，剩余金额不得小于当前产品认购起点金额并按原产品要素续存；不足起点金额则予以清户。

48. 住房公积金大额存单提前支取需提交什么资料？

答： 住房公积金管理中心在受委托银行认购网点柜台办理大额存单提前支取的，需提交公函、法定代表人身份证原件和复印件，加盖预留印鉴的支款凭证。如授权代理人办理业务的，还需提交代理人身份证原件和复印件及授权书。

49. 什么是住房公积金大额存单的到期兑付？

答： 住房公积金管理中心持有的单位大额存单到期后，受委托银行将本息合计金额兑付至住房公积金管理中心约定支取转入结算账户，兑付后，系统自动注销该期单位大额存单。

50. 什么是住房公积金协定存款业务？

答： 协定存款是指住房公积金管理中心通过与受委托银行签订协定存款合同，约定期限、商定结算账户需要保留的基本存款额度，由受委托银行对基本存款额度内的存款按结息日或支取日活期存款利率计息，超过基本存款额度内的部分按结息日或支取日中国人民银行公布的高于活期存款利率、低于六个月定期存款利率的协定存款利率给付利息的一种存款。

51. 住房公积金管理中心如何在受委托银行购买支票？

答： 购买支票时，住房公积金管理中心提交加盖预留印鉴的《单证领购单》等资料，受委托银行柜员受理后审核购买人身份并验印，进行系统操作及客户名下支票信息登记。柜员将加盖业务专用章的收费凭证回单连同支票交住房公积金管理中心，在系统输出打印的《凭证出售签收单》上签收。

52. 批量签约个人扣款业务应如何办理？

答： 对于住房公积金个人贷款还款批量签约扣款业务，由住房公积金管理中心定期向受委托银行发送扣款数据包，受委托银行依据收到的数据信息按双方约定在规定时点完成批量扣款业务，扣款完结将扣款成功数据包发送至住房公积金管理中心。

53. 住房公积金管理中心在受委托银行的资金存储一般采取什么形式？

答： 住房公积金资金存储一般采取公开招标或竞争性存放方式。

54. 哪级部门对受委托银行承办的住房公积金金融业务进行监督？

答： 中国人民银行分支机构、地方银监局依照有关法规和《商业银行中间业务管理暂行规定》（中国人民银行令〔2001〕第 5 号），对受委托银行承办的住房公积金金融业务和相关手续进行监督。

55. 什么是银行业自律委员会？

答： 中国银行业协会自律工作委员会（简称"自律委员会"），成立于2006 年，是中国银行业协会领导下的行业自律性专业组织。自律委员会的宗旨是建立有效的银行业自律工作机制，维护银行业公平有序的市场环境，推进银行业诚信制度建设，打造银行业合规文化，促进银行业金融机构有序竞争和友好合作，提高银行业服务水平和从业人员素质，引领银行业持续健康发展。

56. 受委托银行可以自主决定存款利率高低吗？

答： 依据我国有关法律规定，受委托银行不可以自行确定存款利率，应当按照中国人民银行规定的存款利率的上下限确定存款利率。

57. 什么是市场利率定价自律机制？

答： 市场利率定价自律机制是指由金融机构组成的市场利率定价自律和协调机制，旨在符合国家有关利率管理规定的前提下，对金融机构自主确定的货币市场、信贷市场等金融市场利率进行自律管理，维护市场正当竞争秩序，促进金融市场规范健康发展。

58. 受委托银行存款利率报价方式有哪些变化？

答： 2021 年 6 月 21 日，市场利率定价自律机制优化了存款利率自律上限的确定方式，将原来由存款基准利率一定倍数形成的存款利率自律上限，改为在存款基准利率基础上加上一定基点确定。

59. 住房公积金个人住房贷款利率调整后，可以立即执行吗？

答： 不可以。当年度住房公积金个人住房贷款利率调整后，具体执行时间为次年的 1 月 1 日。

60. 目前住房公积金个人账户存款利率是多少？

答： 根据中国人民银行、住建部、财政部《关于完善职工住房公积金账户存款利率形成机制的通知》（银发〔2016〕43 号），自 2016 年 2 月 21 日起，将职工住房公积金账户存款利率，由现行按照归集时间执行活期、三个月定期存款基准利率，调整为统一按一年期定期存款基准利率执行。目前住房公积金个人账户存款利率为 1.5%。

61. 住房公积金银行结算数据应用系统是哪年建设的？

答： 2012 年住建部建设并启用了住房公积金银行结算数据应用系统。

62. 公积金中心管理信息系统通过什么实现与银行结算数据应用系统端到端连接？

答： 住房公积金管理中心管理信息系统通过标准接口实现与银行结算数据应用系统端到端的连接。

63. 公积金中心接入住房公积金银行结算数据应用系统主要有哪两种模式接口？

答： 住房公积金管理中心接入住房公积金银行结算数据应用系统主要有两种模式接口：直联接入模式、代理平台模式。

64. 什么是住房公积金银行结算数据应用系统？

答： 住房公积金银行结算数据应用系统（BSDAS）是搭建在住房公积金管理中心和受托银行之间用于实现直联支付结算以及银行结算数据应用功能

的管理系统。

65. 住房公积金银行结算数据应用系统的主要功能是什么？

答： 住房公积金银行结算数据应用系统实现了住房公积金管理中心与受委托银行间的电子支付结算。

66. 什么是银行结算处理系统？

答： 银行结算处理系统（BSS）是全国各住房公积金受委托商业银行的直联支付结算系统，提供住房公积金资金结算功能。

67. 什么是管理信息系统数据库？

答： 管理信息系统数据库（MISDB）是指住房公积金管理中心业务系统以及会计核算系统的数据库。

68. 什么是住房公积金结算业务合作协议？

答： 住房公积金管理中心与受委托银行的结算业务合作协议是指根据国家监管要求，为支持实现通过住房公积金银行结算数据应用系统进行银行结算数据采集和电子支付结算业务，经双方协商达成的明确各自权利和义务的协议。

69. 受委托银行与住房公积金支付结算的合作内容主要包括什么？

答： 支付结算协议内容包括签约信息报送、账户变动通知业务、定向支付控制业务、账户查询业务、收款业务、付款业务、转账业务、贷款扣款业务、贷款本息分解业务、投资理财业务、对账业务、信息报告、其他合作等。

70. 受委托银行如何向公积金中心传送各项支付和交易结果？

答： 受委托银行通过住房公积金银行结算数据应用系统向住房公积金管理中心传送各项支付和交易结果。

71. 受委托银行提供住房公积金电子支付业务涉及的结算及服务费用如何收取？

答： 受委托银行为住房公积金管理中心提供电子支付结算业务涉及的结算费和现金管理类等服务费用，按照《商业银行服务价格管理办法》（中国银监会、国家发展改革委令〔2014〕第1号）等相关法规以及委托银行的相应服务项目和收费标准收取。

72. 受委托银行通过什么方式为公积金中心提供电子支付服务？

答： 受委托银行通过专线接入方式与住房公积金银行结算数据应用系统互联互通，为住房公积金管理中心提供电子支付结算服务。

73. 住房公积金受委托银行结算业务考核内容有哪些？

答： 住房公积金管理中心对受委托银行考核内容包含但不限于以下方面：（1）按月扣划业务；（2）差错处理业务；（3）账户结算；（4）票据传递；（5）同步核算；（6）结息业务；（7）业务办理反馈；（8）银行流水反馈；（9）单据规范；（10）资金存储；（11）利率上浮；（12）资金划转；（13）数据安全；（14）技术保障；（15）应急响应；（16）提供服务等。

74. 住房公积金管理中心为什么要对受委托银行实施监督？

答： 住房公积金管理中心与受委托银行之间是一种民事法律关系。《住房公积金管理条例》第十二条规定："住房公积金管理中心应当与受委托银行签订委托合同。"第三十五条规定："住房公积金管理中心应当督促受委托银行及时办理委托合同约定的业务。受委托银行应当按照委托合同的约定，定期向住房公积金管理中心提供有关的业务资料。"因此，住房公积金管理中心与受委托银行之间的权利、义务关系要通过委托合同来确定。同时，住房公积金管理中心要按照《住房公积金管理条例》的规定和委托合同的约定，对受委托银行履行义务情况实施监督。

风险防控部分

1. 什么是住房公积金风险防控？

答： 住房公积金风险防控是确保国家政策执行到位、住房公积金管理运行规范、监督控制机制完善、有效防范化解重大风险隐患、推动住房公积金事业健康平稳发展的制度体系和管理机制。

2. 住房公积金运行管理面临的主要风险有哪些？

答： 住房公积金运行管理所面临的主要风险为财务风险、信息安全风险、制度管理风险、廉政风险、涉法事务风险等。

3. 住房公积金财务风险是什么？

答： 一般是指住房公积金管理中心在制定资金使用计划、归集资金、拨付使用资金、调度资金等财务活动过程中，不按会计制度办事或者违规操作导致业务异常运行，未能达到财务管理预期目标而造成的损失或不良后果。

4. 住房公积金信息安全风险是什么？

答： 一般是指在住房公积金信息采集、系统网络建设、运行维护管理、数据保护等活动中，因人为或技术原因导致业务数据、财务数据、缴存单位及缴存职工信息遗失或泄露，而给住房公积金管理业务造成无法正常运行或负面影响的风险。

5. 住房公积金制度管理风险是什么？

答： 从狭义上说，是指住房公积金管理中心在制定内部管理制度及公积金业务实施细则时，存在制度缺失、无效或部分失效、与上位法不符或无法律依据、订立不够科学严谨、缺乏时效性、可操作性不强等问题，或在制度执行过程中存在不确定性，从而给住房公积金管理运行带来潜在损失和不良影响的风险。

6. 住房公积金廉政风险是什么？

答： 一般是指住房公积金管理中心工作人员利用职权徇私舞弊、谋取私利给管理中心带来危害性或负面影响的风险。

7. 住房公积金涉法事务风险是什么？

答： 一般是指住房公积金管理中心在日常管理活动中，出现有悖于法律、法规、政策的情形而又不及时纠正，进而造成经济损失或诉讼败诉，严重影响管理中心形象的风险。

8. 如何通过民主决策防范住房公积金重大决策风险？

答： 建设部、财政部、中编办、中国人民银行、国家经贸委、监察部、劳动保障部、审计署、国务院法制办、全国总工会《关于完善住房公积金决策制度的意见》（建房改〔2002〕149号）规定，住房公积金管理委员会通过建立严格、规范的会议制度，实行民主决策，每次会议参会人数不得少于全体委员的四分之三；推行管委会决策记名投票制度，每项决策需经全体委员三分之二以上投票同意方可通过；建立管委会决策公示制度，提高决策科学化和民主化水平；建立管委会委员任期制度和责任追究制度，对决策失误要追究相关人员责任。

9. 住房公积金管理中心如何做好风险防范？

答： 住房公积金管理中心要完善集体议事规则和监督制度，重大事项决策、重要项目安排、干部任免和人员录用、大额资金使用等事项，应集体研究决定；要建立完善的风险防控管理制度，健全风险管理机制，加强合规性管理；要根据业务内容和业务流程科学设置岗位，明确岗位职责，严格实行层级授权管理；建立关键岗位设置不相容和任职回避等岗位制衡机制；发挥科技作用，通过全面信息化做到全业务、全领域、全过程自动控制和风险预警；设置独立的内审稽核部门，开展常态化的审计稽核。

10. 如何运用信息化技术提高风险防范能力？

答： 住房公积金管理中心要加大业务管理信息系统的投入力度，对各项政策规定、审核要件、业务流程、服务时限实行信息化控制，每一项业务处理、每一笔资金运用，都在系统中留有痕迹；所有资金都要通过全国结算平台拨付，实现业务驱动财务、财务驱动资金的财务闭环管理；设置风险识别指标，建立系统风险防控预警机制，及时识别和警示业务风险和资金风险。调整优化与受托银行结算流程，与受托银行实时联网结算；加快和房地产交易与不动产交易系统、人民银行征信系统、个人身份核查系统、婚姻信息系统等领域联网，实现信息共享、交叉印证，减少人为操作风险。

11. 如何加强从业人员风险防范管理？

答：要严把管理中心人员入口关，对新招录人员实行公开招考。关键岗位应实行竞争上岗、择优选用。加强人员授权管理，建立关键岗位不相容制度，严格执行三级审批。对管理中心负责人实行经济责任审计，对关键岗位人员实行定期轮岗交流和专项审计稽核。建立住房公积金从业人员全员培训制度，定期开展业务技能培训，不断提高业务素质。加强风险管理教育和警示教育，做到警钟长鸣，切实把党风廉政责任落到实处。对违规违纪人员严肃处理，依规依纪追究责任，触犯刑律者依法追究刑事责任。

12. 公积金中心违反《住房公积金管理条例》的行为有哪些？

答：（1）未按照规定设立住房公积金专户的；

（2）未按照规定审批职工提取、使用住房公积金的；

（3）未按照规定使用住房公积金增值收益的；

（4）委托住房公积金管理委员会指定的银行以外的机构办理住房公积金金融业务的；

（5）未建立职工住房公积金明细账的；

（6）未为缴存住房公积金的职工发放缴存住房公积金的有效凭证的；

（7）未按照规定用住房公积金购买国债的。

13. 对公积金中心违反《住房公积金管理条例》的行为如何处理？

答：由国务院建设行政主管部门或者省、自治区人民政府建设行政主管部门依据管理职权，责令限期改正；对负有责任的主管人员和其他直接责任人员，依法给予行政处分。

14. 公积金中心挪用住房公积金如何处罚？

答： 挪用住房公积金的，由国务院建设行政主管部门或者省、自治区人民政府建设行政主管部门依据管理职权，追回挪用的住房公积金，没收违法所得；对挪用或者批准挪用住房公积金的人民政府负责人和政府有关部门负责人以及住房公积金管理中心负有责任的主管人员和其他直接责任人员，依照刑法关于挪用公款罪或者其他罪的规定，依法追究刑事责任；尚不够刑事处罚的，给予降级或者撤职的行政处分。

15. 对公积金中心挪用住房公积金的行为如何防范？

答： 严格执行管委会批准的住房公积金年度使用计划；建立健全资金调拨、使用管理制度，严格执行报批程序，明确经办人员责任；定期向政府、管委会和财政部门报告住房公积金运行管理情况；监管部门要加强在线监控，发现异常问题及时对管理中心进行聆讯，监督处理整改；受托银行发现违规挪用问题要及时向当地管委会、上级建设行政主管部门、人民银行及其分支机构和银保监会及其派出机构反映；实行年度外部审计制度，审计报告报上级监管部门备案。

16. 住房公积金业务管理的主要风险分几类？

答： 住房公积金管理中的业务风险包括归集业务风险、提取业务风险、贷款业务风险、资金管理风险等。

17. 归集业务风险的主要表现是什么？

答： 主要体现为对住房公积金政策宣传解读不充分、不准确，导致归集扩面成效较低；对催建催缴工作开展力度不大、管理不到位，导致应建未建；单位缴存资金未能及时准确分配至缴存职工账户，形成待分摊资金和资金挂账；缴存职工个人信息录入不准确、不完整；违规批准单位超比例、超基数缴存；为缴存单位及职工服务不到位，导致不能及时准确缴存等。

18. 如何加强归集业务风险的防范？

答： 管理中心要进一步完善缴存制度，梳理单位缓缴和降低比例等业务的实施细则，出台自由职业者缴存制度；加大执法宣传力度，在以教育为主、处罚为辅原则的基础上，持续开展催建催缴工作；发挥承办银行监督作用，协助做好应建尽建、应缴尽缴；大力推广住房公积金专管员制度，充分发挥专管员的第一道关口作用；建立健全内审稽核制度，跟踪做好问题整改；加强内部管理，优化业务办理流程，提高业务办理能力，提升服务水平，强化监督制约。

19. 提取业务风险的主要表现有哪些？

答： 提取职工住房公积金账户内的存储余额，必须严格按照《住房公积金管理条例》以及住房公积金管理委员会规定的用途执行，不符合规定的绝不能提取。主要风险表现为利用虚假材料骗提风险和虚构行为骗提风险。

20. 如何加强提取业务风险防范？

答： 管理中心要合理设置住房公积金提取受理、审核岗位，明确岗位职责，加强岗位制约，实行定期轮岗。完善内审稽核机制，形成前台受理审核、后台重点复核、内审部门稽核"三道防线"。委托商业银行受理审核的，要将防控违规提取情况纳入业务考核，与受托资格和手续费挂钩，并作好常态化监控。健全廉政风险防控制度，开展专题业务培训，提升廉政意识和鉴别能力。明确并公开住房公积金提取条件、提取要件、办理时限和办理程序，接受社会监督。对相关管理人员玩忽职守、失职渎职的，给予党纪政纪处分。对为违规提取住房公积金提供便利，涉及职务犯罪的，移交司法机关处理。

21. 贷款业务风险的主要表现是什么？

答： 主要体现为贷前风险、贷中风险、贷后风险、信用风险、骗贷风险。贷前风险一般是指工作人员对贷款前楼盘准入把控不严格形成的风险；贷中风险一般是指在贷款业务受理过程中因未能严格落实审批制度、执行贷款业务流程而形成的风险；贷后风险一般是指在贷款发放后对逾期贷款的管理和抵押登记不及时、对协议项目不关注而形成的风险；信用风险一般是指因借款人信用的不确定性而最终导致公积金贷款不能全额收回而形成的风险；骗贷风险是指借款人通过提供虚假资料从而违法取得住房公积金贷款形成的风险。

22. 如何加强贷款业务风险的防范？

答： 管理中心要梳理贷款业务相关政策，制定操作细则，加强业务系统的流程和业务参数管控，减少人为干预；严格执行贷款审批制度，至少达到三级审批，全面落实各项风控要求；加强贷后管理，及时跟进协议项目进度，关注开发商运营状况，及时办理抵押登记；加强贷后逾期管理，健全逾期催收机制，运用法律手段降低逾期率；明确贷款工作职责，落实责任追究制度；强化监管制约，加强事中事后稽核。

23. 如何加强资金管理风险的防范？

答： 严格执行管委会批准的住房公积金年度使用计划，遵守管理中心内部资金调拨、使用管理制度和报批程序，落实岗位制约机制，资金调拨使用与会计核算岗位相分离。资金调拨实行多级审批，大额资金调动按照"三重一大"议事原则集体研究决定。严格按工作流程办理银行资金调动、贷款发放等业务的资金划转。发现专户内住房公积金的使用行为有违规问题时，应及时向管理中心领导和上级监管部门报告。

24. 资金流动性风险指什么？

答： 一般是指住房公积金资金出现流动性不足和流动性过剩的风险。住房公积金管理中心的备付金规模较小，出现不能足额兑付提取和贷款发放的情况，则造成流动性不足风险；管理中心日常结余资金规模较大，出现不利于保值增值的情况，则形成流动性过剩风险。

25. 如何加强资金流动性风险的防范？

答： 建立资金流动性预警制度，按业务办理需要合理确定预警指标；建立流动性风险管理机制，加强会商分析；明确责任部门和责任人，建立流动性风险处理和责任追究制度；加强流动性风险应对演练，提高风险防范意识。

26. 如何防范截留住房公积金、确保缴存资金及时入账？

答： 住房公积金管理中心应与受托银行建立按日对账制度；推行直接划款的汇缴方式；建立职工个人明细账，及时将缴存资金记入职工个人账户，并按规定为职工计结利息；建立对受托银行的考核制度，定期考核，考核结果与手续费挂钩；畅通职工查询、对账、投诉渠道，建立职工举报处理机制；加强内审稽核与监督检查。

27. 如何防范超比例、超基数违规缴存？

答： 规范缴存比例、缴存基数，调整业务流程；建立部门及岗位间相互制约机制；在信息系统中设定对缴存比例、缴存基数调整等业务的控制和预警程序，规避人为操作风险。

28. 如何防范擅自降低比例缴存公积金的行为？

答： 住房公积金管理委员会要及时履行审批降低缴存比例或者缓缴住房公积金的职责；建立健全单位降低缴存比例或者缓缴住房公积金审批程序，明确具体条件、需要提供的文件和办理程序，按规定程序批准；在业务系统设置多级审批，同时加强事后稽核监管。

29. 如何防范违规提取行为？

答： 建立信息核查、协查制度，推进个人身份信息、房地产交易登记信息和异地购房信息共享查询；完善提取业务操作系统，设定提取条件、额度等要素；建立提取审批岗位制约机制，采取多级审核；以案说法，加强警示教育，落实廉政责任，规范提取行为。根据住建部、财政部、中国人民银行、公安部《关于开展治理违规提取住房公积金工作的通知》（建金〔2018〕46号），开展联合行动，进行专项治理。

30. 如何加强对贷款申请人资格的审查？

答： 完善个人贷款内部管理制度，规范审批操作程序，建立岗位制约机制；明确并公开个人贷款条件、办理要件、办理时限和办理程序；个人贷款业务实行面谈、面签制度；严格审查借款人申请资料及各项佐证资料，实行三级审批制度；建立信息核查、协查制度，实现与人民银行征信系统核查验证；加强贷款业务稽核，推进问题整改与责任追究。

31. 如何防范违规发放项目贷款？

答： 按照住建部、财政部、中国人民银行、银监会《关于印发〈利用住房公积金支持保障性住房建设试点项目贷款管理办法〉的通知》（建金〔2010〕101号）要求，严格执行项目贷款准入和审批程序，按照《住房公积金支持保障性住房建设项目贷款业务规范》（GB/T 50626—2010）对贷款项目进行严格审评；设立资金监管账户，对贷款资金流动实行全程封闭管理；加强贷前调查、贷中审查、贷后管理，实现全程运行监管，落实责任追究制度。

32. 如何防范购买国债过程中的违规行为？

答： 利用住房公积金购买国债必须经住房公积金管理委员会审核同意；购买国债的渠道限于银行间市场和银行柜台，禁止在证券市场购买国债；建立记账式国债定期对账制度，到期及时兑付并收回本息；建立凭证式国债登记制度，妥善保管国债凭证，到期及时兑付并收回本息。

33. 如何防范管理中心违规存储资金？

答： 在国家规定范围内，经管委会决策确定受托银行；签订委托协议，规范协议内容，明确管理中心与受托银行的责任和义务，报上级监管部门备案；严格按照业务需求开设银行账户，开立新账户须经同级财政部门批准、人民银行核准，报上级监管部门备案；建立资金调配管理制度，对资金需求情况定期分析测算，资金调配与业务需求挂钩；制定资金存储管理规定，资金存储方案由领导班子集体研究决定；开展竞争性或公开招标存储资金，大额资金调动报上级监管部门备案。

34. 财务管理中存在的主要风险点有哪些？

答： 主要风险点为增值收益分配不符合规定；不将应缴财政的增值收益上缴财政；账外核算；定期存单保管不善，被违规利用；定期存款到期不及时兑付收回；虚列支出套取资金；擅自处理抵押资产；篡改凭证、账单等。

35. 如何规避管理信息数据中的风险？

答： 建立计算机信息系统用户管理和密码分类管理制度，严格控制操作权限；对网络设备、操作系统、数据库系统、应用程序、系统维护等建立管理档案；设置管理日志，实施信息系统维护和留痕管理。

36. 什么是住房公积金内审稽核？

答： 内审稽核一般是指住房公积金管理中心内部稽核人员依据有关法律、法规、政策及内部规章制度，对本单位住房公积金业务的合规性、真实性、完整性开展的稽查审核工作。

37. 住房公积金开展内审稽核的主要目的是什么？

答： 充分发挥内部审计稽核监督作用，规范住房公积金业务操作行为，确保资金安全，防止各类管理风险出现。

38. 内审稽核应遵循的原则是什么？

答： 内审稽核工作应遵循独立、客观、公正和成本效益等原则。

39. 开展内审稽核工作的主要政策依据是什么？

答： 国务院《住房公积金管理条例》，财政部《住房公积金会计核算办法》《住房公积金财务管理办法》，审计署《关于内部审计工作的规定》（审计署令 2018 年第 11 号），住建部等七部委《关于加强住房公积金廉政风险防控工作的通知》（建金〔2011〕170 号），以及住房公积金归集、提取、贷款业务标准等有关规定。

40. 住房公积金内审稽核的组织架构是什么样的？

答：住房公积金管理中心的内审稽核组织体系包括：内审稽核决策机构，一般为管理中心的领导机构；内审稽核工作执行机构，一般为管理中心独立开展内审稽核工作的职能部门；被审计部门，即管理中心内审稽核工作主要的监督对象。

41. 住房公积金管理中心内审稽核领导机构的主要职权是什么？

答：主要职权为审定内审稽核工作的规定制度、工作流程，审定年度内审稽核计划，提出专项审计要求，解决内审稽核过程中出现的重大问题，审定内审稽核报告，对内审稽核发现的违规行为作出处理和处罚决定。

42. 住房公积金管理中心内审稽核部门的主要职权是什么？

答：主要职权为拟定内审稽核工作流程、相关的实施细则，拟定年度内审稽核计划，确定内审项目小组负责人及成员，负责内审稽核项目实施，要求被稽核部门提供与稽核相关的资料，开展对关联单位的延伸稽核，对稽核发现的违规行为或风控薄弱环节提出整改建议，出具内审稽核报告，对整改情况跟踪审计，对内审稽核档案整理、归档、管理。

43. 对住房公积金内审稽核岗位人员的基本要求是什么？

答：内审稽核人员应具有较高的政治素养，遵守法纪，坚持原则，保守秘密，客观公正；应具备适应岗位的政策理论水平、较强的业务能力和分析能力，实践经验丰富，熟悉专业知识和工作流程；自觉遵守审计职业道德规范，参加继续教育。

44. 住房公积金内审稽核的主要内容有哪些？

答：（1）对住房公积金相关的法律法规、重大决策部署的执行情况进行审计；

（2）对管理中心制定的相关规定、制度、工作流程执行情况进行审计；

（3）对住房公积金的归集业务管理情况进行稽核；

（4）对住房公积金的提取业务管理情况进行稽核；

（5）对住房公积金的贷款业务管理情况进行稽核；

（6）对住房公积金财务核算、资金管理情况进行稽核；

（7）对住房公积金信息化效率和安全性进行审计评估。

45. 住房公积金内部稽核类别分为哪几类？

答： 内部稽核分为日常稽核、专项稽核、专案稽核。日常稽核是根据管理中心制定的年度稽核方案，开展的经常性稽核工作；专项稽核是按照内审稽核领导机构要求对特定事项开展的稽核工作；专案稽核是特定条件下对特定的案件开展的稽核工作。

46. 住房公积金内审稽核的形式有哪些？

答： 主要包括网络在线稽核、调档稽核和现场稽核等形式。

47. 住房公积金内审稽核的主要流程有哪些？

答： 一般包括以下几个流程：

制订计划，根据工作部署起草内审稽核计划并提请内审稽核领导机构审定下发；

签发通知，依据年度计划向被稽核部门签发内审稽核通知书，告知稽核事项及需要准备的相关资料；

实施稽核，根据稽核计划开展具体内审稽核工作，记录实施过程并收集稽核证据；

汇总分析，根据稽核工作底稿和获取的相关证据资料对本轮内审稽核情况进行总结分析；

形成稽核结果，起草稽核报告初稿，指出存在问题，提出整改建议；

结果沟通，与被稽核部门进行意见交流，确认发现的问题，为整改打下基础；

稽核报告，向内审稽核领导机构和党组提交正式的内审稽核报告；

整改跟进，对被稽核部门的问题整改情况及时跟进监督；

立卷归档，对内审稽核过程中的全部资料分类整理，立卷归档保存。

48. 年度内审稽核计划应包含哪些内容？

答： 一般包括年度审计稽核工作目标、具体审计稽核项目及实施时间、各审计稽核项目需要的审计资源、后续审计稽核安排等内容。

49. 内部审计通知书应包括哪些内容？

答： 一般包括审计项目名称、被审计单位名称或者被审计人员姓名、审计范围和审计内容、审计时间、需要被审计单位提供的资料及其他必要的协助要求、审计组组长及审计组成员名单、内部审计机构的印章和签发日期等内容。

50. 内审稽核证据包括哪些种类？

答： 一般包括书面证据、实物证据、视听证据、电子证据、口头证据、环境证据等内容。

51. 内审稽核证据的获取有哪些方式？

答： 一般包括审核、观察、盘点、访谈、调查、函证、计算、分析程序等方式。

52. 分析程序是什么意思？

答： 指内部审计人员通过分析和比较信息之间的关系或者计算相关的比率，以确定合理性，并发现潜在差异和漏洞的一种审计方法。

53. 内审稽核工作底稿是指什么？

答： 指内部审计人员在审计稽核过程中所形成的工作记录。

54. 编制内审稽核工作底稿的目的是什么？

答： 为编制审计稽核报告提供依据、证明审计目标的实现程度、为检查和评价内部审计工作质量提供依据、证明内部审计机构和内部审计人员是否遵循内部审计稽核准则、为以后的审计稽核工作提供参考。

55. 编制内审稽核工作底稿应包含哪些要素？

答： 主要包括被审计单位的名称、审计事项及其期间或者截止日期、审计程序的执行过程及结果记录、审计结论、意见及建议、审计人员姓名和审计日期、复核人员姓名、复核日期和复核意见、索引号及页次、审计标识与其他符号及其说明等要素。

56. 内审稽核结果沟通的目的是什么？

答： 提高审计结果的客观性、公正性，并取得被审计单位、管理层的理解和确认，为提高认识、认真整改打好基础。

57. 内审稽核结果沟通包括哪些内容？

答： 主要包括审计概况、审计依据、审计发现、审计结论、审计意见、审计建议等内容。

58. 什么是内审稽核报告？

答： 指内部审计人员根据审计稽核计划，对被审计单位实施必要的审计程序后，就被审计事项作出审计结论，提出审计意见和审计建议的书面文件。

59. 内审稽核报告编制的基本要求有哪些？

答： 应实事求是、不偏不倚地反映被审计事项的事实；要素齐全、格式规范，逐条逐项指出违规事实，完整反映审计中发现的重要问题；逻辑清晰、用词准确、简明扼要、易于理解；充分考虑审计项目的重要性和风险水平，对于重要事项应当重点说明；针对被审计单位业务活动、内部控制和风险管理中存在的主要问题或者缺陷，依据政策规定提出可行的改进建议和要求。

60. 内审稽核报告结构应包含哪些要素？

答： 一般包含标题、收件人、正文、附件、签章、报告日期、其他等要素。

61. 内审稽核档案材料包括哪些内容？

答： 主要包括以下内容：

（1）立项类材料：审计委托书、审计通知书、审前调查记录、项目审计方案等；

（2）证明类材料：审计承诺书、审计工作底稿及相应的审计取证单、审计证据等；

（3）结论类材料：审计报告、审计报告征求意见单、被审计对象的反馈意见等；

（4）备查类材料：审计项目回访单、被审计对象整改反馈意见、与审计项目联系紧密且不属于前三类的其他材料等。

62. 住房公积金内审稽核结果运用体现在哪几个方面？

答： 推进住房公积金管理中心健全审计整改落实、责任追究、情况通报等制度；审计结果作为干部考核、任免和奖惩的重要依据；发现被审计领导干部及其所在部门违反党内法规、法律法规和规章制度时，应当建议由党组或有关部门对责任单位和责任人员作出处理、处罚决定；发现违规违纪和涉嫌违法犯罪线索时，应当及时报告本单位党组织主要负责人和纪检监察机关。

63. 对住房公积金财务核算资金管理的内审稽核要点有哪些？

答： 内审稽核的重点包括财务内控制度落实情况，财务核算账证、账表是否相符，定期存款存储、兑付是否合规，存单保管是否安全，存款资金调拨是否合规，委贷资金划拨是否高效等内容。

64. 住房公积金定期存款管理的稽核如何开展？

答： 主要稽核定期存款办理流程是否合规，定期转存业务的审批是否合规，定期存款业务入账账证、账实是否相符，定期存款到期兑付是否及时，定期存款证实书保存是否安全等内容。

65. 住房公积金委托贷款资金管理的稽核如何开展？

答： 主要稽核是否按照贷款发放需求申请委贷资金，委贷资金账户是否能做到日清月结，是否存在委贷资金划转无业务关联账户行为，委托贷款资金申请审批流程是否合规等内容。

66. 住房公积金资金管理的稽核如何开展？

答： 主要稽核是否已制定科学周密的资金使用计划；是否落实既定的资金使用计划；大额资金调拨的审批流程是否合规；缴存的住房公积金是否及时分配至个人账户；银行存款账户余额与管理中心科目余额是否一致等内容。

67. 住房公积金归集业务稽核要点有哪些？

答： 主要稽核点为单位开户信息资料是否完整准确，专管员信息是否准确；单位账户注销手续是否齐全，审批流程是否合规；职工开户信息是否准确，是否存在一人多户情形；缴存基数调整是否符合上下限规定，年度调整次数是否合规；缴存比例是否符合政策规定；汇补缴业务办理是否及时，是否存在一人多缴，年度缴存总额是否超限，是否超龄缴存；归集业务档案资料是否齐全等内容。

68. 单位开户信息资料的稽核如何开展？

答： 筛选内审稽核期间的缴存单位开户数据，对筛选的业务数据进行整体分析，对存疑数据调取档案资料进行复核，记录工作底稿。

69. 单位缴存账户注销手续的稽核如何开展？

答： 稽核人员要熟悉、掌握单位账户注销手续的办理规定及审批流程；抽取业务数据与实体档案进行业务笔数核对；逐笔核查办理单位注销手续的存档资料；对存疑业务记录工作底稿并进行再核实。

70. 缴存人开户信息的稽核如何开展？

答： 稽核采取抽查方式，按一定比例抽取缴存人开户信息相关数据，包括姓名、身份证号、工资基数、缴存比例、月缴存额、起始缴存月度等关键信息，按照相关业务规则核查业务数据的准确性、合规性。对不合规业务详细记录工作底稿。

71. 如何界定"一人多缴"行为？

答：《住房公积金管理条例》第十三条规定"每个职工只能有一个住房公积金账户"。实践中，有 2 个或者 2 个以上的正常缴存账户且在同月内发生 2 笔以上缴存明细的行为即可判定为"一人多缴"。同一个身份证件号码有 2 个或 2 个以上账户，且至少有 2 个账户状态为正常，这些正常的账户中，至少有 2 个账户中连续 3 个月（宽限期）均有"归集和提取业务类型"为汇缴或补缴的业务明细，则亦可认定为"一人多缴"。

72. 对"一人多户"的稽核如何开展？

答： 调取稽核期间的全部职工开户信息数据，以职工身份证号为关键字段，利用技术手段在公积金业务数据库中进行检索，对身份证号重复的数据核查缴存情况。

73. "一人多缴"和"一人多户"如何处理？

答： 保留一个住房公积金缴存状态为"正常"的账户，其余账户"封存"或"销户"。同时，修改完善管理中心业务规定和信息系统，避免再发生同一住房公积金管理中心的"一人多缴"和"一人多户"问题。

74. 缴存基数、比例调整的稽核如何开展？

答： 全面掌握稽核期间缴存基数、比例调整执行的相关规定和审批流程；以缴存基数、比例的上下限、调整次数等参数为稽核条件，对稽核期间发生的业务进行技术手段比对；抽取部分存档资料，综合分析调整情况的合理性；核查审批流程的合规性、存档资料的完整性；对存疑业务记录工作底稿。

75. 如何对汇补缴业务进行稽核？

答： 查看汇补缴业务办理时间与资金到账时间的差异是否合理，缴存单位是否存在未分配的挂账款项，是否存在未缴款先分配的情形，核查归档资料是否齐全。

76. 超额缴存业务的稽核如何开展？

答： 抽取全部的补缴业务数据，结合补缴金额、月缴存额、补缴次数等信息进行综合研判；通过年度缴存上限额度与职工汇补缴总额对比发现异常数据；对频繁异常补缴数据逐笔核查；对补缴金额较大的数据逐笔分析。

77. 如何界定超年龄缴存？

答： 住房公积金个人账户缴存明细记账日期超过设定退休年龄，且该职工所属的单位业务明细信息表的汇补缴年月同时超过设定退休年龄时，提示为超年龄缴存。

78. 超年龄缴存业务的稽核如何开展？

答： 通过技术手段对稽核期间缴存职工的年龄进行筛选；对超过正常退休年龄继续缴存的职工逐笔核查；对符合超龄缴存的业务，需核验被审计部门提供的缴存单位佐证材料，审核在电子稽查系统中是否纳入"白名单"管理。

79. 对超年龄缴存行为如何处理？

答： 已超过国家法定退休年龄，与单位之间不存在劳动关系并领取养老保险依然缴存住房公积金的，由住房公积金管理中心通知缴存单位，停止为其缴存住房公积金并变更缴存状态为"封存"。职工办理退休提取后，账户状态变更为"销户"。

80. 住房公积金提取业务稽核要点有哪些？

答： 主要稽核点为业务办理岗位制约机制是否落实，业务办理政策执行是否到位，业务办理类型选择是否准确，业务办理要件采集是否齐全，业务办理信息录入是否完整，业务办理依据资料是否真实等。

81. 购房提取业务的稽核如何开展？

答： 对提取人提供的购房发票、婚姻关系证明材料进行验证；核查业务经办人员录入系统的房屋信息的准确性和真实性；应将大额资金提取业务和异地购房提取业务作为抽查重点，对存疑业务应结合缴存人的历史提取记录进行综合分析。

82. 偿还商业贷款提取业务的稽核如何开展？

答： 对申请人提供的购房资料、贷款资料、婚姻关系、还款证明资料分别进行验证，核查业务经办人员录入系统的关键信息，将提取金额大、还款期次长的作为重点抽查对象，结合申请人购房提取记录进行综合分析。

83. 提取业务类型稽核如何开展？

答： 稽核人员全面掌握提取政策，按一定比例抽取业务数据进行核查，结合存档资料确定业务办理的准确性。

84. 住房公积金贷款业务稽核要点有哪些？

答： 主要稽核点为开发商准入资料是否合规；贷款审批信息采集是否准确，包括共同借款人、房屋地址、还款能力等事项；房屋套数认定、贷款次数、适用贷款利率、异地贷款的条件适用是否准确；存档资料是否完整真实；贷后逾期管理是否到位有效；抵押登记的办理及资料管理是否合规；保证金管理是否合规等。

85. 对房地产开发企业准入的稽核如何开展？

答： 查看房地产开发企业的资质资料是否完整，查看办理公积金贷款需提交的各项证明是否齐全，查看协议签订是否符合贷款规范和工作要求，查看组卷资料是否齐全。

86. 对住房公积金贷款申请资料的稽核如何开展？

答： 核查是否属于"一人多贷"，核对贷款归档资料是否齐全，核对录入业务系统的贷款房屋相关信息是否与购房合同一致，核对借款人是否为购房人，核对借款人还款能力与征信情况，查看留存的档案资料是否已由经办人签字确认，查看受理的贷款套数是否准确，查看贷款比例是否合规，是否对借款人的婚姻状况进行了核实，对购房行为的真实性进行核查。

87. 如何防范"一人多贷"行为？

答： 根据建设部、财政部、中国人民银行《关于住房公积金管理若干具体问题的指导意见》（建金管〔2005〕5号）文件规定："职工没有还清贷款前，不得再次申请住房公积金贷款。"内审稽核部门依此排查信息系统中是否存在不符合要求的情况，按规定程序监督信贷经办部门整改。住房公积金管理中心通过调整政策、优化系统，避免出现"一人多贷"问题。

88. 对住房公积金贷款保证金管理的稽核如何开展？

答： 查看保证金管理明细账管理是否规范，保证金的预留比例是否符合有关规定，保证金的收、拨资料是否齐全，保证金的拨付审批流程是否合规，对保证金账户余额进行抽验核查。

89. 对住房公积金贷款逾期催收管理的稽核如何开展？

答： 查看贷款催收管理台账是否清晰，核查逾期贷款的比率是否在规定范围内，查看逾期贷款催收的存档资料，抽取逾期贷款数据核查催收情况。

90. 对管理部或分中心的内审稽核如何开展？

答： 主要稽核点为日常业务运行情况是否正常，内控制度落实情况，归集、提取、贷款等政策的执行情况，业务办理的合规性、准确性、真实性，贷后管理是否及时有效，各项业务档案管理是否规范完整等。

91. 对住房公积金业务承办银行开展考核的目的是什么？

答： 进一步完善考核评价体系，提升住房公积金业务服务水平，加强对受托承办公积金业务银行的管理，确保各项业务安全高效有序开展，充分调动受托银行办理业务的积极性、主动性。

92. 对住房公积金业务承办银行开展考核的依据是什么？

答： 考核依据为《住房公积金管理条例》、各地市制定的住房公积金业务规定实施细则、住房公积金管理中心与业务承办银行签订的委托协议等有关规定及文件。

93. 对住房公积金业务承办银行开展考核的主要内容有哪些？

答： 考核内容主要包括整体情况、承办业务开展情况、服务质量、网络信息安全和日常对接配合等方面。

94. 对住房公积金业务承办银行开展考核的方式有哪些？

答： 对业务承办银行的考核周期一般为每年1月1日至12月31日。考核主要是以现场检查、问卷调查、实地访谈、电话回访、业务档案抽查、信访投诉处理、业务系统数据抽取核查等多种形式相结合的方法进行。

95. 对住房公积金业务承办银行考核结果的应用有哪些？

答： 考核结果与业务承办银行手续费挂钩，依据考核结果确定手续费的支付比率；考核结果可作为是否与业务银行继续签订委托协议的重要参考依据；可作为住房公积金结余资金存储存放的参考条件。

行政执法部分

1. 什么是行政法？

答： 行政法一般是指行政主体在行使行政职权和接受行政法制监督过程中而与行政相对人、行政法制监督主体之间发生的各种关系，以及行政主体内部发生的各种关系的法律规范的总称。它由规范行政主体和行政权设定的行政组织法、规范行政权行使的行政行为法、规范行政权运行程序的行政程序法、规范行政权监督的行政监督法和行政救济法等部分组成。其主旨是控制和规范行政权，保护行政相对人的合法权益。

2. 什么是行政执法？

答： 行政执法是指行政主体依照行政执法程序及有关法律、法规，对具体事件进行处理并影响相对人权利与义务的行政行为的总称。

3. 行政执法应遵循的行政程序法有哪些？

答： 行政执法活动受《行政许可法》《行政处罚法》《行政复议法》《行政强制法》等一般行政程序法规范。

4.《行政处罚法》是何时施行的？

答：《中华人民共和国行政处罚法》（以下简称《行政处罚法》）是为了规范行政处罚的设定和实施，保障和监督行政机关有效实施行政管理，维护公共利益和社会秩序，保护公民、法人或者其他组织的合法权益，根据宪法规定制定的法律。

《行政处罚法》自 1996 年 10 月 1 日施行以来，对于规范行政处罚的设定和实施，保障和监督行政机关有效实施行政管理，维护公共利益和社会秩序，保护行政管理相对人的合法权益起了很好的促进作用。

2021 年 1 月 22 日，《行政处罚法》由中华人民共和国第十三届全国人民代表大会常务委员会第二十五次会议决定予以修订，自 2021 年 7 月 15 日起施行。分为总则、行政处罚的种类和设定、行政处罚的实施机关、行政处罚的管辖和适用、行政处罚的决定、行政处罚的执行、法律责任、附则共 8 章 86 条。

5.《行政强制法》是什么时间制定施行的？

答：《中华人民共和国行政强制法》（简称《行政强制法》）是为了规范行政强制的设定和实施，保障和监督行政机关依法履行职责等而制定的。

2011年6月30日，第十一届全国人民代表大会常务委员会第二十一次会议通过、中华人民共和国主席令第四十九号公布，自2012年1月1日起施行。

《行政强制法》内容包括总则、行政强制的种类和设定、行政强制措施实施程序、行政机关强制执行程序、申请人民法院强制执行、法律责任、附则共7章71条。

6.什么是住房公积金行政执法？

答： 广义的住房公积金行政执法是指住房公积金管理中心根据《住房公积金管理条例》和有关法律法规规章，依法对住房公积金管理过程中发生的缴存登记、汇缴、封存、转移、核准提取、审批贷款等行政行为进行规范的总称。狭义的住房公积金行政执法，是指对违反《住房公积金管理条例》规定的单位和个人的行为进行调查取证、作出行政决定、实施行政处罚和申请人民法院强制执行的行政行为。通常所称的住房公积金执法一般指狭义的住房公积金行政执法。

7.住房公积金行政执法主体是什么？

答： 根据《住房公积金管理条例》第三十七条之规定，住房公积金执法主体是城市（地区）住房公积金管理中心。

8.住房公积金行政执法的主要依据是什么？

答： 主要依据为《行政处罚法》《行政强制法》《住房公积金管理条例》和地方性法规规章等。

9.住房公积金行政执法人员的资格要求是什么？

答： 实施住房公积金行政执法的人员应为已取得行政执法资格的工作人员。

10. 开展住房公积金行政执法时，对执法人员的人数有什么要求？

答：按照《行政处罚法》的规定，住房公积金管理中心实施行政执法行为时，执法人员不得少于两人，并主动出示证件。

11. 住房公积金行政执法的基本原则是什么？

答：以事实为依据，以法律为准绳，严格遵循合法、公平、公开、公正，以教育整改为主、以行政处罚为辅的原则。

12.《行政处罚法》规定的行政处罚种类有哪些？

答：根据中华人民共和国第十三届全国人民代表大会常务委员会第二十五次会议于 2021 年 1 月 22 日决定予以修订，自 2021 年 7 月 15 日起施行的《行政处罚法》第九条之规定，行政处罚的种类包括：

（1）警告、通报批评；

（2）罚款、没收违法所得、没收非法财物；

（3）暂扣许可证件、降低资质等级、吊销许可证件；

（4）限制开展生产经营活动、责令停产停业、责令关闭、限制从业；

（5）行政拘留；

（6）法律、行政法规规定的其他行政处罚。

13. 事业单位性质的住房公积金管理中心可以实施行政处罚行为吗？

答：行政处罚是指行政机关和法律、法规授权组织依照法律规定，对违反行政管理秩序、应当承担法律责任的公民、法人或者其他组织所实施的惩戒行为。

《行政处罚法》第十九条规定："法律、法规授权的具有管理公共事务职能的组织可以在法定授权范围内实施行政处罚。"法定授权是指特定的国家机关以法律、法规的形式将某些行政权力授予非行政机关的组织行使，从而使该组织取得了行政管理的主体资格，即在法定授权范围内可以以自己的名义独立地行使权力，独立地承担因行使这些权力而引起的法律后果。

《行政处罚法》第二十一条第一款规定："受委托组织必须符合以下条件：依法成立的管理公共事务的事业组织。"对依法成立的管理公共事务的事业组织，有关司法解释是指依法予以登记、有办公地点，并且承担着管理公共事务职能的事业单位，包括财政全额拨款、部分拨款和自收自支的事业单位，只管理本组织自身事务的，不能算是管理公共事务。

因而，住房公积金管理中心经国务院《住房公积金管理条例》授权且具有管理公共事务职能，可以作为住房公积金行政执法主体，对行政相对人实施行政处罚。

14.《住房公积金管理条例》中关于行政处罚的规定有哪些？

答：《住房公积金管理条例》第三十七条规定：违反本条例的规定，单位不办理住房公积金缴存登记或者不为本单位职工办理住房公积金账户设立手续的，由住房公积金管理中心责令限期办理；逾期不办理的，处1万元以上5万元以下的罚款。

15.《住房公积金管理条例》中关于行政强制执行的规定有哪些？

答：《住房公积金管理条例》第三十八条规定：违反本条例的规定，单位逾期不缴或者少缴住房公积金的，由住房公积金管理中心责令限期缴存；逾期仍不缴存的，可以申请人民法院强制执行。

16. 实施《住房公积金管理条例》第三十七条，为什么要依照《行政处罚法》的规定？

答：《住房公积金管理条例》第三十七条："……逾期不办理的，处1万元以上5万元以下的罚款。"这实质是设定了住房公积金管理中心对单位不办理住房公积金缴存登记或不为本单位职工办理住房公积金账户设立手续两种违法行为给予"罚款"的行政处罚权。住房公积金管理中心依授权实施行政处罚行为符合《行政处罚法》关于实施行政处罚的程序性规定。

17. 实施《住房公积金管理条例》第三十八条，为什么应符合《行政强制法》的规定？

答：《住房公积金管理条例》第三十八条："……逾期仍不缴存的，可以申请人民法院强制执行。"这实质是规定了对逾期不缴或少缴住房公积金的单位违反《住房公积金管理条例》的行为，赋予了住房公积金管理中心作出具体行政决定的权力。

《行政强制法》第十三条规定："行政强制执行由法律设定。法律没有规定行政机关强制执行的，作出行政决定的行政机关应当申请人民法院强制执行。"

《住房公积金管理条例》没有规定住房公积金管理中心相应的行政强制权力。因而，需要申请人民法院强制执行。

18. 住房公积金行政执法中对规定的违法行为实施处罚一般应包含哪些程序？

答： 住房公积金行政执法中对规定的违法行为实施行政处罚应适用行政处罚的一般程序，一般有下列6个流程：

（1）立案。通过举报、检查等发现涉嫌住房公积金违法行为，予以审查后，上报立案申请。

（2）调查。对经审批立案的案件调查取证，按照行政执法相关规定进行调查、制作笔录、收集证据。

（3）处理。对案件调查报告、调查取证的相关资料进行审理分析，对案件违法事实、证据、执法程序、法律适用、当事人陈述和申辩等方面进行审查，提出处理意见。

（4）行政处罚预告知和听证告知。作出行政处理决定前，告知当事人违法事实、处理依据及享有的陈述、申辩和申请听证的权利。

（5）行政决定。作出行政处罚决定或申请行政强制执行的决定，制作并送达《行政处罚决定书》或《行政强制执行决定书》。

（6）执行。住房公积金管理中心依法生效的《行政处罚决定书》或《行政强制执行决定书》，相对人应自觉履行。履行期满而相对人未自觉履行的，由住房公积金管理中心申请人民法院强制执行。

19. 作出行政处罚决定前为什么要预告知相对人？

答： 根据《行政处罚法》第四十四条规定："行政机关在作出行政处罚决定之前，应当告知当事人拟作出的行政处罚内容及事实、理由、依据，并告知当事人依法享有的陈述、申辩、要求听证等权利。"第四十五条规定："当事人有权进行陈述和申辩。行政机关必须充分听取当事人的意见，对当事人提出的事实、理由和证据，应当进行复核；当事人提出的事实、理由或者证据成立的，行政机关应当采纳。"

20. 住房公积金行政执法中收集的证据包括哪些形式？

答： 根据《行政处罚法》第四十六条规定，证据包括：

（1）书证；

（2）物证；

（3）视听资料；

（4）电子数据；

（5）证人证言；

（6）当事人的陈述；

（7）鉴定意见；

（8）勘验笔录、现场笔录。

证据必须经查证属实，方可作为认定案件事实的根据。以非法手段取得的证据，不得作为认定案件事实的根据。

21. 为什么住房公积金行政执法不适用简易程序？

答： 根据《行政处罚法》第五十一条的规定："违法事实确凿并有法定依据，对公民处以二百元以下、对法人或者其他组织处以三千元以下罚款或者警告的行政处罚的，可以当场作出行政处罚决定。法律另有规定的，从其规定。"而《住房公积金管理条例》第三十七条规定的违法行为可以处以 1 万元以上 5 万元以下罚款的行政处罚。因而，不能适用简易程序，当场对违法行为作出处罚决定。

22.住房公积金行政执法中，应如何送达相关执法文书？

答： 根据《行政处罚法》第六十一条规定：行政处罚决定书应当在宣告后当场交付当事人；当事人不在场的，行政机关应当在七日内依照《中华人民共和国民事诉讼法》的有关规定，将行政处罚决定书送达当事人。

当事人同意并签订确认书的，行政机关可以采用传真、电子邮件等方式，将行政处罚决定书等送达当事人。

其他类型的执法文书，也应依照《中华人民共和国民事诉讼法》的有关规定送达。

23.住房公积金行政执法中拟对单位处以罚款，需要听证程序吗？

答： 需要。根据《行政处罚法》第六十三条规定：行政机关拟作出下列行政处罚决定，应当告知当事人有要求听证的权利，当事人要求听证的，行政机关应当组织听证：

（1）较大数额罚款；

（2）没收较大数额违法所得、没收较大价值非法财物；

（3）降低资质等级、吊销许可证件；

（4）责令停产停业、责令关闭、限制从业；

（5）其他较重的行政处罚；

（6）法律、法规、规章规定的其他情形。

当事人不承担行政机关组织听证的费用。

住房公积金管理中心对单位违反《住房公积金管理条例》的行为作出罚款处罚，适用"较大数额罚款"的规定，应当根据当事人要求组织听证。

24.住房公积金行政执法中，当事人要求听证的时限是多长？

答： 根据《行政处罚法》第六十四条第一项的规定：当事人要求听证的，应当在行政机关告知后五日内提出。

25. 住房公积金行政执法中，住房公积金管理中心组织听证的时限是多长？

答： 根据《行政处罚法》第六十四条第二项的规定：行政机关应当在举行听证的七日前，通知当事人及有关人员听证的时间、地点。因而，住房公积金管理中心应当在举行听证七日前，通知当事人及有关人员。

26. 住房公积金行政执法中，被处罚人在履行期限内不缴纳罚款的，应如何处置？

答： 根据《行政处罚法》第七十二条第一项：当事人逾期不履行行政处罚决定的，作出行政处罚决定的行政机关可以采取下列措施：

（1）到期不缴纳罚款的，每日按罚款数额的百分之三加处罚款，加处罚款的数额不得超出罚款的数额；

（2）依照《中华人民共和国行政强制法》的规定申请人民法院强制执行。

行政机关批准延期、分期缴纳罚款的，申请人民法院强制执行的期限，自暂缓或者分期缴纳罚款期限结束之日起计算。

27. 住房公积金行政执法救济渠道有哪些？

答： 行政执法相对人依法享有的法定权利和救济途径为陈述、申辩、听证、申请回避，申请行政复议，提起行政诉讼。

28. 住房公积金行政执法过错责任追究是什么？

答： 一般是指住房公积金行政执法人员在行政执法工作中，因个人故意或过失造成错误，损害国家利益或行政执法相对人合法权益，或造成不良后果，应承担的责任。

29. 住房公积金行政执法人员哪些行为应追究责任？

答： 有下列情形之一者，应追究其责任：

（1）滥用职权的；

（2）违反或超越法定程序的；

（3）适用法律、法规、规章错误的；

（4）认定事实不清、主要证据不足的；

（5）具体行政行为明显不当的；

（6）不履行法定职责的；

（7）法律、法规、规章规定应当追究行政执法过错责任的其他情形。

30. 住房公积金行政执法过错责任追究方式有哪些？

答： 一般为以下方式，可视情节单独或者合并使用：

（1）责令作出书面检查；

（2）通报批评；

（3）责令改正或者限期改正；

（4）暂扣行政执法证件，离岗培训；

（5）吊销行政执法证件；

（6）调离行政执法岗位；

（7）依法给予警告、记过、记大过、降级、撤职、开除的行政处分；

（8）因行政执法过错引起行政赔偿的，承担部分或者全部赔偿费用；

（9）涉嫌犯罪的，移送司法机关处理。

31. 住房公积金管理中心是否应推行法律顾问制度？

答： 住房公积金管理中心应按照中共中央办公厅、国务院办公厅印发的《关于推行法律顾问制度和公职律师公司律师制度的意见》（中办发〔2016〕30号）要求，规范和加强法律顾问工作，促进依法行政和科学决策、民主决策，加快法治政府建设，实行法律顾问制度。

32. 住房公积金管理中心聘用的法律顾问应具备哪些条件？

答： 聘用的法律顾问应具备下列条件：

（1）有较高的政治素质、良好的品行和职业操守；

（2）具有全日制本科以上学历，通过国家司法资格考试，取得法律职业资格；

（3）精通住房公积金相关的法律法规和政策。

33. 住房公积金管理中心聘用的法律顾问应履行哪些职责？

答： 法律顾问应履行下列职责：

（1）对重大行政决策、行政行为、合同行为提供法律论证，出具法律意见书；

（2）对起草或者拟发布的重要规范性文件，提出合法性审查意见；

（3）受管理中心委托，代理有关民事、行政诉讼和行政复议；

（4）代理或者协助处理有关涉法的信访工作；

（5）就行政执法工作中的疑难复杂问题提出相关处理意见；

（6）承办管理中心交办的其他法律事务。

34. 住房公积金管理中心聘用的法律顾问享有哪些权利？

答： 法律顾问享有下列权利：

（1）经管理中心主任同意，列席有关会议，就讨论议题的合法性发表意见或者提出建议；

（2）定期或者不定期对住房公积金涉法事务进行研究、讨论，提出法律意见；

（3）对住房公积金管理方面的重大涉法问题，有权提出法律建议；

（4）根据工作需要，经管理中心领导批准后，可查阅上级机关和内部的有关文件、资料。

35. 住房公积金管理中心聘用的法律顾问应遵守哪些规定？

答： 法律顾问应当遵守下列规定：

（1）遵守保密制度，不得泄露国家秘密、工作秘密、商业秘密和不应公开的住房公积金信息；

（2）按照规定的工作职责和要求，开展法律事务活动，不得超越职责权限；

（3）不得利用工作便利，为本人或者他人牟取不正当利益；

（4）不得从事损害管理中心利益或者形象的活动。

36. 什么是住房公积金行政执法与刑事司法衔接？

答： 按照《行政执法机关移送涉嫌犯罪案件的规定》（国务院令第730号）要求，住房公积金行政执法与刑事司法衔接（简称"两法衔接"），是指在检察机关组织协调和监督指导下，住房公积金管理中心、公安机关在案件线索通报、案件移送、相互协查、案件咨询、信息共享等方面实现衔接配合，以形成打击违法犯罪行为的合力。

37. 住房公积金管理中心向公安机关移送涉嫌犯罪案件要提供哪些材料？

答： 住房公积金管理中心向公安机关移送涉嫌犯罪案件，一般应向公安机关提供下列材料：

（1）涉嫌犯罪案件移送书；

（2）涉嫌犯罪案件情况调查报告；

（3）证据清单；

（4）涉案物品清单；

（5）有关检验报告或者鉴定意见；

（6）其他有关材料。

同时将有关材料目录抄送检察机关。

38. 住房公积金行政执法哪些事项需事前公示？

答： 住房公积金行政执法事前公开应包括执法主体、执法依据、执法权限、执法程序、随机抽查事项清单、救济方式、监督举报等内容。

39. 住房公积金行政执法过程中哪些事项需公示？

答： 行政执法人员在进行监督检查、调查取证、告知送达等执法活动时，要佩戴或出示执法证件，出具执法文书，告知行政执法相对人执法事由、执法依据、权利义务等内容。

40. 住房公积金行政执法事后哪些内容需公示？

答： 住房公积金行政执法事后公开，应包括行政处罚相对人、违法事实、处罚依据、处罚结果、处罚时间以及行政处罚决定书编号等。住房公积金行政执法决定和结果，除法律、法规、规章有明确规定不予公开的一律公开。

41. 住房公积金行政执法公示的目的是什么？

答： 将住房公积金行政执法的职责、权限、依据、程序、结果、监督方式、救济途径等行政执法信息，主动向社会公开，目的是保障行政执法相对人和社会公众的知情权、参与权、救济权、监督权，自觉接受社会监督。

42. 住房公积金行政执法相关内容公示载体包括哪些？

答： 可通过以下载体予以公示：

（1）网络平台，以公积金中心网站为主要公示载体予以公示；

（2）传统媒体，利用报刊、广播、电视、宣传显示屏等予以公示；

（3）新媒体，采用微信公众号、手机 App 等现代信息传播方式进行公示；

（4）办公场所，通过宣传栏、展示牌、电子信息屏等予以公示。

43. 住房公积金行政执法全过程记录是什么？

答： 指行政执法人员通过文字、音像等形式，对行政执法的程序启动、调查取证、审查决定、送达执行、归档管理等整个过程进行全面记录的活动。

44. 住房公积金行政执法全过程记录的目的是什么？

答： 加强行政执法信息化建设，在行政执法信息系统中全过程进行文字、音像记录，提高执法效率，规范行政执法程序，促进严格、规范、公正、文明执法，维护行政执法人员和当事人的合法权益。

45. 住房公积金行政执法立案环节记录事项有哪些？

答： 记录案源提供人详细信息、登记时间、案源内容；符合立案条件的，记录当事人情况、案件来源、案情摘要、核查情况及立案理由；对于不予立案的，记录核查情况及不予立案理由，并制作《告知记录》，记录被告知人、告知时间、告知方式、告知内容、告知人等内容。

46. 住房公积金行政执法调查取证环节记录事项有哪些？

答： 住房公积金行政执法调查取证过程中需要当事人或者有关人员在指定时间到达指定地点接受询问的，制作《调查通知书》，载明需要了解的事项、询问时间、询问地点、需要携带的材料、执法办案人员的姓名和联系电话，并按要求填写《送达回证》。对当事人或者有关人员进行询问、调查的，制作《调查询问笔录》，记录询问时间、地点、询问人姓名和执法证件号码、被询问人情况、询问内容，填写总页数和页码，经被询问人核对无误后，被询问人、询问人分别在笔录上逐页签名或者盖章并注明日期。

47. 住房公积金行政执法组织听证的一般程序是什么？

答： 根据《行政处罚法》第六十四条规定，听证应当依照以下程序组织：

（1）当事人要求听证的，应当在行政机关告知后五日内提出。

（2）行政机关应当在听证的七日前，通知当事人举行听证的时间、地点。

（3）除涉及国家秘密、商业秘密或者个人隐私依法予以保密外，听证公开举行。

（4）听证由行政机关指定的非本案调查人员主持；当事人认为主持人与本案有直接利害关系的，有权申请回避。

（5）当事人可以亲自参加听证，也可以委托一至二人代理。

（6）当事人及其代理人无正当理由拒不出席听证或者未经许可中途退出听证的，视为放弃听证权利，行政机构终止听证。

（7）举行听证时，调查人员提出当事人违法的事实、证据和行政处罚建议，当事人进行申辩和质证。

（8）听证应当制作笔录。笔录应当交当事人或者其代理人核对无误后签字或者盖章。当事人或者其代理人拒绝签字或者盖章的，由听证主持人在笔录中注明。

《行政处罚法》第六十五条规定：听证结束后，行政机关应当根据听证笔录，依照本法第五十七条的规定，作出决定。

48. 住房公积金行政执法举行听证应记录哪些事项？

答：听证过程中，听证记录人员制作《听证笔录》，记录案件名称、听证时间和地点、听证主持人、记录员、翻译人员、案件调查人及所属办案部门、当事人或委托代理人的情况、听证过程，由听证主持人、案件调查人、当事人、委托代理人逐页签名或者盖章并注明日期。听证应当全程进行音像记录。

49. 住房公积金行政执法听证报告应记录哪些内容？

答：《听证报告》应当包括：（1）听证案由；（2）听证主持人和听证参加人的基本情况；（3）听证的时间、地点；（4）听证的简单经过；（5）案件事实；（6）处理意见和建议等内容。

50. 住房公积金行政执法重大案件集体讨论应该记录哪些事项？

答：记录会议时间和地点、参加人员、主持人、讨论过程、讨论结果等，会议全体参加人员在记录上签名。

51. 住房公积金行政执法决定记录哪些事项？

答：（1）当事人的姓名或者名称、地址等基本情况；

（2）违反法律、法规或者规章的事实和证据；

（3）行政处罚的内容和依据；

（4）行政处罚的履行方式和期限；

（5）不服行政处罚决定，申请行政复议或者提起行政诉讼的途径和期限；

（6）作出行政处罚决定的机关名称和作出决定的日期。

52. 送达住房公积金行政执法文书应注意哪些事项？

答：（1）直接送达当事人的，填写《送达回证》，由当事人在《送达回证》上注明收到日期，并签名或者盖章；

（2）留置送达方式应符合法定形式，在送达回证上记明拒收事由和日期，由送达人、见证人签名或盖章，把执法文书留在受送达人的住所，并采用音像记录等方式记录送达过程；

（3）挂号邮寄或者特快专递送达，应当注意保存挂号邮寄回执、特快专递回执，作为送达凭证；

（4）公告送达，应当重点记录已经采用其他方式均无法送达的情况以及公告送达的方式和载体，注意留存发布公告的报纸、张贴公告的公告栏照片、发布公告的网站截图等送达凭证，在案卷中记明原因和经过，并以适当方式进行音像记录。

53. 住房公积金重大行政执法决定法制审核的意义？

答：《中共中央关于全面推进依法治国若干重大问题的决定》、中共中央国务院《法治政府建设实施纲要（2015—2020 年）》明确要求，严格执行重大行政执法决定法制审核制度，未经法制审核或者法制审核未通过的，不得作出决定。建立落实住房公积金重大行政执法决定法制审核制度，有助于进一步完善行政执法程序，规范公正作出行政执法决定，不断提高住房公积金行政执法水平，是进一步提升社会公信力的重要举措。

54. 住房公积金重大行政执法决定法制审核的主要内容有哪些？

答：（1）行政执法主体和人员是否合法，是否符合法定职责；

（2）认定的事实是否清楚，证据是否确凿、充分；

（3）适用法律、法规或者规章是否准确；

（4）程序是否合法，各环节形成的文书是否规范、齐全；

（5）适用行政自由裁量权基准是否准确适当；

（6）是否属于需要集体讨论决定的重大执法案件；

（7）其他应当审核的内容。

55. 什么是住房公积金重大行政处罚集体讨论制度？

答：为规范和监督住房公积金重大行政处罚行为，保护行政管理相对人的合法权益，在作出重大行政处罚决定前，对重大行政处罚案件进行集体讨论，科学论证，依据讨论结果作出行政处罚决定的制度。

56. 住房公积金重大行政处罚集体讨论程序有哪些？

答： 集体讨论按以下程序进行：

（1）案件承办部门介绍与案件有关的具体情况，包括立案依据、违法事实、适用的法律法规、拟处理意见；

（2）法制审核部门发表意见；

（3）与会人员进行讨论、提问；

（4）根据事实和法律，结合讨论情况对提交讨论的事项形成表决意见；

（5）形成会议决议，参会人员签署姓名。

57. 什么是住房公积金失信行为？

答： 一般是指住房公积金缴存单位和缴存职工，房地产开发企业、业务关联单位以及中介机构等违反有关法律、法规和政策规定，违规办理或协助违规办理住房公积金业务的行为。

58. 缴存单位的失信行为有哪些？

答： 缴存单位的失信行为主要表现为：

（1）逾期不缴或者少缴住房公积金的；

（2）截留职工住房公积金不缴存的；

（3）未经职工同意提取职工住房公积金账户资金的；

（4）出具虚假材料协助职工骗提住房公积金或骗取住房公积金贷款的；

（5）为非本单位职工代缴住房公积金的；

（6）人力资源类单位为与本单位不存在人事代理或劳务派遣关系的人员代缴住房公积金的；

（7）未按照规定调整缴存基数或者补缴，且拒不接受住房公积金管理机构改正要求的。

59. 缴存人的住房公积金失信行为有哪些？

答：缴存人的住房公积金失信行为主要表现为：

（1）以骗提住房公积金或者骗取住房公积金贷款为目的提供虚假证明资料的；

（2）住房公积金贷款逾期连续 3 期或者累计 6 期以上的；

（3）取得住房公积金贷款后无故停缴 6 个月以上的。

60. 对住房公积金失信行为的认定有哪些流程？

答：对住房公积金失信行为的认定主要流程应当包括调查核实、审定告知、异议复查、信息披露等环节。

61. 对违规提取住房公积金的失信行为有哪些惩戒措施？

答：对违规提取住房公积金过程中被发现并制止的行为人，住房公积金管理中心要对其进行警告和训诫；对违规提取住房公积金形成事实的，要责令限期全额退回，在一定期限内限制其住房公积金提取和贷款权益，同时记载其失信记录，并随个人账户一并转移。对逾期仍不退回的，申请人民法院强制执行，同时列为严重失信行为，并依法依规向相关管理部门报送失信信息，实施联合惩戒。机关、事业单位及国有企业职工违规提取住房公积金情节严重的，要向其所在单位通报，是党员的要向单位党组织和纪检部门通报。

62. 被执行人的住房公积金是否可以冻结或者强制划拨？有哪些相关具体规定？

答：2007 年 4 月 10 日，建设部回复国务院法制办《关于对职工住房公积金能否强制执行函》（建法函〔2007〕125 号），提出住房公积金不应成为强制执行的标的物。一是住房公积金不能用于其他支出，人民法院强制执行职工住房公积金超出《条例》规定范围。二是住房公积金有别于其他个人财产，在未按规定提取前，所有权受到一定限制，不能实际占用和直接支配。三是住房公积金属于专项资金，如将住房公积金视同一般财物作为强制执行标的，有悖于住房公积金社会互助性和保障性原则。四是住房公积金和养老保险基金同属于社会保障资金范畴，不应查封、冻结或扣划。

2013年7月31日，最高人民法院关于安徽省高级人民法院《关于强制划拨被执行人住房公积金问题的请示报告》的批复（（2013）执他字第14号）指出：被执行人符合《住房公积金管理条例》第二十四条规定的提取条件时，在保障被执行人依法享有的基本生活及居住条件的情况下，执行法院可以对被执行人住房公积金账户内的存储余额强制执行。

2014年12月29日，银监会、最高检、公安部、国安部联合出台的《关于印发银行业金融机构协助人民检察院公安机关国家安全机关查询冻结工作规定的通知》（银监发〔2014〕53号）第二十一条规定，住房公积金和职工集资建房账户资金不得冻结。

统计与信息公开部分

1. 什么是住房公积金统计？

答：住房公积金统计是指对住房公积金管理和业务运行的基本情况进行统计调查、统计分析，提供统计信息，实行信息交流与共享，进行统计管理和监督活动的总称。

2.《住房公积金统计管理办法》主要依据的法律法规有哪些？

答：《中华人民共和国统计法》《中华人民共和国统计法实施条例》《住房公积金管理条例》等有关法律、法规。

3. 住房公积金统计工作遵循的原则是什么？

答：住房公积金统计工作遵循真实、准确、完整、及时的原则。

4. 住房公积金统计工作的管理机构如何设置？

答：住房公积金统计工作实行统一管理、分级负责。住房和城乡建设部负责全国住房公积金统计工作。省（自治区）住房和城乡建设厅负责本行政区域住房公积金统计工作。设区城市住房公积金管理中心负责组织实施本行政区域住房公积金统计工作。

5. 住房和城乡建设部在住房公积金统计工作中履行哪些职责？

答：（1）建立住房公积金统计工作制度，组织、协调、管理和监督全国住房公积金统计工作；

（2）建立全国住房公积金统计指标体系和统计报表制度；

（3）提出住房公积金统计数据质量控制要求；

（4）采集、审核、汇总、管理全国住房公积金统计资料，开展统计分析和预测，提供统计信息和咨询；

（5）编制、公布全国住房公积金年度报告等统计资料；

（6）推进现代化信息技术在住房公积金统计工作中的应用，建立并管理全国住房公积金统计信息系统；

（7）组织全国住房公积金统计业务培训。

6. 省（自治区）住房和城乡建设厅在住房公积金统计工作中履行哪些职责？

答：（1）执行全国住房公积金统计工作制度，落实住房公积金统计数据质量控制要求，组织、协调、管理和监督本行政区域住房公积金统计工作；

（2）采集、审核、汇总、报送、管理本行政区域住房公积金统计资料，开展统计分析和预测，提供统计信息和咨询；

（3）编制、公布本行政区域住房公积金年度报告等统计资料；

（4）组织开展本行政区域住房公积金统计业务培训。

7. 设区城市住房公积金管理中心在住房公积金统计工作中履行哪些职责？

答：（1）执行全国住房公积金统计工作制度，组织实施住房公积金统计工作；

（2）采集、汇总、报送住房公积金决策和管理机构设置、人员状况、政策规定、业务运行等统计资料；

（3）建立住房公积金管理机构资产台账，汇总、报送、管理资产和费用支出资料；

（4）编制、公布本行政区域住房公积金年度报告等统计资料。

8. 对负责住房公积金统计工作的人员有哪些要求？

答：住房公积金统计人员应当实事求是，恪守职业道德，对其负责采集、审核、汇总、录入的统计资料和报送的统计资料的一致性负责。

9. 住房公积金统计内容包括什么？

答：住房公积金统计内容包括住房公积金政策规定、业务运行、机构设置和人员状况、住房公积金管理中心资产和费用支出等。

10. 对住房公积金政策规定的统计包含哪些内容？

答：住房公积金政策规定统计调查包括国家、省（自治区）、设区城市有关住房公积金缴存、提取、贷款、核算、受托银行等政策规定和实际执行情况。

11. 住房公积金业务运行统计内容包含哪些？

答： 业务运行统计包括住房公积金缴存、提取、贷款、服务、增值收益分配、风险资产、结余资金存款结构和存款银行。

12. 住房公积金机构和人员统计内容包含哪些？

答： 机构设置和人员状况统计包括住房公积金管理委员会人员组成、住房公积金管理中心机构及人员编制、住房公积金监管机构及人员编制等情况。

13. 住房公积金资产和费用支出统计内容包含哪些？

答： 资产和费用支出统计是指经同级财政部门批准的住房公积金管理中心资产和费用支出。

14. 住房公积金统计信息如何报送？

答： 住房公积金统计信息通过住房公积金统计信息系统逐级报送，按照分级负责原则进行审核管理。

15. 住房公积金统计报表制度的调查目的是什么？

答： 为了解全国住房公积金管理的基本情况，为各级住房公积金监管部门制定政策和进行监管提供依据，依照《中华人民共和国统计法》的规定，制定报表制度。

16. 住房公积金统计报表从时间上如何分类？

答： 住房公积金统计报表从时间上分为月报、季报、年报等。

17. 住房公积金统计报表月报报送时限有何要求？

答： 设区城市住房公积金管理中心应在每月 10 日前将上月月报报省（自治区）住房和城乡建设厅。省（自治区）住房和城乡建设厅审核汇总后，应在每月 15 日前报住房和城乡建设部。

18. 住房公积金统计报表季报报送时限有何要求？

答： 设区城市住房公积金管理中心应在每季度首月 10 日前将上季度季报报省（自治区）住房和城乡建设厅。省（自治区）住房和城乡建设厅审核汇总后，应在每季度首月 15 日前报住房和城乡建设部。

19. 住房公积金统计报表年报报送时限有何要求？

答： 设区城市住房公积金管理中心应在每年 3 月 15 日前将上年年报报省（自治区）住房和城乡建设厅。省（自治区）住房和城乡建设厅审核汇总后，应在每年 3 月 20 日前报住房和城乡建设部。

直辖市、新疆生产建设兵团住房公积金管理中心按照省（自治区）住房和城乡建设厅上报时限，直接报送住房和城乡建设部。

20. 住房公积金统计报表的规范性要求是什么？

答： 各填报单位必须按规定及时、准确、全面地填报，不得虚报、瞒报、拒报、迟报，不得伪造、篡改。

21. 住房公积金统计办法由哪些部门负责解释？

答： 住房公积金统计办法由国家统计局、住房和城乡建设部负责解释。

22. 住房公积金统计报表中"缴存范围"指标如何解释？

答： 指当地住房公积金管委会规定应当缴存住房公积金的单位类型或职工职业、人群类型。当地缴存政策包含选项中某一类型或未排除某一类型的，即选择该类型。

23. 住房公积金统计报表中"实缴单位数"指标如何解释？

答： 指当年实际汇缴、补缴住房公积金的单位数。

24. 住房公积金统计报表中"实缴职工人数"指标如何解释？

答： 指当年实际汇缴、补缴住房公积金的职工人数。

25. 住房公积金统计报表中"新开户单位数"指标如何解释？

答： 指当年开立住房公积金账户（不含尚未缴存）的单位数。

26. 住房公积金统计报表中"新开户人数"指标如何解释？

答： 指当年新开立住房公积金账户（不含尚未缴存）的职工人数。

27. 住房公积金统计报表中"本期缴存额"指标如何解释？

答： 是指本期实际缴存的住房公积金数额（包括补缴金额和结转利息）。

28. 住房公积金统计报表中"本期提取额"指标如何解释？

答： 指本期职工实际提取的住房公积金数额。

29. 住房公积金统计报表中"本期贷款额"指标如何解释？

答： 指本期利用住房公积金实际发放的个人住房贷款数额。

30. 住房公积金统计报表中"本期回收额"指标如何解释？

答： 指本期实际回收的个人住房贷款本金数额。

31. 住房公积金统计报表中"结转利息"指标如何解释？

答： 指每年 6 月 30 日住房公积金管理中心按照中国人民银行有关规定为缴存人结算的利息。

32. 住房公积金统计报表中"资金运用率"指标如何解释？

答： 指住房公积金个人住房贷款余额、项目贷款余额和购买国债余额的总和占缴存余额的比率。

33. 住房公积金统计报表中"业务收入"指标如何解释？

答： 指当年住房公积金管理中心各项业务收入的实际发生额。

34. 住房公积金统计报表中"业务支出"指标如何解释？

答： 指当年住房公积金管理中心各项业务支出的实际发生额。

35. 住房公积金统计报表中"增值收益"指标如何解释？

答： 指当年住房公积金管理中心各项业务收入与各项业务支出的差额。

36. 住房公积金统计报表中"本期末缴存余额"指标如何解释？

答： 指本期末缴存总额扣除本期末累计个人提取额后的数额。

37. 住房公积金统计报表中"本期末贷款余额"指标如何解释？

答： 指截至本期末利用住房公积金发放且尚未归还清的个人住房贷款数额。

38. 住房公积金统计报表中"本期末国债余额"指标如何解释？

答： 指截至本期末住房公积金管理中心利用住房公积金购买且尚未兑付或转让的国债在购买时实际支付的金额。

39. 住房公积金统计报表中"本期兑付、转让、收回额"指标如何解释？

答： 指住房公积金管理中心本期兑付国债、转让国债收回金额，以及已质押或冻结国债依法处置收回的金额。

40. 住房公积金统计报表中"当年上缴管理费用"指标如何解释？

答： 指年度末上缴财政的住房公积金管理中心的管理费用金额，包括人员经费、公用经费和专项经费。

41. 住房公积金统计报表中"当年上缴公共租赁住房（廉租房）建设补充资金"指标如何解释？

答： 指年度内住房公积金管理中心实际上缴财政部门的公共租赁住房（廉租房）建设补充资金金额。

42. 住房公积金统计报表中"个人住房贷款风险准备金余额"指标如何解释？

答： 指截至年度末住房公积金管理中心个人住房贷款风险准备金总额扣除已按规定核销的个人住房贷款风险准备金后的余额。

43. 住房公积金统计报表中"项目贷款风险准备金余额"指标如何解释？

答： 指截至年度末住房公积金管理中心项目贷款风险准备金总额扣除已按规定核销的项目贷款风险准备金后的余额。

44. 住房公积金统计报表中"历史遗留风险资产"指标如何解释？

答： 指住房公积金管理中心年度末逾期未能按时回收的住房公积金本金和利息，主要包括挤占挪用、到期未收回的住房建设贷款和到期未收回的国债资金，不包括逾期个人贷款和住房公积金支持保障性住房试点项目贷款。

45. 住房公积金统计报表中"归集受托银行"指标如何解释？

答： 指受住房公积金管理委员会指定、住房公积金管理中心委托，办理住房公积金归集业务的商业银行。

46. 住房公积金统计报表中"支付银行归集手续费标准"指标如何解释？

答： 指住房公积金管理中心按照规定支付给归集委托银行的住房公积金委托归集手续费的标准，一般按归集额的一定比例支付。

47. 住房公积金统计报表中"缴存基数上限标准"指标如何解释？

答： 指经当地住房公积金管委会拟订，单位为职工缴存（职工个人缴存）住房公积金月缴存额与上一年度月平均工资的最高倍数。

48. 住房公积金统计报表中"缴存基数下限标准"指标如何解释？

答： 指经当地住房公积金管委会拟订，单位为职工缴存（职工个人缴存）住房公积金月缴存额与上一年度月平均工资的最低倍数。

49. 住房公积金统计报表中"缴存额上限标准（下限标准）"指标如何解释？

答： 指职工和单位缴存的住房公积金月缴存额最高（最低）额度之和。

50. 住房公积金统计报表中"单位缴存最高比例"指标如何解释？

答： 指经当地住房公积金管委会拟订，单位为职工缴存住房公积金月缴存额占职工上一年度月平均工资的最高比例。

51. 住房公积金统计报表中"单位缴存最低比例"指标如何解释？

答： 指经当地住房公积金管委会拟订，单位为职工缴存住房公积金月缴存额占职工上一年度月平均工资的最低比例。

52. 住房公积金统计报表中"个人缴存最高比例"指标如何解释？

答： 指经当地住房公积金管委会拟订，职工个人缴存住房公积金月缴存额占职工上一年度月平均工资的最高比例。

53. 住房公积金统计报表中"个人缴存最低比例"指标如何解释？

答： 指经当地住房公积金管委会拟订，职工个人缴存住房公积金月缴存额占职工上一年度月平均工资的最低比例。

54. 住房公积金统计报表中"降低缴存比例条件"指标如何解释？

答：指允许单位和职工住房公积金缴存比例在一定时期内低于当地住房公积金管委会规定的最低缴存比例的条件。

55. 住房公积金统计报表中"缓缴条件"如何解释？

答：指允许单位和职工在一定时期内暂停缴存住房公积金，并按规定在该时期结束后重新正常缴存住房公积金的条件。

56. 住房公积金统计报表中"缓缴单位数"指标如何解释？

答：指在统计时点上，按照当地住房公积金管委会规定程序办理住房公积金缓缴的单位个数。

57. 住房公积金统计报表中"缓缴人数"指标如何解释？

答：指在统计时点上，按照当地住房公积金管委会规定程序办理住房公积金缓缴的职工人数。

58. 住房公积金统计报表中"本年行政执法促建人数"指标如何解释？

答：指本年度内，通过住房公积金管理中心开展行政执法，按要求建制缴存住房公积金的职工人数。

59. 住房公积金统计报表中"行政执法补缴金额"指标如何解释？

答：指本年度内，通过住房公积金管理中心开展行政执法，单位和职工补缴的住房公积金金额。

60. 住房公积金统计报表中"资产统一管理"如何解释？

答：指填报机构的固定资产、管理费用等纳入设区城市住房公积金管理中心统一管理。

61.住房公积金统计报表中"资金统一核算"如何解释？

答：指填报机构的资金账户设置均由设区城市住房公积金管理中心授权或批准，缴存余额、增值收益均由设区城市住房公积金管理中心统一核算和分配。

62.住房公积金统计报表中"政策统一制定"如何解释？

答：指填报机构的缴存比例、基数等缴存政策，提取和个人住房贷款等使用政策，均由设区城市住房公积金管理委员会统一制定，政策实施与设区城市住房公积金管理中心一致。

63.住房公积金统计报表中"决策统一实施"如何解释？

答：指填报机构的资金归集使用计划报城市住房公积金管理中心汇总后，统一报住房公积金管理委员会审议；统一执行设区城市住房公积金管理委员会的各项决议。

64.住房公积金统计报表中"系统统一建设"如何解释？

答：指填报机构的业务管理信息系统由设区城市住房公积金管理中心统一开发建设。

65.住房公积金信息披露的责任主体如何明确？

答：设区城市住房公积金管理中心负责披露本地区住房公积金信息。尚未实行设区城市统一管理的分中心，纳入所在城市住房公积金管理中心统一披露，其中个人住房贷款、增值收益和管理费用情况单独列示。

省（自治区）住房城乡建设厅负责披露本省（自治区）住房公积金信息。

住房和城乡建设部、财政部和中国人民银行负责披露全国住房公积金信息。

66.住房公积金信息披露有哪几种形式？

答：住房公积金信息披露采用统计报表和临时报告两种形式。

67. 住房公积金信息披露统计报表包含哪些内容？

答： 统计报表内容包括机构概况、业务运行、财务数据、资产风险、经济社会效益以及其他需要披露的重要信息。

68. 住房公积金信息披露临时报告包含哪些内容？

答： 临时报告内容包括住房公积金政策规定调整、业务办理和服务措施变化等重大事项。

临时报告应在重大事项调整变化之日起 5 个工作日内披露。

69. 住房公积金信息披露采取什么方式进行？

答： 住房公积金信息通过政府公报、政府网站、公积金中心网站、新闻发布会以及报刊、广播、电视等便于公众知晓的多种渠道向社会披露。

70. 住房公积金年度报告信息披露时限有哪些具体要求？

答： 设区市住房公积金管理中心的年度报告应于每年 3 月底前披露，省（自治区）住房公积金汇总信息应于每年 4 月底前披露，全国住房公积金汇总信息应于每年 5 月底前披露。

71. 住房公积金年度报告中指标口径的依据是什么？

答： 指标口径按《住房和城乡建设部 财政部 中国人民银行关于健全住房公积金信息披露制度的通知》（建金〔2015〕26 号）等文件规定注释。

72. 住房公积金年度报告中包括哪些内容？

答： 年度报告中主要内容包括机构概况、业务运行情况、业务收支及增值收益情况、资产风险情况、社会经济效益、其他重要事项。

73. 住房公积金年度报告中"结余资金"指标如何解释？

答： 指年度末缴存余额扣除个人住房贷款余额、保障性住房建设试点项目贷款余额和国债余额后的金额。

74. 住房公积金年度报告中"提取率"指标如何解释？

答： 指当年提取额占当年缴存额的比率。

75. 住房公积金年度报告中"个人住房贷款率"指标如何解释？

答： 指年度末个人住房贷款余额占年度末住房公积金缴存余额的比率。

76. 住房公积金年度报告中"中、低收入与高收入"指标如何解释？

答： 中、低收入者指住房公积金缴存人收入低于上年当地社会平均工资3倍；高收入者指住房公积金缴存人收入高于上年当地社会平均工资3倍（含）。

77. 住房公积金年度报告中"增值收益率"指标如何解释？

答： 指当年增值收益额与当年月均缴存余额的比率。

78. 住房公积金年度报告中"人员经费"指标如何解释？

答： 指统计年度住房公积金管理中心工作人员的基本工资、补助工资、职工福利费、社会保障费、住房公积金、助学金等各项支出。

79. 住房公积金年度报告中"公用经费"指标如何解释？

答： 指统计年度住房公积金管理中心的公务费、业务费、设备购置费、修缮费和其他费用总支出。

80. 住房公积金年度报告中"专项经费"指标如何解释？

答： 指经财政部门批准的住房公积金管理中心用于指定项目和用途，并要求单独核算的资金。

81. 住房公积金年度报告中"个人住房贷款逾期率"指标如何解释？

答： 指期末个人住房贷款逾期额占期末个人住房贷款余额的比率。

82. 住房公积金年度报告中"个人住房贷款市场占有率"指标如何解释？

答： 指当年住房公积金个人住房贷款余额占商业性和住房公积金个人住房贷款余额总和的比率。

83. 住房公积金年度报告中"异地贷款"指标如何解释？

答： 指缴存和购房行为不在同一城市的住房公积金个人住房贷款，包括用本市资金为在本市购房的外地缴存职工发放的贷款，以及用本市资金为在外地购房的本市缴存职工发放的贷款。

84. 住房公积金年度报告中"可节约职工购房利息支出"指标如何解释？

答： 指当年获得住房公积金个人住房贷款的职工合同期内所需支付贷款利息总额与申请商业性住房贷款利息总额的差额。商业性住房贷款利率按基准利率测算。

85. 住房公积金年度报告中"公转商贴息贷款"指标如何解释？

答： 指因住房公积金管理中心资金不足，经批准由受委托商业银行代向符合条件的缴存职工发放个人住房贷款，其商业贷款和住房公积金贷款利息之差由住房公积金管理中心承担的特殊贷款。

档案管理部分

1. 什么是住房公积金文书档案？

答： 指住房公积金管理中心在党务、行政管理等各项工作中形成反映工作活动，具有查考利用价值，应当归档保存的文件材料、图片、照片、录音、录像等资料。文书类档案分文书及统计资料两部分。

2. 住房公积金文书档案的主要收存范围有哪些？

答： （1）上级监管部门下发的有关住房公积金管理的文件；

（2）当地党委、政府下发的与本单位工作有关的文件；

（3）住房公积金管理办法、实施细则、具体规定等文件；

（4）住房公积金管理中心与有关业务单位签订的合同、协议等；

（5）党、政、工、团、协会（学会）在工作中形成的文件材料；

（6）住房公积金管理中心日常工作中形成的各类总结、报告、请示、批复、决定、决议、通报及目标考核、规章制度等文件材料；

（7）有关人事管理、专业技术职称评定、年终考评、职工培训等文件材料；

（8）有关安全保卫、综合治理、行政管理等文件材料；

（9）大事记、组织沿革；

（10）住房公积金管理中心下属单位和部门需要存档的有关党群工作文件、材料；

（11）人民来信及处理、答复材料；

（12）非隶属部门下发的需参照执行的文件、材料等；

（13）编印的简报、通讯等；

（14）下属分支机构或派出机构有关业务管理形成的文件材料等。

3. 哪个部门主要负责文书档案的收存？

答： 住房公积金管理中心的文书档案一般由行政办公室负责收存，办公室需确定专人负责文件的收发，做好文件的收发登记工作。

4. 住房公积金统计档案的主要收存范围有哪些？

答：（1）上级监管部门要求报送的有关住房公积金归集、使用的各类统计月报、季报、年报与年报说明；

（2）当地统计部门要求报送的劳动工资报表及其他有关报表；

（3）有关住房公积金归集、使用年度计划表，住房公积金年度财务收支预算表，住房公积金年度归集、使用计划执行情况表，住房公积金年度财务收支决算表，住房公积金归集扩面情况统计表，其他有关住房公积金管理方面的统计报表；

（4）分中心、管理部、直属业务部、管理科室的各类辅助性统计报表。

5. 哪个部门主要负责统计档案的收存？

答：统计报表一般由单位负责统计的部门收存，住房公积金管理中心各部门和下属单位设计或产生的报表要及时送达统计部门或统计人员保管。

6. 什么是文书类档案的预立卷工作？

答：预立卷指负责收存文件档案的部门或工作人员对收存的资料进行清理，并将应当移交档案室归档的资料进行整理，编制文件档案移交清册。已建立文件收发制度的单位（部门）也可根据收发文件簿进行预立卷，用收发簿替代文件档案移交清册。

7. 文书档案的管理有哪些注意事项？

答：文书类档案主要着重于日常文件资料的收集完整性，特别是有关本单位的人事管理、劳动工资、各类统计资料的收集，都将成为若干年后需要利用的重要资料，因此必须重视对各类文书类资料的收集工作，做到应收尽收、应归尽归，以满足今后查询、利用的需要。

8. 对文书类档案如何进行整理？

答：档案管理部门接受移交的文书资料后，及时按规定对文书资料进行整理，并以件为单位装订。装订时可根据文件的厚薄程度，选择用缝纫机缝合或采取"三孔一线"法装订，装订后要以文件的保管时间为顺序各编制一个流水号。

9. 文书档案的保管期限是如何规定的？

答： 文书档案的保管期限应当严格执行档案部门有关规定，根据文书内容，分为永久、定期两种，定期一般分为30年、10年，每种都以收发文件时间按序编制单独的案卷号。

10. 什么是住房公积金业务档案？

答： 住房公积金业务档案是指各级住房公积金管理机构在办理归集、提取、贷款等业务活动中直接形成的具有保存和查考利用价值的各种文字、图表、声像、电子数据等不同载体的历史记录。其载体形式包括纸质、照片、底片、光盘、磁带、磁盘、实物等。

11. 住房公积金业务档案管理基本原则和要求是什么？

答： 实行统一领导、分级管理的原则。住房和城乡建设部统一领导全国的住房公积金档案管理、指导和监督工作；各省（自治区）住房和城乡建设厅负责本行政区域住房公积金档案管理、指导和监督工作；各级住房公积金管理机构分别负责本行政区域内住房公积金业务档案的收集、保管及利用工作，同时接受上级和本级档案行政管理部门的监督和指导。

12. 住房公积金业务档案的收集范围是什么？

答： 住房公积金业务办理过程中形成的具有保存价值的各种文字、图表、声像等不同形式的历史记录应属于住房公积金业务档案的收集范围。按照档案的载体类型可分为纸质档案和电子档案。考虑到住房公积金业务档案的载体类型与业务办理过程密切相关，且各地住房公积金管理中心同类业务档案存在形式不尽相同，故在有关标准中明确住房公积金业务办理过程中形成的具有保存价值的各种文字、图表、声像等不同形式记录，无论载体类型均属于住房公积金业务档案的收集范围。

13. 住房公积金业务资料归档范围确定应符合哪些要求？

答： 归集业务档案归档范围，应符合现行国家标准《住房公积金归集业务标准》（GB/T 51271—2017）的规定；提取业务档案归档范围，应符合现行国家标准《住房公积金提取业务标准》（GB/T 51353—2019）的规定；个人住房贷款业务档案归档范围，应符合现行国家标准《住房公积金个人住房贷款业务规范》（GB/T 51267—2017）的规定；项目贷款业务档案归档范围，应符合现行国家标准《住房公积金支持保障性住房建设项目贷款业务规范》（GB/T 50626—2010）的规定；资金管理业务档案归档范围，应符合现行行业标准《住房公积金资金管理业务标准》（JGJ/T 474—2019）的规定，形成的各种形式的原始凭证、记账凭证应参照会计档案进行管理；行政执法业务档案归档范围应包含立案材料、送达材料、调查材料、结案材料、处理材料等，并应符合相关要求；诉讼和行政复议业务档案归档范围应包含法律文书、证据材料等，并应符合相关要求。

14. 什么是住房公积金归集类档案？

答： 归集类档案是指公积金中心在受理住房公积金缴存单位的账户设立、人员变动、缴存额变更等业务时留存或系统产生的纸质资料。

15. 在受理办理单位缴存登记业务时应当收存的档案资料有哪些？

答： 住房公积金单位缴存登记表，住房公积金汇缴结算方式协议书，单位营业执照或单位设立登记文件扫描件，组织机构代码扫描件。

16. 在受理办理个人账户设立、同城转移业务时应当收存的档案资料有哪些？

答： 住房公积金职工账户设立登记表；开户职工身份证明扫描件；住房公积金同城转移通知书；转移职工需补缴住房公积金的，加收住房公积金缴存额度调整或补缴清册；系统产生的业务凭证。

17. 在受理办理单位缴存、个人缴存信息变更业务时应当收存的档案资料有哪些？

答： 住房公积金单位变更缴存登记表；变更银行账户的，加收住房公积金汇缴结算方式协议书；住房公积金个人账户基本信息更改申请表；个人姓名变更的，加收本人身份证扫描件。

18. 在受理办理单位账户、个人账户注销业务时应当收存的档案资料有哪些？

答： 住房公积金单位注销缴存登记审批表；符合单位账户注销条件的有效证明，如单位撤销、解散、终止经营或破产文件的扫描件。符合个人账户注销条件的证明扫描件；系统产生的业务凭证（如职工办理提取时注销个人账户的，则需要系统产生单位汇缴变更汇总表及个人账户注销明细表，收存到归集资料中归档）。

19. 在受理个人账户补缴、封存、异地转移、启封业务时应当收存的档案资料有哪些？

答： 住房公积金职工补缴清册；属一次性补缴的，加收住房补贴发放清册；住房公积金封存通知书；符合个人账户封存条件的有效证明；住房公积金异地转移通知书；转入方住房公积金管理中心出具的个人账户设立证明（本市下属县、区除外）；转出人身份证扫描件；住房公积金启封通知书；系统产生的业务凭证。

20. 在受理办理单位缴存额度调整、降低缴存比例、缓缴住房公积金业务时应当收存的档案资料有哪些？

答： 年度调整时收存，住房公积金单位缴存额度调整审批表和职工缴存额年度调整清册，开展年度验审的，加收住房公积金年度验审表。

日常调整时收存，住房公积金缴存额度调整或职工补缴清册和系统产生的业务凭证；经审批的，加收住房公积金缴存、提取业务报批单；住房公积金降低缴存比例审批表；单位要求降低缴存比例报告；职工代表大会或工会通过的同意降低住房公积金缴存比例决议或报告；单位上年（或上季）财务报表复印件；住房公积金缓缴审批表；单位要求缓缴住房公积金的报告；职工代表大会或工会通过的同意缓缴住房公积金的决议或报告；单位上年（或上季）财务报表扫描件。

21. 在受理办理个人免缴住房公积金、个人账户冻结业务时应当收存的档案资料有哪些？

答： 住房公积金职工免缴审批表或免缴职工清册（清册中应包括职工工资收入证明、个人免缴申请等内容），司法部门出具的个人账户冻结通知或法律文件扫描件，系统产生的业务凭证。

22. 归集类档案在资料收集上应注意哪些事项？

答： 资料收集要保证完整性，除特殊变更业务外，原则上要求产生 1 笔归集业务，应当留存 3 份资料：一是单位填写的公积金业务变更表，二是用以证明此项业务变更的依据证明（如人员封存，需提供解除劳动合同或退休等证明），三是系统处理业务时产生的纸质凭证。

23. 归集类档案如何避免重复收存业务资料？

答： 归集资料的收集涉及辖区内所有住房公积金缴存单位，收集量特别大。因此，在收集完整的基础上也要避免重复性地多收资料，特别是不要与会计凭证（或附件）重复，凡会计凭证（或附件）已保留的，归集资料不需重复收存。

24. 归集类档案在整理装订上应注意哪些事项？

答： 归集业务资料主要是在窗口受理业务时产生的，窗口人员需对收存的归集资料及时进行整理装订。为方便整理，应将日常业务中产生的归集资料与提取资料分别存放。月末，根据发生变更业务的单位编号从前到后按序排列后装订成册。归集管理业务部门也需注意日常归集资料的收存，并按年或按类进行装订，避免遗失。

25. 什么是住房公积金提取档案？

答： 提取档案指办理机构在开展住房公积金提取业务时产生的各种纸质资料，是住房公积金业务类档案管理的重点。

26. 对提取档案的资料收存是如何要求的？

答： 提取资料由业务办理窗口负责收存，工作人员在受理公积金提取业务时，应当根据不同提取行为，要求提取人出具用于证明提取身份和提取行为的相关资料，工作人员应当先对提供的资料进行审核，通过审核后留存部分资料的扫描件。

27. 购买商品房提取公积金时应收存哪些档案资料？

答： 未办妥房屋所有权证的，收存经房地产管理部门备案的《商品房买卖合同》编号面，能够证明购房行为、房屋总价、签订合同人签字的主要合同页面，预付款税务收据或税务结算发票扫描件。已办妥房屋所有权证的，收存购房发票或房屋契税证扫描件；以配偶身份提取的，加收婚姻证明扫描件；住房公积金提取审批表；系统产生的业务凭证。

28. 购买再交易房（二手房）提取公积金时应收存哪些档案资料？

答： 房屋契税证扫描件；以配偶身份提取的，加收婚姻证明扫描件；住房公积金提取审批表；系统产生的业务凭证。

29. 购买房改房或拆迁安置房提取公积金时应收存哪些档案资料？

答： 购买房改房提取的，收存付款凭证、房改房出售审批表或房屋所有权证扫描件。拆迁安置购房提取的，收存拆迁安置协议扫描件、预付款税务收据或税务结算发票扫描件。拆迁产权调换的，收存拆迁产权调换协议复印件、预付调产差价的税务收据或税务结算发票扫描件；以配偶身份提取的，加收婚姻证明扫描件；住房公积金提取审批表；系统产生的业务凭证。

30. 购买建造、翻建、大修住房提取公积金时应收存哪些档案资料？

答： 建设工程规划许可证或农村村民建房住宅用地呈报表或建房审批表扫描件；房屋安全鉴定部门出具的房屋质量鉴定书扫描件；房屋所有权证或土地使用证扫描件；以配偶身份提取的，加收婚姻证明扫描件；住房公积金提取审批表；系统产生的业务凭证。

31. 提取冲还部分公积金贷款、还清个人住房贷款提取应收存哪些档案资料？

答： 同城冲还的，可在提取审批表"提取原因"中注明"提取还贷及借款合同编号"，不收书面证明。异地冲还的（本市县区除外），收存银行出具的还贷证明和借款合同主页；银行出具的还清个人住房贷款证明；还清商业性个人住房贷款的，加收借款合同主页面；以配偶身份提取的，加收婚姻证明扫描件；住房公积金提取审批表；系统产生的业务凭证。

32. 支付房租提取公积金时应收存哪些档案资料？

答： 提取住房公积金支付房租审核表；租赁住房职工家庭自有住房权属登记查询单；以配偶身份提取的，加收婚姻证明扫描件；住房公积金提取审批表；系统产生的业务凭证。

33. 离退休提取公积金时应收存哪些档案资料？

答： 离休、退休证或离退休审批表扫描件，或能证明退休年龄的身份证扫描件；住房公积金提取审批表；系统产生的业务凭证。

34. 职工死亡或宣告死亡提取公积金时应收存哪些档案资料？

答： 职工死亡证明或被宣告死亡证明扫描件，具有法律效力的继承或受遗赠证明扫描件，授权的提取人身份证扫描件，住房公积金提取审批表，系统产生的业务凭证。

35. 出国、出境定居提取公积金时应收存哪些档案资料？

答： 公安部门出具的出国、出境定居或户籍注销证明扫描件，住房公积金提取审批表，系统产生的业务凭证。

36. 对提取档案的装订要求是什么？

答： 提取资料需参照文书类档案，以 A4 纸规格进行订本式装订，凡收存的资料不合 A4 规格的，需粘贴在空白的 A4 纸上，并加盖号码章。提取资料按月以单位编号按序粘贴并整理成卷，并在卷面上附卷内目录后装订。

37. 对提取档案的资料如何进行整理？

答： 窗口人员需对收存的提取资料进行整理装订。为方便整理，可将日常业务中产生的归集资料与提取资料分别存放。次月初，根据发生提取业务的单位编号，从前到后按序排列后装订成册。

38. 如何做好归集类、提取类档案的预立卷与移交工作？

答： 归集、提取资料由窗口或归集管理部门收存后编制归集、提取资料移交清册移交档案室。公积金业务窗口或归集管理部门要确定专人负责归集提取资料的收存、保管与预立案工作。移交时，档案室接收人员在清点实物无误的基础上，双方签字认可。

39. 对提取档案的保管期限是如何规定的？

答： 目前根据档案行政管理部门要求对提取档案实行长期保管。

40. 什么是住房公积金贷款类档案？

答： 贷款类档案是指住房公积金管理中心在开展个人住房贷款业务中形成的需留存备查的纸质材料。根据收存对象不同，贷款档案分为个人贷款档案、楼盘管理档案和个人贷款贴息档案三种。

41. 个人住房贷款档案资料的收存范围有哪些？

答： 住房公积金个人贷款资料分初次收存和再次收存两部分。初次收存是指在贷款受理、发放时产生的资料，窗口受理人员在受理贷款业务时，需按规定收存借款人提供的资料和贷款办理过程中产生的资料，装入一般档案袋中保管；再次收存是指在贷后管理期间不断产生的资料，包括借款人在贷款期间发生提前部分还贷或其他需要变更借款合同等行为，需要收存用于证明借款合同发生变更或补充行为所产生的资料等。

42. 在受理公积金贷款时应当收存的个人基础档案资料有哪些？

答： 借款申请人及配偶的身份证明、户籍证明和婚姻证明复印件。以共有产权住房申请贷款的，加收共有产权人及配偶的身份证明、户籍证明（如不能证明亲属关系的，加收亲属关系证明）和婚姻证明复印件。

43. 根据不同贷款类型而需要收存的档案资料有哪些？

答： （1）购商品房贷款：经房地产管理部门备案的（已取消备案的县区除外）商品房销售合同原件，不低于规定比例的首付款税务凭证复印件；

（2）购再交易房（二手房）贷款：房屋评估单原件（已实行未经评估即可纳税的县区除外）和经房地产管理部门登记（不实行登记的县区除外）的再交易房（二手房）买卖合同原件，契税证及土地使用权证复印件；

（3）自建、翻建或大修住房贷款：房屋评估单原件，有关部门同意建造、翻建或大修房屋的批准文件，房屋所有权证和土地使用权证复印件；

（4）购拆迁安置房贷款：拆迁安置协议，不低于规定比例的首付款有效凭证；

（5）商业贷款转公积金贷款：贷款所购房屋所有权证，房屋契税证，土地使用权证复印件，银行个人住房借款合同（包括抵押合同），银行提供的申请转贷日前一年的还贷记录。

44. 受理贷款申请时收存档案资料有哪些？

答： 公积金贷款申请审批表、借款合同、面谈记录；再交易房（二手房）

贷款的，加收买卖双方在贷款受理现场签订的买卖双方付款协议书；置换贷款的，加收借款人、开发商、银行与住房公积金管理中心签订的置换贷款协议书；以共有产权房贷款的，加收产权份额划分及持证人声明；未婚的，加收未婚声明书；未再婚的，加收未再婚声明书；组合贷款的，加收组合贷款联系函。

45. 贷款发放时应当收存的档案资料有哪些？

答：委托转账扣款授权书。期房贷款的，收存借款人、开发商与公积金中心签订的贷款保证合同；组合贷款的，加收组合贷款确认函。

46. 提前还贷时应当收存的档案资料有哪些？

答：提前归还住房公积金贷款申请审批表、借款补充合同。借款人婚前购房贷款，配偶首次提取冲还部分贷款时，收存婚姻证明、配偶身份证复印件。

47. 借款合同变更时应当收存的档案资料有哪些？

答：个人住房贷款变更申请审批表，借款变更合同，用于证实借款变更原因的证明复印件。

48. 贷后管理中需要收存的档案资料有哪些？

答：发生贷款逾期的，收存贷款催收通知书、贷款催收调查记录；处置逾期贷款的，收存司法诉讼中产生的法律文本及其他需要收存的资料。

49. 还清贷款时应当收存的档案资料有哪些？

答：提前归还住房公积金贷款申请审批表，银行出具的贷款还清证明，档案管理部门出具的同意撤销贷款抵押登记证明。

50. 对个人贷款普通档案资料如何进行保管与移交？

答：受理人员在收件时应当将收存的资料装入一般档案袋内保管，为便于寻找，贷款放发前可根据受理时间、划款银行等因素排列保管；划款后可根据划款时间或借款合同编号按序排列保管。业务窗口要重视个人贷款资料的收存与保管，资料需放置在能够加锁的柜子或抽屉中，确定由专人负责保管，责任到人，防止贷款资料遗失。

51. 对个人贷款抵押权证等重要档案资料如何进行保管与移交？

答：重要档案的保管与移交应当视同现金管理，抵押权证分两种方式收存与移交：

（1）现房贷款抵押权证。现房贷款抵押权证（包括二手房）由窗口结算人员在划款前收存，结算人员应当先收存抵押权证后再办理划款手续；

（2）期房贷款抵押权证。对期房贷款抵押权证，由经审核的售房单位提供贷款担保，先发放贷款后收存抵押权证，按规定，期房贷款抵押权证需在购房合同注明的房屋竣工 3 个月后分批收存入库。

两种方式均需编制重要凭证移交清册，连同抵押权证一起移交档案室，由档案专管员清点、核对抵押权证，移交双方在清册上签字。

52. 普通贷款档案如何进行整理？

答：（1）填制《住房公积金个人贷款卷内目录》。此卷内目录所标明内容为贷款发放时应当收存的资料，需根据目录注明内容顺序进行整理，对小于 16 开纸型的资料应当粘贴在 16 开纸上，并编上页码，放置在档案袋内。贷款期间产生的档案需及时放入袋内，并按序添加到卷内目录中，如卷内目录不够填写时，需增加空白目录。

（2）实行专用档案袋保管。因个人贷款期限较长，一般在 5～30 年之间，在漫长的贷款期间，会因调整贷款利率、部分提前还贷或可能产生的逾期贷款处理等原因，事后增加资料较多，需要改变原来先采用"三孔一线"装订、后期增加时再拆开重订、反复多次的做法。可将每笔贷款产生的档案先根据个人住房公积金贷款卷内目录所列内容按序整理、加盖页码章，装入专用的贷款档案袋内，在袋面填写借款合同编号、借款人姓名、案卷号等内容，再将多个档案袋放入专用档案盒内保存。

53. 重要贷款档案如何进行整理？

答： 重要档案同样将每笔贷款装 1 个专用的重要档案袋保管，并在袋面填写借款合同编号、抵押人姓名、抵押权证编号等内容，再将多个档案袋放入专用档案盒内保存。

54. 如何对还清贷款后的档案进行管理？

答： 当借款人还清贷款时，档案室根据银行出具的住房公积金贷款还清证明将房屋他项权证和贷款综合保险单正本返还借款人，并要求借款人在收到重要档案时，出具收到重要档案书面证明（也可在银行出具的贷款还清证明的空白处写上"已收到房屋他项权证和保险单正本各 1 份"字样，并签上收件人姓名与收件时间）。银行出具的贷款还清凭证应当作为该贷款档案收存的最后 1 份资料。

55. 贷款楼盘档案应该怎样管理？

答： 贷款楼盘档案管理指公积金中心在发放个人住房贷款时，对合作的房地产开发企业销售楼盘进行立案、审批、贷款发放、落实抵押物、结案等管理过程中产生的纸质资料的日常管理。

56. 什么是期房楼盘档案管理？

答： 期房楼盘档案管理指公积金中心对预售商品房楼盘发放贷款管理中所产生的纸质资料的日常管理。

57. 期房楼盘应收存的档案资料有哪些？

答：（1）预售楼盘发放公积金贷款申请审批表；（2）房地产开发企业与住房公积金管理中心签订的《预售楼盘发放公积金个人住房贷款合作协议》；（3）贷款管理部门签发的《同意配套公积金贷款和提供期间担保的通知》；（4）开发企业出具的《要求对期房楼盘发放公积金个人住房贷款并提供期间担保的报告》；（5）营业执照；（6）组织机构代码证；（7）房地产资质证书；（8）建设规划用地许可证；（9）建筑工程施工许可证；（10）建筑

施工许可证；（11）开发土地使用权证，如土地使用权已抵押给银行的，加收土地抵押权证；（12）新编门牌使用批准书；（13）商品房预售许可证；（14）开发企业提供的《公司股东会议对担保事项的认可决议》；（15）开发公司章程；（16）开发公司及在当地投资企业、承销企业建立住房公积金制度证明；（17）开发企业年度或季度财务报表；（18）商业银行已提供个人住房贷款的，需提供开发企业在银行的贷款开户许可证、贷款卡；（19）开发企业在各银行开设的结算账号；（20）有关部门出具的楼盘施工进度证明；（21）贷款管理部门现场查看情况说明及同意放贷通知；（22）房地产管理部门出具的《商品房综合验收通知书》或《建设工程竣工验收备案证明书》；（23）公积金中心贷款管理部门出具的楼盘期房贷款的房屋抵押权证已全部收存归档证明；（24）其他需要收存的资料。

58. 对期房贷款档案资料如何进行保管与移交？

答： 年度内收取的期房贷款楼盘资料由贷款管理部门负责保管，可用普通档案袋保存，一个楼盘放置一个档案袋。为方便对楼盘回收他项权证管理，需区分同一小区内楼盘的不同开发时间，移交时需编制贷款楼盘资料移交清册，双方需在移交清册上签字认可。

59. 对期房贷款档案资料如何进行整理与装订？

答： 期房楼盘贷款资料按"一个楼盘装订一卷"的原则进行整理与装订，由于期房楼盘资料大部分不会在移交前竣工并全部回收抵押权证，因此，移交后会陆续产生部分资料，如施工监理部门出具证明可发放贷款的楼盘施工进度证明，住建部门出具的证明可办理房屋权证的楼盘综合验收通知书，公积金中心贷款管理部门出具的证明该楼盘期房抵押物全部落实、可解除开发商担保责任的期房贷款抵押权证全部落实证明等。贷款管理部门负责对该楼盘移交后资料的收存并按月逐份移交档案室，并于抵押物全部入库后，出具期房贷款抵押权证全部落实证明交档案室，证明此楼盘期房贷款管理档案已全部收集完整。

60. 什么是现房公积金贷款楼盘档案管理？

答：现房楼盘档案管理指在期房销售时未提供公积金贷款支持的楼盘，在通过综合验收并可即时办理房屋产权证、土地使用权证时要求提供公积金贷款时，按规定所提供的纸质资料的管理。

61. 现房公积金贷款楼盘应收存的档案资料有哪些？

答：（1）开发商《关于要求对所开发的现住商品房提供公积金个人住房贷款的报告》；（2）住建部门出具的开发楼盘项目综合竣工验收通知单或建设工程竣工验收备案证明书；（3）民政部门出具的新编门牌使用批准书；（4）住建部门出具的商品房预售许可证；（5）自然资源与规划部门出具的土地使用证；（6）公积金中心贷款管理部门出具的《关于同意发放现住商品房公积金贷款通知书》。

62. 对现房档案资料如何进行装订和移交？

答：现房楼盘资料按"一个楼盘装订一卷"的原则进行，在整理楼盘资料的基础上，面上覆盖卷皮，并给予每个楼盘一个案卷号。在入库时，可将多个楼盘档案放置在一个档案盒内，进行保管。年度内收存的现房楼盘资料由贷款管理部门保管，编制资料移交清册，将资料移交给档案室时，双方在移交清册上签字认可。

63. 什么是贴息贷款档案管理？

答：贴息贷款档案是指公积金中心在开展对低收入家庭进行贷款利息补贴时产生的需收存的纸质资料。

64. 贴息贷款应收存的档案资料有哪些？

答：（1）住房公积金贷款贴息申请审批表；（2）享受贴息的借款人及其配偶身份证明、婚姻证明、户籍证明（或居留证明）复印件；（3）授权银行按月扣划贷款卡、折复印件；（4）住房公积金借款合同；（5）其他需要归档的资料。（为减轻公积金中心归档量，部分证明资料如已收存到个人贷款资料中，可不需重复收存。）

65. 什么是住房公积金会计档案？

答： 住房公积金会计档案指在进行住房公积金会计核算中产生的会计凭证、账簿和报表等纸质资料。会计核算是住房公积金管理的核心环节，是产生纸质凭证最多的业务类档案，也是档案收存、整理、系统输入、归档的重点。

66. 什么是住房公积金管理经费会计档案？

答： 住房公积金管理经费会计档案是指住房公积金管理机构为开展工作的需要，经同级财政核定，按"收支两条线"原则取得管理经费，并根据国家有关事业单位会计核算办法和事业单位财务管理办法进行会计核算所产生的纸质资料。

67. 住房公积金会计档案的归档范围包括哪些？

答：（1）会计凭证，包括原始凭证、记账凭证；（2）会计账簿，包括总账、明细账、日记账、固定资产卡片及其他辅助性账簿；（3）财务会计报告，包括月度、季度、半年度、年度财务会计报告；（4）其他会计资料，包括银行存款余额调节表、银行对账单、纳税申报表、会计档案移交清册、会计档案保管清册、会计档案销毁清册、会计档案鉴定意见书及其他具有保存价值的会计资料。

68. 如何对会计凭证进行整理与装订？

答： 在每月会计核算工作结束后，按产生会计凭证的时间、凭证号排序进行整理，装订成册，装订时加专用会计凭证封面，并及时填写产生凭证的单位名称、产生时间、会计凭证号、会计主管及会计核算人员等内容，装订线上应有封口，并加盖骑缝章，但归档号由档案室在归档时统一编制。

69. 如何对会计账簿进行整理与装订？

答： 实行会计核算电算化后，会计人员通过系统登记住房公积金会计账簿，完成年终决算后，统一打印会计账簿，会计账簿打印后及时装订，装订人员应将打印后的账页按序整理，并加封面后装订成本，会计账簿封面内容须如实填写，单位名称、账户名称等都要写全称，不能简写，也不能只写代码，保管期限也要按规定填写，归档案卷号由档案室统一填写。

70. 如何对会计报表进行整理与装订？

答： 会计报表原则上由主管会计报表的人员负责统一收集、整理、装订与立卷。平时，月（季）度报表由主管报表人员负责收存；年终，将全年会计报表按时间顺序整理并装订成册，同时需登记会计档案（会计报表）目录，逐项填写报表名称、页数、归档日期等，经财务科负责人审核、盖章后，由主管报表人员移交档案室。

71. 对其他住房公积金会计档案资料如何进行整理与装订？

答： 其他会计资料包括住房公积金会计核算中产生的会计辅助账、辅助报表、年度收支计划、与受托银行或其他单位经济往来签订的重要合同等，均应在年度终了后，进行仔细整理，除了统计报表中已经收存装订归档的，凡有关会计核算的其他会计资料均应整理装订移交档案室。

72. 住房公积金业务档案的形成与收集的方式和要求是什么？

答： 档案的形成与收集是指对柜面、网上等多渠道业务办理过程中产生的电子文件及其元数据进行齐全完整的收集和存储，同时应保障形成电子档案的真实性，方便业务档案的数字化管理和应用。需要留存纸质资料的，即使采集了电子文件及其元数据，纸质资料也必须留存。同一资料纸质档案和电子档案的双重归档，既是双保险，也推进了数字化管理进程。

73. 住房公积金业务档案整理应遵循怎样的规律？

答： 住房公积金业务档案整理应符合业务经办的规律和特点，按业务类别逐笔进行。业务档案可采取纸质和电子档案两种形式，按照档案业务类别、保管期限和形成的机构、时间顺序归档。住房公积金管理中心应实施业务档案数字化管理。

74. 住房公积金归集、提取业务档案整理采取什么方式？

答： 归集、提取业务档案可采取按"件"或"卷"的方式进行整理。采取按"件"整理的应符合现行行业标准《归档文件整理规则》（DA/T 22—2015）的规定，采取按"卷"整理的应符合国家档案立卷整理的规定。

75. 住房公积金行政执法档案整理采取什么方式？

答： 行政执法档案，一案一卷，应以每个案件从立案至结案的办理材料组为一卷，案卷应体现卷内文件材料特征、材料整理情况和相关责任人信息，符合国家档案整理立卷的有关规定。

76. 住房公积金个人住房贷款档案整理采取什么方式？

答： 个人住房贷款档案，应以借款合同为单位，按贷款受理、审查、批准、签约、发放和贷后管理等组卷，符合国家档案立卷整理的有关规定。

77. 住房公积金项目贷款档案整理采取什么方式？

答： 项目贷款档案，应以项目为单位，按借款人资料、建设项目资料、抵押资料、审核审批资料、合同协议、会计凭证类资料、资金监管、贷后管理、检查报告等组卷，符合国家档案整理立卷的有关规定。

78. 住房公积金诉讼和行政复议档案整理采取什么方式？

答： 诉讼和行政复议档案，一案一卷，应自应诉通知或复议通知至最终判决文书的办理材料组为一卷，如诉讼和复议为同一案件，一并归档。案卷应体现卷内文件特征、材料整理情况和相关责任人信息，符合国家档案整理立卷的有关规定。

79. 住房公积金业务资金管理档案整理采取什么方式？

答： 住房公积金业务资金管理资料作为会计档案管理的，应符合国家档案立卷整理规定。

80. 住房公积金档案分类方案的确定依据是什么？

答： 业务档案分类方案应采用种类、年度、机构、业务办理日期等分类项进行复式分类。一经确定，应保持一致，不得随意变动。不同种类、载体或形式的档案的分类方法应协调呼应，便于档案的统一管理和利用。

81. 住房公积金档案档号编制标准是什么？

答： 住房公积金业务档案应逐卷或逐件编制档号。档号应指代单一，体现档案来源、种类、整理分类体系和排列顺序等档案基本属性。档号结构应符合现行行业标准《档号编制规则》（DA/T 13—2022）、《归档文件整理规则》（DA/T 22—2015）的规定，不同载体或形式的档号编制方法应协调呼应。各地住房公积金管理中心应根据当地情况，对本单位各类业务档案按业务类别合理设置门类代码。

82. 业务部门和档案管理部门之间日常业务档案交接归档时间如何要求？

答： 住房公积金业务档案经业务部门整理完毕后，应及时向档案工作管理部门交接归档。具体归档时间可根据业务工作特点确定，除国家另有规定外，最迟不应超过次年 12 月 31 日。住房公积金业务档案中涉及会计档案的，可隔年移交。

83. 业务部门和档案管理部门之间日常业务档案交接归档手续如何要求？

答： 归档时交接双方应根据归档目录清点核对，并履行交接手续。仅保存电子档案的，应随办随归，履行登记手续，记录电子文件归档过程元数据。任何部门和人员不得将应归档材料据为己有或拒绝归档。

84. 根据"互联网＋政务服务"和政府数字化转型改革有关要求，住房公积金纸质和电子文件的归档要求是什么？

答： 纸质和电子文件同步归档的，在文件内容、相关说明及描述上应保持一致；仅为电子载体形式的业务档案，应符合现行国家标准《电子文件归档与电子档案管理规范》（GB/T 18894—2016）的要求。

85. 住房公积金档案管理用房的设置要求有哪些？

答： 住房公积金管理中心宜分别设置档案办公用房、档案整理用房、阅档室和档案库房，也可按照办公、整理、查阅等基本功能分区设置。

86. 住房公积金档案库房设置应符合什么标准？

答： 档案库房不宜设置在地下或顶层，地处湿润地区的不宜设置在首层。档案库房应满足防盗、防光、防高温、防火、防水、防潮、防尘、防有害生物的总体要求，且不应毗邻水房、卫生间、食堂、厨房等可能危及档案安全的用房，库房内不应有除消防以外的给水、排水管道穿越。档案库房应配备智能门禁识别、视频监控等安全防范系统，应配备烟感器、漏水检测仪等各类消防报警设施，满足消防基本要求。档案库房应配备全封闭防火铁门、铁窗、铁柜等设施，不得采用木质柜、架等装具，不得使用电阻丝加热、电热油汀及以水、汽为热媒的采暖系统。档案库房可选择使用洁净气体、惰性气体或高压细水雾灭火设备。档案库房应配备温湿度计及相应的温湿度调控设施。档案库房的空气质量应符合现行行业标准《档案库房空气质量检测技术规范》（DA/T 81—2019）的规定，可配备通风换气、空气净化设备。住房公积金管理中心宜建设智能档案库房，实现温湿度调控、漏水监测、消防报警、安全防范、视频监控等系统集成管理以及其他智能管理要求。

87. 住房公积金电子档案存储场所的基本要求是什么？

答： 电子文件及电子档案的存储场所，应符合现行国家标准《电子文件归档与电子档案管理规范》（GB/T 18894—2016）的规定。

88. 住房公积金档案服务外包要求是什么？

答： 住房公积金管理中心可通过政府购买服务的方式，委托具有专业资质档案公司寄存、管理本单位住房公积金业务档案。对外包公司的管理具体可参照现行行业标准《档案保管外包服务管理规范》（DA/T 67—2017）的规定。

89. 住房公积金档案服务外包资质审核要求是什么？

答： 住房公积金管理中心应加强对外包档案公司营业资质、保密资质、基础硬件证明文件的审核，对外包公司的档案库房建设情况进行审验，并应符合现行行业标准《档案馆建筑设计规范》（JGJ 25—2010）的规定。

90. 住房公积金档案保管的基本要求是什么？

答： 住房公积金管理中心应根据业务档案类别和载体的不同进行分类保管，制定档案保管应急预案，保证业务档案和存储介质实体的安全、完整和可用。

91. 住房公积金档案工作人员的职责有哪些？

答： 档案工作人员应监测和记录库房温湿度（档案库房温度应为14～24℃，相对湿度为45%～60%，并可配备恒温恒湿调控系统），根据需要采取措施调节；定期检查维护档案库房设施设备，确保正常运转。档案工作人员应定期巡查库房，清点档案数量，检查保管状况，发现档案有破损、虫蛀、受潮、褪色或字迹模糊等情况时，及时处理；应定期对电子档案的保管情况、读取状况等进行检查，发现问题及时处理；应建立检查和处理情况台账。档案工作人员应及时对受损、易损档案进行修复、复制或作其他技术处理。档案修复应保持档案内容的完整，尽量维持档案的原貌。档案修复前应做好登记和检查工作，必要时进行复制备份，作出修复说明。

92. 住房公积金档案保管期限的总要求是什么？

答： 住房公积金业务档案应分类别、按期限进行有针对性的保管。

93. 住房公积金业务档案保管期限是如何分类划分的？

答： 住房公积金业务电子档案宜永久保管，无对应电子档案的纸质档案应根据业务类别进行保管，并应符合下列要求：

（1）归集业务纸质档案，保管期限应不少于 30 年；

（2）行政执法、诉讼和行政复议纸质档案，应按照文书类档案要求进行保管；

（3）项目贷款纸质档案，应保管至贷款还清后 5 年；

（4）提取业务和个人住房贷款业务纸质档案，应符合现行国家标准《住房公积金提取业务标准》（GB/T 51353—2019）、《住房公积金个人住房贷款业务规范》（GB/T 51267—2017）的规定。

94. 会计档案的保管期限是如何划分的？

答： 会计档案的保管期限分为永久、定期两类。定期保管期限一般分为 10 年和 30 年。会计档案的保管期限，从会计年度终了后的第一天算起。

95. 对到期住房公积金档案进行鉴定的鉴定小组人员如何构成？

答： 鉴定小组通常由档案工作分管领导任组长，档案管理部门负责人、档案形成部门负责人、档案管理人员、业务部门档案管理人员等相关人员组成。必要时可邀请档案鉴定专家参与。

96. 住房公积金档案的鉴定报告要素和鉴定结果的内容是什么？

答： 鉴定小组鉴定意见和鉴定人员签字，是鉴定报告的两大要素，否则不能认为已经完成鉴定。鉴定结果包括两种情况：继续保存或销毁。

97. 住房公积金档案处置的原则是什么？

答： 业务档案的处置应本着严谨、科学、客观、慎重的原则来进行。对仍需继续保存的档案，应重新设定保管期限；对超过保管期限且无保存价值的业务档案，应按照规定程序、方式和途径予以销毁。

98. 经鉴定可销毁的住房公积金档案，应按哪些程序予以销毁？

答：（1）业务档案销毁前，应编制销毁清册，清册应列明拟销毁档案的档号、题名、形成时间、应保管期限、已保管时间和销毁时间等内容，并按照销毁审批程序报请审核批准。

（2）鉴定小组成员应在档案销毁清册上签署意见。未经鉴定，任何人不得擅自销毁档案。

（3）业务档案的销毁应由档案管理部门组织，并与档案形成部门共同派员监销。监销人负责销毁档案的清点与核对，并在档案销毁清册上签字，销毁清册应永久保存。

（4）业务档案销毁场所应符合有关保密规定和要求。

99. 住房公积金业务档案对社会和个人提供检索和查询服务有哪些要求？

答：（1）缴存单位可查阅本单位的住房公积金业务档案；

（2）缴存职工可查阅本人的住房公积金业务档案；

（3）国家行政机关、司法机关可根据相关规定查阅住房公积金业务档案；

（4）其他部门或社会组织等可依法或根据国家相关规定查阅住房公积金业务档案。

100. 住房公积金档案的查阅有哪些基本要求？

答：查阅业务档案应履行审批手续，采取保护措施，避免造成档案损害和遗失。档案管理人员应依据相关部门的利用需求，依程序向各部门、业务人员及公众提供档案利用服务，并跟踪监督利用活动，以确保利用范围没有被扩大，检查归还档案是否完好无损。同时作好利用效果反馈记录，促进档案利用工作的开展，为业务档案利用研究提供依据。

101. 如何更好地实现对住房公积金档案的开发利用？

答：住房公积金管理中心应加强对档案数据和信息的开发利用，运用信息抓取、大数据分析等方式扩展业务档案开发的力度和深度。同时，应在业务办理过程中实现对电子档案的循环利用，避免电子文件、电子档案的重复采集。

102. 住房公积金档案统计工作的范围包含哪些？

答：住房公积金管理中心应建立完善统计工作，对所保管业务档案情况、年度出入库情况、设施设备情况、利用情况、移交进馆情况、鉴定销毁情况、信息化情况、工作人员情况、社会化服务情况等定期统计并建立完备的台账。

103. 对住房公积金档案管理统计结果的要求是什么？

答：统计结果应真实、准确、完整，支持以可视化方式显示，便于统计分析。

104. 档案工作情况统计年报中包含的内容是什么？

答：住房公积金管理中心应在档案工作情况统计年报中，涵盖业务档案内容，汇总分析当年档案工作情况，加强对业务档案工作变化情况的分析，为上级决策提供参考。

105. 住房公积金档案的移交有哪些规定？

答：住房公积金业务档案属于专业档案，应按照国家有关规定，定期向档案馆移交档案。档案馆暂时无法接收的，可自行保管。

106. 对缴存单位和缴存人查询住房公积金业务档案的流程是如何规定的？

答：缴存单位或缴存人需要查询住房公积金缴存、提取、贷款档案时，应当先由相关业务部门负责接待，通过计算机系统调用历史数据（或信息），向查询人展示其需要查询的内容。如系统无法说明问题或查询人坚持要查看历史纸质凭证，档案室根据查询人提供的住房公积金档案查阅登记表，找到需要查询的档案，并解答档案有关内容，尽量做到让查询人满意。

107. 对住房公积金业务档案借用是如何规定的？

答： 档案借用仅指单位内部职能部门因工作需要，向档案室借用历年档案的行为。档案借用人员需先填写查询表，注明要求借用的档案，应当填写借出档案名称、案卷号、数量、借用时间等内容，经单位分管领导批准后，履行档案借用手续。当借用期满时，借用人员应当及时归还。住房公积金档案原则上不得出借给外单位或个人。

108. 对住房公积金重要业务档案的借用是如何规定的？

答： 鉴于重要档案保管的严肃性，重要档案原则上不得外借，但发生特殊情况时，可暂时出借，但需按规定办理。

109. 因借款人死亡、离异需要变更抵押权证而借用重要档案的如何办理？

答： 考虑到重要档案保管的严肃性，发生因借款人死亡或离异需要变更抵押权证的，应当由本单位贷款管理部门代替其办理抵押变更手续，并在规定时间内将变更后的抵押权证送还档案室。不得将贷款房屋抵押文本交当事人办理。出借时由贷款管理部门（或贷款业务窗口）确定1名经办人填制重要档案借用登记表，报贷款分管领导、档案分管领导审批后，方可借用。

110. 因贷款逾期需要通过司法程序回收贷款本息，要求借用抵押权证的如何办理？

答： 由本单位贷款管理部门确定专人填制重要档案借用登记表，报贷款分管领导、档案分管领导审批后，方可借出。重要档案专管员需按规定做好重要档案的回收工作。

111. 什么是住房公积金电子档案？

答： 指住房公积金业务办理过程中，通过计算机等电子设备形成、办理、传输和存储的，记录和反映住房公积金业务办理事项，具有凭证、查考和保存价值并以数字格式归档保存的电子文件。

112. 什么是住房公积金电子档案管理信息系统？

答：指对住房公积金业务档案进行收集、归档、编目、管理、处置、保存和提供利用的计算机管理信息系统。

113. 什么是住房公积金业务档案元数据？

答：描述住房公积金业务办理过程中产生的电子文件、电子档案的内容、业务背景、结构及其管理过程的数据字段，简称元数据。

114. 住房公积金档案在满足什么条件的情况下可仅以电子形式保存？

答：（1）形成的电子档案来源真实有效、程序规范、要素合规，由计算机等电子设备采集、形成、办理、传输和存储；

（2）使用的业务系统能够准确、完整、有效地接收和读取电子业务资料，能够输出符合现行国家标准《电子文件归档与电子档案管理规范》（GB/T 18894—2016）归档格式的电子业务资料；

（3）使用的电子档案管理信息系统能够有效接收、管理、利用电子档案，符合电子档案的长期保管要求，并建立电子档案与相关联的其他纸质档案的检索关系；

（4）业务系统和电子档案管理信息系统能够有效保障电子档案真实、完整、可用、安全。

115. 住房公积金档案管理应如何进行信息化建设？

答：住房公积金管理中心应建设电子档案管理信息系统，保障住房公积金业务档案长期、安全、完整、可信的管理和利用。

116. 电子档案管理信息系统应具备哪些功能？

答：电子档案管理信息系统应具备住房公积金业务档案的收集、归档、编目、管理、处置、保存和利用的功能，应支持电子档案的全生命周期管理。

117. 电子档案管理信息系统归档保管的电子档案应符合什么要求？

答： 电子档案管理信息系统归档保管的电子档案应来源可靠、程序规范、要素合规，保障其具备法律凭证性，可以以电子形式作为凭证使用。

118. 电子档案管理信息系统应将电子文件及其元数据一并收集、存储，元数据应符合哪些要求？

答：（1）应通过电子档案管理信息系统标准接口齐全、完整地收集住房公积金业务档案内容、业务背景及结构元数据，标准接口数据字段应符合规范要求；

（2）应完整记录电子档案的收集、归档、编目、管理、处置、保存和利用等管理过程元数据，保障电子档案的长期可读性。

119. 对电子档案管理信息系统开放性功能有哪些要求？

答：（1）应采用标准化接口，统一采集、归档、查询、共享和数字化加工成果的接口标准，应具备与住房公积金业务系统之间的对接能力，实现档案资源的统一管理、数据共享；

（2）应具备住房公积金线上及线下业务的档案收集功能，实现住房公积金业务多渠道办理；

（3）应具备对多种电子文件格式的在线上传及查看功能，实现电子档案的多元化管理；

（4）应能够提供多种形式的通信协议，包括但不限于 Web Service、RESTful、HTTP、HTTPS、Socket、FTP 等；

（5）宜具备接入区块链的接口能力，支持哈希存证、链接存证等上链方式。

120. 对电子档案管理信息系统可扩展性功能有哪些要求？

答：（1）应满足当前及可预见时间内的业务需求，可方便进行功能扩展；

（2）应支持对电子档案提供稽核、审计、内外网查询及共享利用服务；

（3）可通过电子档案资源整合，实现档案数字资源跨区域共享利用，实现部级、省级、市级三级电子档案互信查询。

121. 对电子档案管理信息系统安全可靠性功能有哪些要求？

答：（1）应具备对电子档案全生命周期的过程记录，应采用数字签名、电子签章和基于数字证书的安全身份认证等技术，保障电子档案的安全性；

（2）应具备用户权限管理功能，对档案使用者进行分机构、分职能、分档案类型的权限划分，禁止非授权操作；

（3）应具备持续不间断运行能力，为住房公积金业务提供可持续性服务；

（4）应具备电子档案数据安全存储的能力，保证系统的可靠性。

122. 对电子档案管理信息系统独立性功能有哪些要求？

答：（1）应支持独立部署、独立启停、独立监控，应独立于住房公积金各应用系统单独运行和管理，同时实现与各应用系统的相互衔接；

（2）应支持电子档案的独立存储，应支持建立个人基础档案库、单位基础档案库、电子证照共享库，实现档案资料的共享复用，减少档案资料的重复采集和多次提交。

123. 电子档案管理信息系统线下柜台业务的档案收集应具备哪些功能？

答：应具备柜面业务的档案收集功能，通过影像采集设备对纸质档案进行电子影像采集。在影像采集的过程中应具备对图像的自动切边、自动纠偏功能，在业务办理的不同节点应具备分阶段进行电子影像采集的功能。

124. 电子档案管理信息系统网上业务的档案收集应具备哪些功能？

答：应具备网上业务的档案收集功能，支持通过标准接口对网厅、支付宝、微信、政务服务渠道、住房公积金 App 等多渠道网上业务进行影像采集，为实现住房公积金业务办理提供多渠道服务。

125. 电子档案管理信息系统中电子文件和电子凭证的收集方式及要求有哪些？

答：应具备多种文件格式在线上传及查看功能，包括但不限于图片、音频、视频、文本文件等电子文件；应自动收集业务办理过程中通过大数据共享的电子证照，保证电子档案的完整性；应具备电子凭证固化功能，支持采用数字签名技术，在线生成与手写签名或盖章具有同等法律效力的、不可篡改的电子凭证，替代原本的纸质凭证；应支持对业务过程数据、行为审批、数据共享信息进行固化留痕，保障业务的真实性及可追溯性；可通过技术手段将图片资料上的信息提取出来，用于业务办理时自动表单信息录入。

126. 电子档案管理信息系统整理与归档有哪些功能要求？

答：（1）应具备电子档案的自动归类与排序等功能，支持分类与排序的调整处理；

（2）应具备电子档案的著录、标引等功能，形成电子档案目录，并与电子档案相关联；

（3）应具备维护电子档案各组成部分及相关数据信息之间、电子档案与电子档案之间的关联功能；

（4）应具备电子档案手动归档、自动归档两种方式，应保障归档电子档案的真实性、完整性、可用性、安全性；

（5）应具备具有实体的电子档案的装盒入库功能，并对装盒入库过程进行完整的记录，辅助实体档案的归档；

（6）应支持先交接后装盒或先装盒后交接两种交接方式，可根据业务自定义设置，支持打印交接单并记录业务档案从柜面移交至档案室的全过程；

（7）应具备建立虚拟档案室、虚拟档案架等功能，支持通过条码、二维码、RFID 标签等技术方式实现纸质档案与电子档案的全流程同步管理。

127. 电子档案管理信息系统鉴定与销毁有哪些功能要求？

答：（1）应支持对保管期限到期的电子档案进行自动预警，可根据不同类别档案的管理要求进行鉴定处置；

（2）应具备电子档案鉴定和销毁的功能，建立处置条件、策略和流程，对鉴定和销毁过程全程记录日志；

（3）应保存鉴定与销毁的过程信息，记录鉴定与处置的责任人员、意见和时间等信息；

（4）电子档案的销毁应包括档案销毁登记造册、档案销毁鉴定、档案销毁审批、档案逐件销毁等操作流程；

（5）应具备打印销毁单、保存销毁清册功能，实现对销毁全过程的记录。

128. 电子档案管理信息系统利用与开发有哪些功能要求？

答：（1）应具备对档案分类、元数据、文件、全文、纸质档案对应存放位置等方式的查询功能，应支持根据用户的数据权限展示不同的查询结果；

（2）应具备一户式查询索引功能，实现个人及单位业务档案的关联查询；

（3）应具备档案借阅与归还流程管理，支持在线申请、在线审批、逾期未归还预警功能，支持对借阅全过程的流程记录；

（4）应具备对电子档案管理过程中逾期未归档、逾期未交接、逾期未装盒、逾期未归还等异常状态自动预警功能；

（5）应具备电子档案共享复用功能，实现对合法、合规的电子档案进行重复利用，避免档案资料的重复采集，提高业务办理效率；

（6）应具备会计档案管理功能，实现会计凭证、账簿、报表等版式文件固化，建立财务与业务的关联检索，保证业务的完整性；

（7）宜具备水印功能或采用其他安全技术手段，防止电子档案资料被恶意利用；

（8）具备大数据分析功能，基于电子文件的内容、元数据和用户需求等相关信息开展大数据处理、大数据建模、大数据呈现等的综合能力。

129. 电子档案管理信息系统统计和移交功能应符合哪些要求？

答：（1）应具备档案统计功能，支持通过种类、年度、机构、业务办理日期等，对保管的业务档案情况、年度出入库情况、利用情况、移交进馆情况、鉴定销毁情况、社会化服务情况等进行统计，应支持生成档案统计年报；

（2）应具备统计结果的可视化显示功能，包括但不限于统计报表、柱状图、饼状图、线形图等，便于统计分析；

（3）应具备档案移交功能，支持电子档案的在线、离线移交功能，支持纸质档案的同步移交，保存移交记录。

130. 电子档案管理信息系统存储及备份功能有哪些要求？

答：（1）应满足可靠性、高可用性、可扩充性，可运用负载均衡技术、双机热备、云部署的方式，保障电子档案管理信息系统的安全可用性；

（2）应具备对电子档案存储状态的实时监控功能，对存储空间不足、系统异常访问、响应超时等情况进行告警提示，并应跟踪、记录告警事项处理过程；

（3）应定期进行在线及离线备份以及异地存放，制定完善的备份与恢复策略，保障在发生不可预见的故障后能及时、完整地恢复。

131. 住房公积金纸质档案数字化加工工作的前提是什么？

答： 住房公积金纸质档案数字化工作，应对住房公积金既有业务档案的缺项、错误、字段不规范数据进行补齐、纠正和完善，提升业务数据质量。

132. 对各类住房公积金业务纸质档案数字化的基本要求有哪些？

答：（1）贷款业务档案，应对未结清的贷款业务档案进行数字化，对已结清的贷款业务档案进行实物档案的管理；

（2）归集、提取业务档案，应对近 5 年的纸质存量档案进行数字化；

（3）会计档案，宜全部进行数字化；

（4）行政执法档案、诉讼和行政复议档案及其他住房公积金业务相关类型档案，宜全部进行数字化。

133. 住房公积金纸质档案数字化的基本环节应包括哪些内容？

答： 住房公积金纸质档案数字化的基本环节应包括档案整理、档案编页、档案扫描、图像处理、图像存储、图像质检、目录建库、数据挂接、还原装订、档案装盒、档案上架、数据验收、数据备份、成果管理等。

134. 电子档案管理信息系统的安全性应符合哪些要求？

答：（1）住房公积金管理中心应建立档案应急管理制度，加强档案库房安全管理，避免或减少因自然灾害、突发性事故所造成的损失；

（2）电子档案管理信息系统运行环境应建立完善的网络安全策略，实现内外网隔离，避免数据流失；

（3）电子档案管理信息系统应记录关键业务过程，按业务需要应采用数字签名、数据加密和安全认证等技术手段，以保障电子档案安全，防止电子档案被篡改；

（4）电子档案管理信息系统应保障存储的住房公积金电子档案中涉密信息的安全，保障电子档案所包含个人信息、单位信息不被泄露、盗用。

信息化建设部分

1. 什么是住房公积金管理信息系统？

答： 住房公积金管理信息系统是以人为主导，利用计算机硬件、软件、网络通信设备以及其他办公设备，对住房公积金业务进行信息收集、传输、加工、储存、更新、拓展和维护的系统。住房公积金管理信息系统的管理控制对象是以归集、提取、贷款、资金结算、会计核算为核心的业务开展全过程。管理信息系统的基本功能是数据处理功能、计划功能、控制功能、预测功能和辅助决策功能。因此，住房公积金管理信息系统是各级管理人员决策的基础，是实施管理控制的依据，是联系组织内外的纽带，是现代管理工作的核心与抓手。

2. 什么是住房公积金管理信息系统外联安全区？

答： 外联安全区是指住房公积金信息系统内部网络与外部网络之间的网络缓冲区，是为了防止非法用户、病毒、木马恶意侵入、窃取、篡改，破坏住房公积金信息系统和数据。

3. 什么是住房公积金多维辅助核算？

答： 住房公积金多维辅助核算是指在会计核算信息化的条件下，按不同维度对会计科目进行核算的过程。

4. 住房公积金管理信息系统核心功能应包括哪些内容？

答： 住房公积金管理信息系统核心功能应包括业务处理、资金结算、会计核算。

5. 住房公积金管理信息系统核心功能之间的内在逻辑关系应符合哪些要求？

答： 住房公积金管理信息系统核心功能之间的内在逻辑关系，应符合业务处理驱动资金结算，并据此进行会计核算的要求。

6. 住房公积金数据一致性检查应实现哪些功能？

答： 住房公积金数据一致性检查应实现业务流水、银行结算流水和记账凭证的一致性校核功能。

7. 住房公积金管理信息系统数据应符合什么标准？

答： 住房公积金管理信息系统数据创建、检索、存储、传输、共享和集成，应符合现行行业标准《住房公积金基础数据标准》（JGJ/T 320—2014）之规定。

8. 住房公积金管理信息系统应建立和维护哪些基础信息？

答： 住房公积金管理信息系统应建立和维护缴存单位信息、个人信息和政策信息等基础信息，满足业务处理功能需求。

9. 哪些住房公积金业务应满足实时结算的要求？

答： 归集业务、提取业务、个人贷款业务和项目贷款业务处理功能应满足实时结算的要求。

10. 住房公积金管理信息系统在处理归集业务时应包括哪些功能？

答： 处理归集业务应包括单位账户开户、个人账户开户、汇缴、补缴、基数调整、封存或启封、冻结或解冻、内部转移、外部转入、外部转出、结息和异地转移接续等功能。

11. 住房公积金管理信息系统在处理提取业务时应包括哪些环节？

答： 处理提取业务应包括业务受理、资金结算、账务处理、生成凭证和数据平衡检查等环节。

12. 住房公积金管理信息系统在处理个人住房贷款业务时应实现哪些功能？

答： 处理个人住房贷款业务时，应实现利率调整、受理、审批、担保、签约、贷款发放、还款、贷款转列、合同变更、贷款风险等级分类、贷款催收、结清、贷款计息和异地贷款等系统功能。

13. 住房公积金管理信息系统在处理项目贷款业务时应实现哪些功能？

答： 处理项目贷款业务时，应实现包括建设项目信息登记、项目贷款借款合同信息登记、项目贷款抵押合同信息登记、项目贷款发放、还款、贷款转列、封闭资金管理等系统功能。

14. 住房公积金管理信息系统资金结算接口信息包括哪些内容？

答： 住房公积金资金结算接口信息宜包括控制信息项、交易功能项和明细信息。

15. 住房公积金管理信息系统会计核算的一般规定是什么？

答： 会计核算基础数据处理应以业务核算信息、资金结算信息为基础，按照科目核算维度生成会计科目核算信息，按照管理维度生成多维辅助核算信息。财务数据和业务数据应分别管理。

16. 住房公积金管理信息系统安全防护要符合什么要求？

答： 住房公积金管理信息系统建设要符合现行国家标准《信息安全技术 网络安全等级保护基本要求》（GB/T 22239—2019）三级系统的防护要求。

17. 住房公积金管理信息系统所在环境的安全保护应符合哪些规定？

答： 住房公积金管理信息系统所在环境的安全保护，应符合现行国家标准《计算机场地通用规范》（GB/T 2887—2011）、《计算机场地安全要求》（GB/T 9361—2011）、《信息安全技术 信息系统物理安全技术要求》（GB/T 21052—2007）和《电子信息系统机房设计规范》（GB 50174—2008）的有关规定。

18. 住房公积金管理信息系统应采用哪些方式进行双因素身份认证及报文加密？

答： 住房公积金管理信息系统应采用访问密码、指纹、数字证书或安全令牌等方式进行双因素身份认证及报文加密，严禁非授权用户操作信息系统。

19. 住房公积金管理信息系统与外部单位信息系统如何实现信息交互？

答： 住房公积金管理信息系统与外部单位信息系统应通过外联安全区进行信息交互，建立报文加密机制，并记录与住房公积金信息系统的通信日志。

20. 住房公积金管理信息系统通过互联网对外服务应采用哪些手段验证用户身份信息？

答： 住房公积金管理信息系统通过互联网对外服务，应采用数字证书或动态验证手段验证用户身份信息。

21. 住房公积金管理信息系统网络结构按照工作模块如何划分区域？

答： 住房公积金管理信息系统网络结构按照工作模块，可划分为核心交换区、外联接入区、互联网接入区三个虚拟专用网（VPN）区域。

22. 住房公积金管理信息系统应采取哪些安全隔离技术手段保证数据安全？

答： 住房公积金管理信息系统应采取防火墙、网闸等安全隔离技术手段保证数据安全，严禁通过互联网直接访问数据库。

23. 住房公积金管理信息系统用户操作行为记录包括哪些内容？

答： 住房公积金管理信息系统应建立用户操作行为记录，记录操作员编号、姓名、操作内容等相关日志信息。

24. 住房公积金管理信息系统建设验收应分为哪些步骤？

答： 住房公积金管理信息系统建设验收应分为初步验收和竣工验收两个步骤。初步验收主要是进行系统测试、第三方验证、建设施工文件资料的收集提供等，是对信息系统建设进行的初步总结；竣工验收是对信息系统建设的最后总结与评价，在全面进行项目测试评价基础上，形成验收意见，标志着信息系统建设全面完成并实现预期功能，可以正式交付使用。

25. **住房公积金管理信息系统验收时间有何要求**？

答： 住房公积金管理信息系统应在通过测试后开始试运行；初步验收可在试运行满 3 个月后进行；竣工验收可在系统稳定运行 3 ～ 6 个月后进行。

26. **住房公积金管理信息系统建设容灾备份功能应符合哪些要求**？

答： 住房公积金管理信息系统建设容灾备份功能要符合《信息安全技术　信息系统灾难恢复规范》（GB/T 20988—2007）的要求。

27. **住房公积金信息化建设的基本要求是什么**？

答： 住房公积金信息化建设应满足规范性、实用性、安全性和可扩展性的基本要求。

28. **住房公积金管理信息系统建设应包括哪些内容**？

答： 住房公积金管理信息系统建设应包括便捷服务、高效业务处理、支持异地转移接续和贷款、风险防控、辅助决策支持、安全保障六方面内容。

29. **住房公积金管理信息系统架构应采用哪种设计**？

答： 住房公积金管理信息系统应采用面向服务的架构（SOA）设计，能够通过可配置的服务接口接入组件化的服务模块，以支持业务的快速发展变化。

30. **住房公积金管理信息系统架构应按照什么要求分层设计**？

答： 住房公积金管理信息系统架构应按照国家电子政务总体框架要求进行分层设计，满足综合服务要求，实现业务应用逻辑统一、数据统一管理。

31. **住房公积金管理信息系统设计层次如何划分**？

答： 住房公积金管理信息系统设计层次应划分为渠道层、业务应用层、应用支撑层、数据资源层、基础设施层五个层次，以保障信息系统的充分可扩展性和易维护性。

32. 住房公积金管理信息系统建设网络区域如何划分？

答： 住房公积金管理信息系统建设网络区域应划分为业务网、服务网和外联网三个网络，实现各区域系统相对独立，便于网络系统的安全管理。

33. 住房公积金管理信息系统整体设计应符合哪些要求？

答： 住房公积金管理信息系统整体设计应符合国家、行业标准规范和信息安全保障体系的总体要求。

34. 住房公积金管理信息系统业务应用层应包括哪些内容？

答： 住房公积金管理信息系统业务应用层应包括综合服务平台系统、住房公积金信息系统、内部管理系统、资金结算接口、异地转移接续和贷款系统接口、外联单位联网接口等。

35. 住房公积金管理信息系统内部管理系统包含哪些功能？

答： 住房公积金管理信息系统内部管理系统包含行政执法、稽核审计、统计分析、辅助决策、电子档案、办公自动化（OA）、绩效考核等方面功能。

36. 住房公积金管理信息系统外部联网接口宜与哪些部门进行信息资源共享？

答： 住房公积金管理信息系统外部联网接口宜与房地产交易、产权产籍、市场监督、税务、社保、公安、民政、信用管理等相关部门进行信息资源共享。

37. 住房公积金管理信息系统应用支撑层应由哪些内容组成？

答： 应用支撑层应由应用中间件、业务服务组件平台、工作流管理平台、报表工具、商务智能工具、统一对外接入平台等组成。

38. 住房公积金管理信息系统数据资源层应包含哪些内容？

答： 数据资源层应包含管理数据库、生产交易数据库、历史生产交易数据库、综合服务数据库、查询数据库、数据仓库等。

39. 住房公积金管理信息系统基础设施层应包括哪些内容？

答： 基础设施层应包括主机系统、存储系统、网络系统、安全系统与容灾系统等系统。

40. 住房公积金管理信息系统主机系统应包含哪些内容？

答： 主机系统应包含操作系统、数据库软件、群集软件和系统监控软件。

41. 住房公积金信息化建设项目管理应包括哪些阶段？

答： 信息化建设项目管理应包括方案规划、建设、运行维护三个阶段。

42. 住房公积金管理信息系统软件应如何选择？

答： 系统软件应选择成熟可靠的操作系统、数据库软件、中间件等，推荐使用国产品牌。

43. 住房公积金管理信息系统及其运行环境安全规划设计应遵循哪些要求？

答： 住房公积金管理信息系统及其运行环境宜遵循"计算机信息安全等级保护三级"要求进行安全规划设计。

44. 住房公积金管理信息系统实施包括哪些环节？

答： 住房公积金管理信息系统实施包括需求分析、系统设计、开发、测试、试运行、上线和验收等环节。

45. 住房公积金管理信息系统需求分析阶段应形成哪些资料？

答： 需求分析阶段应形成《业务功能需求说明书》《技术需求说明书》和《客户需求确认单》。

46. 住房公积金管理信息系统设计阶段应形成哪些资料？

答： 系统设计阶段应形成《概要设计说明书》和《详细设计说明书》。

47. 住房公积金管理信息系统开发阶段应编制哪些资料？

答： 系统开发阶段应先编制《信息系统开发计划》，并按计划执行；开发过程应进行单元测试，形成《单元测试报告》。

48. 住房公积金管理信息系统开发完毕应形成哪些资料？

答： 系统开发完毕应形成《软件安装程序》《软件安装手册》《用户使用手册》《系统维护手册》。

49. 住房公积金管理信息系统测试阶段应形成哪些资料？

答： 测试阶段应形成《测试方案》《测试记录》《集成测试报告》《业务测试报告》《非功能性测试报告》《操作手册》。

50. 住房公积金管理信息系统试运行阶段应形成哪些资料？

答： 试运行阶段，先行制定《数据移植方案》并付诸实施。在数据移植完成后，应形成《数据分析报告》《试运行风险预案》《试运行方案》《试运行申请》《试运行记录》《试运行报告》。

51. 住房公积金管理信息系统试运行期间应进行哪些工作？

答： 试运行期间，应进行信息安全风险评估和等级保护测评工作，形成《信息安全风险评估报告》和《等级保护测评报告》。

52. 住房公积金管理信息系统上线阶段应形成哪些资料？

答： 上线阶段应制定《上线保障方案》《应急预案》，并形成信息系统《上线运行报告》。

53. **住房公积金管理信息系统项目验收阶段应形成哪些资料？**

答： 项目验收阶段，应依据《招标文件》和《住房公积金基础数据标准》（JGJ/T 320—2014）、《住房公积金信息系统技术规范》（JGJ/T 388—2016），检查信息系统开发设计和系统运行维护等文档，形成验收报告。

54. **住房公积金管理信息系统如何自主运行维护？**

答： 应设置运行维护管理岗位，明确岗位职责，安排专人负责运行维护工作。

55. **住房公积金管理中心如何做好数据资源管理工作？**

答： 数据资源是住房公积金管理中心最重要的资产之一，应做好分类、组织、存储、共享、利用和安全管理工作。

56. **住房公积金数据资源分为哪些类型？**

答： 住房公积金数据资源分为生产交易数据、综合服务数据、内部管理数据、外部共享数据、辅助决策分析数据、系统安全审计数据六种类型。

57. **什么是辅助决策分析数据？**

答： 辅助决策分析数据是根据管理要求按照不同主题整合后的分析数据。分析主题应包括业务指标分析、财务指标分析、资金风险分析和效益分析等。

58. **数据资源组织和存储管理应按照哪些要求建立生成交易数据库？**

答： 数据资源组织和存储管理应按照《住房公积金基础数据标准》（JGJ/T 320—2014）的要求建立生成交易数据库，存储日常生产需要的基础数据和交易过程数据以及相关日志记录。

59. **住房公积金管理中心在信息系统管理方面可以选择哪些外包服务方式？**

答： 在确保住房公积金数据资产归属住房公积金管理中心，并有切实措施保障信息安全的前提下，可以选择主机托管、主机租用、购买运行维护服务等外包服务方式。

60. 住房公积金管理信息系统哪些应自主建设？哪些可以托管？

答： 支撑住房公积金信息系统运行的主机和存储设备应自主建设，运行管理可以托管。

61. 主机租用应优先考虑什么？

答： 主机租用应优先考虑政务云。

62. 对住房公积金管理中心租用主机所在机房的建设和管理有哪些要求？

答： 租用主机所在机房的建设标准应符合信息安全等级保护三级要求，机房管理的服务质量标准应满足 ISO27001 要求，网络环境应具备与银行专网连接条件。

63. 住房公积金管理信息系统服务外包单位应如何选择？

答： 服务外包应选择具有专业资质、技术成熟、抗风险能力强、信誉良好的服务单位。

64. 住房公积金管理信息系统服务外包可采用哪些方式？

答： 服务外包形式可采用驻场服务、临时现场支持、远程网络服务等方式。

65. 在服务外包合同中应明确哪些内容？

答： 在服务外包合同中应明确外包服务范围和服务要求。

66. 住房公积金信息化风险点有哪些方面？

答： 住房公积金信息化风险点主要有硬件系统风险、软件公司风险、数据库风险、网络安全风险、系统管理风险五个方面。

67. 住房公积金综合服务平台主要由哪几部分组成？

答：住房公积金综合服务平台主要由服务渠道、数据接口、综合管理系统和安全保障体系四个部分组成。

68. 住房公积金综合服务平台承担哪些功能？

答：住房公积金综合服务平台承担业务办理、信息查询、信息发布和互动交流四项服务功能。

69. 住房公积金综合服务平台的设计和建设应符合哪些要求？

答：住房公积金综合服务平台的设计和建设，应符合《住房公积金基础数据标准》（JGJ/T 320—2014）、《住房公积金信息系统技术规范》（JGJ/T 388—2016）和住建部《住房公积金信息化建设导则》的要求。

70. 住房公积金综合服务平台的设计和建设应遵循哪些原则？

答：住房公积金综合服务平台的设计和建设，应遵循经济适用、稳定可靠、安全高效、多样化、可扩展的原则。

71. 住房公积金服务渠道除柜面外还包括哪些渠道？

答：住房公积金服务渠道除柜面业务办理系统外，还包括门户网站、网上业务大厅、自助终端、服务热线、手机短信、手机客户端、官方微信和官方微博八种服务渠道。

72. 住房公积金门户网站如何提供服务？

答：住房公积金门户网站通过互联网为缴存单位、缴存人及社会公众提供综合性、交互式信息服务，是最全面的对外信息发布交流窗口。

73. 住房公积金网上业务大厅如何提供服务？

答：住房公积金网上业务大厅面向缴存单位、缴存人及相关单位，办理归集、提取、贷款等业务，实现业务在线办结和结算。

74. 住房公积金自助终端如何提供服务？

答： 通过住房公积金管理中心自建服务终端或借助银行服务终端，向缴存单位和缴存职工提供业务查询、证明打印、业务受理等服务。

75.12329 全国住房公积金专用服务热线提供哪些服务？

答： 12329 全国住房公积金专用服务热线提供政策咨询、业务受理、投诉建议、回访调查等人工服务和自助服务。

76.12329 全国住房公积金专用服务短信提供哪些服务？

答： 12329 全国住房公积金专用服务短信提供政策宣传、信息查询、业务通知、身份验证等服务。

77. 住房公积金手机客户端具有哪些特点？

答： 手机客户端通过移动终端，向缴存单位和缴存人提供综合性、交互式服务，具有灵活便捷、高可定制性、用户体验佳等特点。

78. 住房公积金官方微信提供哪些服务？

答： 住房公积金官方微信通过跨通信运营商、跨操作系统平台，向缴存单位和缴存人快速发送住房公积金政策和业务文本、音频、视频与图片，提供综合性和交互式服务。

79. 住房公积金综合服务平台如何实现与服务渠道、内部业务信息管理组件之间的通信？

答： 住房公积金综合服务平台通过数据接口实现与服务渠道、内部业务信息管理组件之间的通信。

80. 什么是住房公积金综合管理系统？

答： 住房公积金综合管理系统是住房公积金综合服务平台的核心，负责对各电子渠道服务活动进行统一管理，统一进行安全控制和身份识别，集中响应电子服务渠道的查询、咨询和业务办理请求。

81. 住房公积金综合服务平台的安全要求是什么？

答：住房公积金综合服务平台应严格执行国家信息系统安全规范，保障渠道设施、终端设备、通信线路和服务平台安全，实现线上业务、资金和信息安全。

82. 住房公积金综合服务平台安全保障体系包括哪些内容？

答：住房公积金综合服务平台安全保障体系包括平台安全和业务安全两方面内容。

83. 住房公积金综合服务平台的平台安全要求建立哪些网络安全保护机制？

答：确保住房公积金综合服务平台的平台安全，要求建立网络结构安全、区域隔离、访问控制、安全审计、边界完整性检查和网络设备防护等网络安全保护机制。

84. 住房公积金综合服务平台的平台安全对数据安全有何要求？

答：住房公积金综合服务平台的平台安全要求建立业务信息的数字签名、数据加密机制和业务数据备份机制，具备完善的数据保护能力。

85. 住房公积金综合服务平台业务安全措施包括哪些方面？

答：住房公积金综合服务平台业务安全措施包括身份认证、操作风险防控、资金风险防控和数据信息安全等方面。

86. 什么是住房公积金综合服务平台运行绩效分析？

答：住房公积金综合服务平台运行绩效分析，即采集和记载各服务渠道运行的数据，掌握系统运行状况，发现异常交易，评价渠道运行效率和用户体验水平。

87. 住房公积金综合服务平台运行绩效分析主要指标有哪些？

答： 住房公积金综合服务平台的运行绩效分析主要指标包括渠道运行指标、用户体验评价指标和分析指标三大类。

88. 住房公积金综合服务平台渠道运行指标包括哪些？

答： 住房公积金综合服务平台渠道运行指标包括渠道访问量、渠道业务占比、业务办理成功率、异常交易率、栏目内容更新量、信息推送量、渠道注册人数、特定渠道活动用户占比和特定渠道用户注册率九项指标。

89. 住房公积金综合服务平台渠道访问量的含义是什么？

答： 住房公积金综合服务平台渠道访问量是指各渠道所提供栏目和服务的访问量。

90. 住房公积金综合服务平台渠道业务占比的含义是什么？

答： 住房公积金综合服务平台渠道业务占比是指单项业务在指定渠道的办理量与总办理量之比。

91. 住房公积金综合服务平台业务办理成功率的含义是什么？

答： 住房公积金综合服务平台业务办理成功率是指各渠道办理成功数与业务办理请求数之比。

92. 住房公积金综合服务平台异常交易率的含义是什么？

答： 住房公积金综合服务平台异常交易率是指各渠道异常交易业务数与业务办理总数之比。

93. 住房公积金综合服务平台栏目内容更新量的含义是什么？

答： 住房公积金综合服务平台栏目内容更新量是指各渠道栏目内容的更新数量。

94. 住房公积金综合服务平台信息推送量的含义是什么？

答： 住房公积金综合服务平台信息推送量是指渠道推送信息的数量。

95. 住房公积金综合服务平台渠道注册人数的含义是什么？

答： 住房公积金综合服务平台渠道注册人数是指各渠道当前注册人数、已关闭注册人数。

96. 住房公积金综合服务平台特定渠道活动用户占比的含义是什么？

答： 住房公积金综合服务平台特定渠道活动用户占比是指办理业务的活动用户数与注册用户总数之比。

97. 住房公积金综合服务平台特定渠道用户注册率的含义是什么？

答： 住房公积金综合服务平台特定渠道用户注册率是指渠道注册用户数与业务系统登记用户总数之比。

98. 住房公积金综合服务平台用户体验评价指标包括哪些内容？

答： 住房公积金综合服务平台用户体验评价指标包括用户满意度和用户投诉率两项指标。

99. 住房公积金综合服务平台用户满意度的含义是什么？

答： 住房公积金综合服务平台用户满意度是指（满意用户数＋基本满意用户数）／参与评价用户数。

100. 住房公积金综合服务平台用户投诉率的含义是什么？

答： 住房公积金综合服务平台用户投诉率是指投诉用户数与业务系统登记用户总数之比。

101. 住房公积金综合服务平台分析指标包括哪些内容？

答： 住房公积金综合服务平台分析指标包括渠道运行信息、业务办理信息、用户信息和咨询投诉热点排序四项指标。

102. 住房公积金综合服务平台渠道运行信息包括哪些内容？

答：住房公积金综合服务平台渠道运行信息包括各渠道的访问数量、办理业务类型、访问用户类型、访问时间段分布等。

103. 住房公积金综合服务平台业务办理信息包括哪些内容？

答：住房公积金综合服务平台业务办理信息是指各业务类型的办理数量、办理成功数、办理失败数、办理时间、渠道分布情况（特定渠道业务办理数／各渠道业务办理总数）、用户分布情况（特定渠道办理业务用户数／各渠道办理业务用户总数）、办理时间段分布等。

104. 住房公积金综合服务平台用户信息包含哪些内容？

答：住房公积金综合服务平台用户信息是指用户人数、年龄信息、性别信息、渠道访问信息、业务办理信息、评价信息。

105. 住房公积金综合服务平台咨询投诉热点排序指什么？

答：住房公积金综合服务平台咨询投诉热点排序是指对知识库热点应自动统计，按照提交日期、回复日期和访问频率等顺序进行筛选排列。

106. 12329 住房公积金热线的服务内容分为哪两类？

答：12329 住房公积金热线的服务内容分为基础服务和扩展服务。

107. 什么是 12329 住房公积金热线基础服务？

答：12329 住房公积金热线基础服务是指所有热线在投入运营后必须具备的服务项目。

108. 12329 住房公积金热线基础服务包括哪些项目？

答：12329 住房公积金热线基础服务以人工语音方式为主，包括业务咨询、投诉建议、回访调查三个项目。

109. 什么是 12329 住房公积金热线扩展服务？

答： 12329 住房公积金热线扩展服务是指各地热线可按自身业务需求和技术条件选择开通的服务项目。

110. 12329 住房公积金热线扩展服务方式有哪些？

答： 12329 住房公积金热线扩展服务以人工语音和自助语音两种方式提供。

111. 12329 住房公积金热线扩展服务的内容是什么？

答： 12329 住房公积金热线扩展服务包括人工语音方式提供的业务查询、业务受理，以及自助语音方式提供的业务指南、业务查询、业务受理。

112. 12329 住房公积金热线服务分为哪几类？

答： 12329 住房公积金热线的热线服务分为人工语音服务和自助语音服务两大类。

113. 12329 住房公积金热线人工语音服务包括哪些内容？

答： 12329 住房公积金热线人工语音服务包括基础服务和扩展服务，自助语音服务为扩展服务。

114. 12329 住房公积金热线提供数据信息查询服务的前置条件是什么？

答： 为保证信息系统安全，12329 住房公积金热线提供数据信息查询服务时，必须先进行身份验证。

115. 住房公积金热线对外服务如何统一接入？

答： 住房公积金热线对外服务号码统一使用"12329"接入。

116. 12329 住房公积金热线自助语音服务时间是多久？

答： 12329 住房公积金热线自助语音服务时间统一为 7×24 小时。

117. 12329 住房公积金热线人工语音服务时间有何要求？

答： 12329 住房公积金热线人工语音服务时间与当地住房公积金管理中心业务办理时间一致。

118. 12329 住房公积金热线工单如何分类？

答： 12329 住房公积金热线客服人员填写工单，并将工单按投诉类、建议类、业务咨询类等进行分类。

119. 12329 住房公积金热线各类工单处理时间有何要求？

答： 12329 住房公积金热线，投诉类工单处理时间不得超过 5 个工作日，建议类工单处理时间不得超过 2 个工作日，业务咨询类工单处理时间不得超过 3 个工作日。

120. 12329 住房公积金热线分级监督管理的总体要求是什么？

答： 12329 住房公积金热线实行部、省、市三级监督管理。

121. 市（地）级 12329 住房公积金热线监督管理的具体要求是什么？

答： 各地住房公积金管理中心对当地热线的日常运营进行监督管理。

122. 省级 12329 住房公积金热线监督管理的具体内容是什么？

答： 各省（自治区）住房和城乡建设厅对所辖各地住房公积金管理中心热线的建设、运营、服务进行监督管理。

123. 住房和城乡建设部如何对全国住房公积金热线进行监督管理？

答： 住房和城乡建设部对全国住房公积金热线的建设、运营、服务进行监督管理。

124. 12329 住房公积金热线统计指标有哪些？

答： 12329 住房公积金热线统计指标有总呼叫量、平均通话时长、接通率、呼损率、平均等待时间和平均话后处理时间六项。

125. 12329 住房公积金热线监管指标有哪些？

答： 12329 住房公积金热线监管指标有投诉率、满意度两项。

126. 12329 住房公积金热线投诉率的含义是什么？

答： 12329 住房公积金热线投诉率等于一段时间内的投诉量除以该段时间内的接听量。投诉率按日、周、月、年统计，不得高于 0.5‰。

127. 12329 住房公积金热线满意度的含义是什么？

答： 12329 住房公积金热线满意度等于一段时间内满意的客户数除以该段时间内接受调研的客户总数。满意度按日、周、月、年统计，不得低于 90%。

128. 住房公积金电子档案管理信息系统运行环境应符合哪些规定？

答： 住房公积金电子档案管理信息系统运行环境应建立完善的网络安全策略，实现内外网隔离，避免数据流失，应符合现行国家标准《信息安全技术 网络安全等级保护基本要求》（GB/T 22239—2019）的规定。

129. 如何以技术手段保障住房公积金电子档案安全？

答： 住房公积金电子档案管理信息系统应记录关键业务过程，按业务需要采用数字签名、数据加密和安全认证等技术手段，以保障电子档案安全，防止电子档案被篡改。

130. 如何保障住房公积金电子档案中涉密信息的安全？

答： 电子档案管理信息系统应保障存储的住房公积金电子档案中涉密信息的安全，保障电子档案所包含的个人信息、单位信息不被泄露、盗用。

131. 住房公积金基础数据是什么？

答：住房公积金基础数据是指住房公积金归集、提取、贷款、财务和结算业务的基本数据集。

132. 什么是住房公积金"双贯标"？

答："双贯标"是指住房公积金行业机构对于《住房公积金基础数据标准》（JGJ/T 320—2014）和住建部《接入住房公积金银行结算数据应用系统接口标准》的贯彻落实情况。

133. 什么是"国密"？

答：国密即国家密码局认定的国产密码算法。主要有 SM1、SM2、SM3、SM4，密钥长度和分组长度均为 128 位。

134. "国密"分为哪些类型？

答：SM1 为对称加密，SM2 为非对称加密，SM3 为消息摘要，SM4 为分组密码算法。

135. 什么是住房公积金小程序？

答：全国住房公积金小程序是住建部组织建设的全国住房公积金移动端官方服务渠道，可以面向全国所有住房公积金缴存人提供账户及明细查询、异地转移接续办理、个人业务授权等服务。

136. 住房公积金小程序平台定位是什么？

答：住房公积金小程序平台定位是统一入口、统一平台、无差别服务。

137. 什么是住房公积金电子签名？

答：住房公积金电子签名指住房公积金表单数据电文中以电子形式所含、所附用于识别签名人身份并表明签名人认可其中内容的数据。

138. 什么是住房公积金流程引擎？

答： 住房公积金流程引擎用来驱动住房公积金业务按既定流程执行，即根据工作流定义的业务规则、政策条件来判断流程执行的方向。

139. 对外提供涉及个人隐私的住房公积金数据资源信息前如何处理？

答： 住房公积金管理机构在为外部单位、外部系统提供涉及个人隐私的数据资源信息前，必须进行脱敏处理。

140. 住房公积金外网综合服务区通过哪些方式验证？

答： 住房公积金外网综合服务区宜通过数字证书、短信验证码及微信消息进行验证。

141. 如何有效防控住房公积金系统操作中的风险？

答： 为有效防控住房公积金系统操作中的风险，需要建立业务操作风险防控机制，包括重要线上业务开通管理、交易权限控制、交易信息核查、账户变动情况提醒、异常交易处置、交易日志记录和审计监督等，确保业务过程合规，业务结果真实。

142. 住房公积金信息化管理的意义是什么？

答： 住房公积金信息化管理加强了住房公积金管理机构与缴存用户的联系，提高了管理效率，降低了管理难度，规避了管理风险，促进了政务公开，有利于统计分析与信息披露。

143. 如何理解住房公积金信息化人才建设？

答： 信息化是以信息技术为核心的管理创新工程，因此需要既懂管理科学又懂信息技术的复合型人才来领导、组织并承担有关信息化规划、设计、实施、运行、管理等系统性工作。住房公积金各级各部门都应该把信息化人才建设当作重要工程来抓，通过引进、培养、激励打造一支结构合理、技术精湛、素质过硬的信息化人才队伍，为住房公积金事业健康可持续发展提供强有力的技术保障。

住房公积金法规政策一览表

序号	文件名	文号	发布部门	实施时间
1	关于工资总额组成的规定	国家统计局令第 1 号	国家统计局	1990 年 1 月 1 日
2	关于住房资金的筹集、使用和管理的暂行规定	财综字〔1992〕31 号	国务院房改领导小组 财政部 建设部	1992 年 3 月 1 日
3	关于印发《军队住房制度改革实施方案》的通知	〔1992〕1 号	中央军委	1992 年 3 月 13 日
4	关于住房制度改革中财政税收政策的若干规定	财综字〔1992〕106 号	财政部	1992 年 6 月 11 日
5	关于深化城镇住房制度改革的决定	国发〔1994〕43 号	国务院	1994 年 7 月 18 日
6	关于建立住房公积金制度的暂行规定	财综字〔1994〕126 号	财政部 中国人民银行 国务院房改领导小组	1994 年 11 月 23 日
7	关于政策性住房信贷业务管理暂行规定	银发〔1994〕313 号	中国人民银行 财政部 国务院房改领导小组	1994 年 12 月 1 日
8	贷款通则	中国人民银行令第 2 号	中国人民银行	1996 年 8 月 1 日
9	关于转发国务院住房制度改革领导小组关于加强住房公积金管理的意见的通知	国办发〔1996〕35 号	国务院办公厅	1996 年 8 月 8 日
10	关于住房公积金、医疗保险金、养老保险金征收个人所得税问题的通知	财税字〔1997〕144 号	财政部 税务总局	1998 年 1 月 1 日
11	关于颁布《个人住房贷款管理办法》的通知	银发〔1998〕190 号	中国人民银行	1998 年 5 月 9 日
12	关于进一步深化城镇住房制度改革加快住房建设的通知	国发〔1998〕23 号	国务院	1998 年 7 月 3 日

（续表）

序号	文件名	文号	发布部门	实施时间
13	关于印发《人民币利率管理规定》的通知	银发〔1999〕77号	中国人民银行	1999年3月3日
14	住房公积金管理条例	国务院令第262号	国务院	1999年4月3日
15	关于印发《住房公积金财务管理办法》的通知	财综字〔1999〕59号	财政部	1999年7月1日
16	关于印发《进一步深化军队住房制度改革方案》的通知	〔1999〕19号	中央军委	1999年9月20日
17	关于调整个人住房公积金存、贷款期限和利率等问题的通知	银传〔1999〕45号	中国人民银行建设部	1999年9月21日
18	关于住房公积金、医疗保险金、基本养老保险金、失业保险金个人账户存款利息所得免征个人所得税的通知	财税字〔1999〕267号	财政部税务总局	1999年10月8日
19	关于住房公积金财务管理补充规定的通知	财综字〔1999〕149号	财政部	1999年10月9日
20	关于印发《住房公积金会计核算办法》的通知	财会字〔1999〕33号	财政部	2000年1月1日
21	关于印发《住房公积金会计核算办法补充规定》的通知	财会字〔2000〕12号	财政部	2000年6月13日
22	关于加强对住房公积金建设项目贷款和单位贷款清理回收意见的通知	建房改〔2000〕225号	建设部	2000年10月10日
23	关于住房公积金管理中心有关税收政策的通知	财税〔2000〕94号	财政部税务总局	2000年10月10日
24	关于纠正住房公积金管理中心兴办经济实体、投资、参股问题的通知	建房改〔2001〕35号	建设部	2001年2月5日
25	关于修改《城市房地产抵押管理办法》的决定	建设部令第98号	建设部	2001年8月15日
26	关于降低个人住房公积金贷款利率的通知	银发〔2002〕57号	中国人民银行	2002年3月1日
27	关于进一步加强住房公积金管理的通知	国发〔2002〕12号	国务院	2002年5月13日

（续表）

序号	文件名	文号	发布部门	实施时间
28	关于严禁在住房公积金管理机构调整工作中发生违纪违法行为的通知	建房改〔2002〕110号	建设部 财政部 中国人民银行 监察部 审计署 中编办	2002年5月14日
29	关于完善住房公积金决策制度的意见	建房改〔2002〕149号	建设部 财政部 中国人民银行 中编办 经贸委 监察部 劳动部 审计署 法制办 总工会	2002年6月19日
30	关于住房公积金管理机构调整工作的实施意见	建房改〔2002〕150号	建设部 财政部 中国人民银行 中编办 经贸委 监察部 劳动部 审计署 总工会	2002年6月19日
31	关于认真做好工会参与建立住房公积金制度工作的通知	总工发〔2002〕16号	全国总工会	2002年6月21日
32	关于建立全国住房公积金监督管理信息系统有关问题的通知	建科函〔2002〕147号	建设部	2002年6月24日
33	关于加强住房公积金信贷业务管理的通知	银发〔2002〕247号	中国人民银行	2002年8月15日
34	关于印发《全国住房公积金监督管理信息系统数据接口标准（试行）》及《全国住房公积金监督管理信息系统需求说明》的通知	建办科函〔2002〕398号	建设部	2002年9月10日
35	关于转发国家经贸委等部门关于解决国有困难企业和关闭破产企业职工基本生活问题若干意见的通知	国办发〔2003〕2号	国务院办公厅	2003年1月7日
36	关于住房公积金管理中心职责和内部授权管理的指导意见	建金管〔2003〕70号	建设部 财政部 中国人民银行	2003年4月3日
37	关于进一步加强房地产信贷业务管理的通知	银发〔2003〕121号	中国人民银行	2003年6月5日
38	关于居民个人住房公积金存款账户日常销户结清时的利率适用和计结息方式的通知	银发〔2003〕122号	中国人民银行	2003年6月9日

（续表）

序号	文件名	文号	发布部门	实施时间
39	关于加快建设全国住房公积金监督管理信息系统工作有关问题的通知	建办金管〔2003〕42 号	建设部	2003 年 7 月 22 日
40	关于促进房地产市场持续健康发展的通知	国发〔2003〕18 号	国务院	2003 年 8 月 12 日
41	关于加快推进住房公积金管理机构调整工作的通知	铁政法函〔2003〕460 号	铁道部	2003 年 10 月 27 日
42	军队住房公积金管理规定	后字〔2003〕第 6 号	解放军总后勤部	2003 年 12 月 27 日
43	关于印发《住房公积金行政监督办法》的通知	建金管〔2004〕34 号	建设部 财政部 中国人民银行 银监会	2004 年 5 月 1 日
44	关于对使用住房公积金购买国债情况进行自查自纠的通知	建金管〔2004〕122 号	建设部	2004 年 7 月 15 日
45	关于印发《商业银行房地产贷款风险管理指引》的通知	银监发〔2004〕57 号	银监会	2004 年 8 月 30 日
46	关于印发《全国住房公积金监督管理信息系统管理暂行办法》的通知	建金管〔2004〕173 号	建设部	2004 年 10 月 11 日
47	关于住房公积金管理若干具体问题的指导意见	建金管〔2005〕5 号	建设部 财政部 中国人民银行	2005 年 1 月 7 日
48	关于调整商业银行住房信贷政策和超额准备金存款利率的通知	银发〔2005〕61 号	中国人民银行	2005 年 3 月 16 日
49	关于住房公积金有关利率政策调整的通知	建办金管〔2005〕18 号	建设部	2005 年 3 月 18 日
50	关于人民币存贷款计结息问题的通知	银发〔2005〕129 号	中国人民银行	2005 年 5 月 27 日
51	关于印发《住房公积金管理中心业务管理工作考核办法（试行）》的通知	建金管〔2005〕123 号	建设部 财政部	2005 年 7 月 18 日
52	关于加快做好住房公积金管理机构调整工作的通知	建金管函〔2005〕284 号	建设部	2005 年 9 月 16 日
53	关于加强住房公积金财政监督管理的通知	财综〔2005〕52 号	财政部	2005 年 12 月 6 日
54	关于规范与银行信贷业务相关的房地产抵押估价管理有关问题的通知	建住房〔2006〕8 号	建设部 银监会 中国人民银行	2006 年 1 月 13 日

（续表）

序号	文件名	文号	发布部门	实施时间
55	关于中央企业严格执行国家住房制度改革政策有关问题的通知	国资厅发分配〔2006〕3号	国务院国资委	2006年1月24日
56	关于解决农民工问题的若干意见	国发〔2006〕5号	国务院	2006年1月31日
57	关于印发《住房公积金呆账核销管理暂行办法》的通知	财综〔2006〕10号	财政部	2006年2月27日
58	关于住房公积金管理几个具体问题的通知	建金管〔2006〕52号	建设部 财政部 中国人民银行	2006年3月13日
59	关于因公外派人员住房公积金问题的通知	建金管〔2006〕95号	建设部 财政部 人事部 外交部	2006年4月10日
60	关于个人住房公积金信用信息共享方案的通知	建金管〔2006〕104号	建设部 中国人民银行	2006年5月5日
61	关于调整住房信贷政策有关事宜的通知	银发〔2006〕184号	中国人民银行	2006年5月31日
62	关于基本养老保险费、基本医疗保险费、失业保险费、住房公积金有关个人所得税政策的通知	财税〔2006〕10号	财政部 税务总局	2006年6月27日
63	关于切实贯彻《住房公积金管理条例》加强整改工作的通知	建金管〔2006〕190号	建设部 财政部 中国人民银行 监察部	2006年7月31日
64	关于加强住房公积金管理等有关问题的通知	财综〔2006〕38号	财政部	2006年9月5日
65	关于调整移交铁路行业住房公积金管理机构的通知	建金管〔2006〕324号	建设部 财政部 中国人民银行 中编办 铁道部	2006年12月30日
66	关于印发《货款风险分类指引》的通知	银监发〔2007〕54号	银监会	2007年4月3日
67	关于对职工住房公积金能否强制执行函	建法函〔2007〕125号	建设部	2007年4月10日
68	关于解决城市低收入家庭住房困难的若干意见	国发〔2007〕24号	国务院	2007年8月7日
69	关于进一步规范住房公积金管理信息公开工作的意见	建金管〔2007〕222号	建设部	2007年9月10日

（续表）

序号	文件名	文号	发布部门	实施时间
70	关于印发《廉租住房保障资金管理办法》的通知	财综〔2007〕64号	财政部	2007年10月30日
71	关于印发《经济适用住房管理办法》的通知	建住房〔2007〕258号	建设部 发改委 监察部 财政部 国土资源部 中国人民银行 国家税务总局	2007年11月19日
72	廉租住房保障办法	建设部令第162号	建设部 发改委 监察部 民政部 财政部 国土资源部 中国人民银行 国家税务总局 统计局	2007年12月1日
73	关于加强商业性房地产信贷管理的补充通知	银发〔2007〕452号	中国人民银行 银监会	2007年12月5日
74	关于在住房公积金管理中使用组织机构代码的通知	建保〔2008〕33号	建设部 质监总局	2008年2月13日
75	关于加强住房公积金管理专项治理工作的实施意见	建保〔2008〕93号	住建部 国务院纠风办 监察部 财政部 中国人民银行 审计署 银监会	2008年5月20日
76	关于促进房地产市场健康发展的若干意见	国办发〔2008〕131号	国务院办公厅	2008年12月20日
77	关于加强稽查执法工作的若干意见	建稽〔2009〕60号	住建部	2009年4月17日
78	关于进一步加强按揭贷款风险管理的通知	银监发〔2009〕59号	银监会	2009年6月19日
79	关于进一步规范住房公积金统计数据报送工作的通知	建办金函〔2009〕691号	住建部	2009年8月11日
80	关于利用住房公积金贷款支持保障性住房建设试点工作的实施意见	建金〔2009〕160号	住建部 财政部 发改委 中国人民银行 监察部 审计署 银监会	2009年10月15日
81	住房公积金文明行业标准	建文明委〔2009〕1号	住建部	2009年11月10日

（续表）

序号	文件名	文号	发布部门	实施时间
82	关于大力开展住房公积金文明行业创建活动的通知	建办金函〔2009〕1025号	住建部	2009年12月7日
83	关于促进房地产市场平稳健康发展的通知	国办发〔2010〕4号	国务院办公厅	2010年1月7日
84	利用住房公积金发放保障性住房建设贷款财务管理办法	财综〔2010〕12号	财政部	2010年3月3日
85	关于坚决遏制部分城市房价过快上涨的通知	国发〔2010〕10号	国务院	2010年4月17日
86	关于规范商业性个人住房贷款中第二套住房认定标准的通知	建房〔2010〕83号	住建部 中国人民银行 银监会	2010年5月26日
87	关于进一步做好军队文职人员住房公积金管理工作的通知	后财〔2010〕433号	住建部 解放军总后勤部	2010年6月2日
88	关于加快发展公共租赁住房的指导意见	建保〔2010〕87号	住建部 发改委 财政部 国土资源部 中国人民银行 国家税务总局 银监会	2010年6月8日
89	关于做好利用住房公积金贷款支持保障性住房建设试点工作的通知	建金〔2010〕100号	住建部 财政部 发改委 中国人民银行 审计署 银监会	2010年6月13日
90	关于印发《利用住房公积金支持保障性住房建设试点项目贷款管理办法》的通知	建金〔2010〕101号	住建部 财政部 中国人民银行 银监会	2010年6月28日
91	关于试行住房公积金督察员制度的意见	建稽〔2010〕102号	住建部 财政部 发改委 中国人民银行 审计署 银监会	2010年6月28日
92	关于发布国家标准《住房公积金支持保障性住房建设项目贷款业务规范》的公告	住建部公告第684号	住建部	2010年7月19日
93	关于印发《住房公积金督察员管理暂行办法》的通知	建稽〔2010〕139号	住建部	2010年9月7日

（续表）

序号	文件名	文号	发布部门	实施时间
94	关于印发《利用住房公积金发放保障性住房建设项目贷款相关业务会计核算办法》的通知	财会〔2010〕18 号	财政部	2010 年 9 月 27 日
95	关于保障性安居工程资金使用管理有关问题的通知	财综〔2010〕95 号	财政部 发改委住建部	2010 年 10 月 26 日
96	关于规范住房公积金个人住房贷款政策有关问题的通知	建金〔2010〕179 号	住建部 财政部中国人民银行银监会	2010 年 11 月 2 日
97	关于加强和改进住房公积金服务工作的通知	建金〔2011〕9 号	住建部 财政部中国人民银行银监会	2011 年 1 月 19 日
98	关于进一步做好房地产市场调控工作有关问题的通知	国办发〔2011〕1 号	国务院办公厅	2011 年 1 月 26 日
99	利用住房公积金贷款支持保障性住房建设试点巡查工作规程	建稽〔2011〕85 号	住建部	2011 年 6 月 23 日
100	关于抓紧部署数据镜像容灾网络，加快住房公积金监管系统建设工作的通知	建金督函〔2011〕094 号	住建部	2011 年 9 月 1 日
101	关于保障性安居工程建设和管理的指导意见	国办发〔2011〕45 号	国务院办公厅	2011 年 9 月 28 日
102	关于加强住房公积金廉政风险防控工作的通知	建金〔2011〕170 号	住建部 财政部监察部 审计署国务院纠风办中国人民银行银监会	2011 年 10 月 13 日
103	关于军队职工住房公积金管理有关问题的通知	后财〔2011〕865 号	住建部解放军总后勤部	2011 年 12 月 31 日
104	关于印发《违规发放津贴补贴行为适用〈中国共产党纪律处分条例〉若干问题的解释》的通知	中纪发〔2012〕4 号	中纪委	2012 年 2 月 4 日
105	关于进一步加强住房公积金监管工作的通知	建金〔2012〕10 号	住建部	2012 年 2 月 6 日
106	关于扩大利用住房公积金贷款支持保障性住房建设试点范围的通知	建金〔2012〕36 号	住建部 财政部发改委中国人民银行监察部 审计署银监会	2012 年 3 月 9 日

（续表）

序号	文件名	文号	发布部门	实施时间
107	关于进一步做好纠正住房公积金管理中心兴办经济实体、投资、参股问题的通知	建金〔2012〕78号	住建部	2012年5月16日
108	关于做好扩大利用住房公积金贷款支持保障性住房建设试点范围工作的通知	建金〔2012〕130号	住建部 财政部 中国人民银行	2012年9月4日
109	关于印发《外国人在中国永久居留享有相关待遇的办法》的通知	人社部发〔2012〕53号	中组部 人社部 公安部等25部门	2012年9月25日
110	关于开通12329住房公积金热线的通知	建金〔2012〕143号	住建部	2012年9月28日
111	关于开展住房公积金管理机构调整情况专项检查工作的通知	建办金函〔2012〕611号	住建部	2012年10月18日
112	关于批准发布《住房公积金管理业务用房建设标准》的通知	建标〔2012〕137号	住建部 发改委	2012年11月1日
113	关于聘任第二批住房公积金督察员的通知	建稽〔2012〕188号	住建部 财政部 发改委 中国人民银行 审计署 银监会	2012年12月17日
114	关于向试点城市派出住房公积金督察员巡查组的通知	建办稽函〔2013〕48号	住建部	2013年1月24日
115	关于继续做好房地产市场调控工作的通知	国办发〔2013〕17号	国务院办公厅	2013年2月26日
116	关于安徽省高级人民法院关于强制划拨被执行人住房公积金问题的请示报告的批复	（2013）执他字第14号	最高人民法院	2013年7月31日
117	关于开展加强和改进住房公积金服务专项督查工作的通知	建办金函〔2014〕394号	住建部	2014年7月11日
118	关于进一步做好住房金融服务工作的通知	银发〔2014〕287号	中国人民银行 银监会	2014年9月29日
119	关于发布行业标准《住房公积金基础数据标准》的公告	住建部公告第352号	住建部	2014年10月1日
120	关于发展住房公积金个人住房贷款业务的通知	建金〔2014〕148号	住建部 财政部 中国人民银行	2014年10月9日

（续表）

序号	文件名	文号	发布部门	实施时间
121	关于下调金融机构人民币贷款及存款基准利率并进一步推进利率市场化改革的通知	银发〔2014〕348号	中国人民银行	2014年11月21日
122	关于贯彻落实住房公积金基础数据标准的通知	建办金〔2014〕51号	住建部	2014年12月9日
123	关于开通12329住房公积金短消息服务的通知	建金〔2014〕187号	住建部	2014年12月26日
124	关于印发《银行业金融机构协助人民检察院公安机关国家安全机关查询冻结工作规定》的通知	银监发〔2014〕53号	银监会 高检院 公安部 安全部	2014年12月29日
125	关于对住房公积金服务专项检查情况的通报	建办金函〔2015〕42号	住建部	2015年1月16日
126	关于放宽提取住房公积金支付房租条件的通知	建金〔2015〕19号	住建部 财政部 中国人民银行	2015年1月20日
127	关于健全住房公积金信息披露制度的通知	建金〔2015〕26号	住建部 财政部 中国人民银行	2015年2月6日
128	关于印发《地方政府一般债券发行管理暂行办法》的通知	财库〔2015〕64号	财政部	2015年3月12日
129	关于个人住房贷款政策有关问题的通知	银发〔2015〕98号	中国人民银行 住建部 银监会	2015年3月30日
130	关于调整个人住房转让营业税政策的通知	财税〔2015〕39号	财政部 国家税务总局	2015年3月30日
131	关于住房公积金使用效率督促检查情况的通报	建办金函〔2015〕407号	住建部	2015年5月18日
132	关于印发《军人住房公积金贷款管理办法》的通知		解放军总后勤部	2015年8月1日
133	关于调整住房公积金个人住房贷款购房最低首付款比例的通知	建金〔2015〕128号	住建部 财政部 中国人民银行	2015年8月27日
134	关于住房公积金异地个人住房贷款有关操作问题的通知	建金〔2015〕135号	住建部	2015年9月15日
135	关于切实提高住房公积金使用效率的通知	建金〔2015〕150号	住建部 财政部 中国人民银行	2015年9月29日
136	关于按照中国人民银行规定实施住房公积金存款利率调整的通知	建金〔2015〕168号	住建部	2015年10月27日

序号	文件名	文号	发布部门	实施时间
137	关于加快建设住房公积金综合服务平台的通知	建金〔2016〕14 号	住建部	2016 年 1 月 12 日
138	关于完善职工住房公积金账户存款利率形成机制的通知	银发〔2016〕43 号	中国人民银行 住建部 财政部	2016 年 2 月 17 日
139	关于规范和阶段性适当降低住房公积金缴存比例的通知	建金〔2016〕74 号	住建部 发改委 财政部 中国人民银行	2016 年 4 月 23 日
140	关于加快培育和发展住房租赁市场的若干意见	国办发〔2016〕39 号	国务院办公厅	2016 年 5 月 17 日
141	关于印发住房公积金信息化建设导则的通知	建金〔2016〕124 号	住建部	2016 年 6 月 17 日
142	关于发布《住房公积金信息系统技术规范》的公告	住建部公告第 1083 号	住建部	2016 年 7 月 1 日
143	关于严格执行规范和阶段性适当降低住房公积金缴存比例政策的通知	建金政函〔2016〕73 号	住建部	2016 年 9 月 2 日
144	关于印发《推动 1 亿非户籍人口在城市落户方案》的通知	国办发〔2016〕72 号	国务院办公厅	2016 年 9 月 30 日
145	关于住房公积金异地个人住房贷款若干具体问题的通知	建金〔2016〕230 号	住建部	2016 年 10 月 26 日
146	关于不动产登记收费标准等有关问题的通知	发改价格规〔2016〕2559 号	发改委 财政部	2016 年 12 月 6 日
147	关于正式启用全国住房公积金异地转移接续平台的通知	建金服函〔2017〕23 号	住建部	2017 年 3 月 20 日
148	关于对住房公积金廉政风险防控抽查情况的通报	建办金函〔2017〕189 号	住建部	2017 年 3 月 21 日
149	关于印发《失信被执行人信用监督、警示和惩戒机制建设分工方案》的通知	建办厅〔2017〕32 号	住建部	2017 年 4 月 24 日
150	关于保持住房公积金业务平稳运行有关问题的通知	建办金〔2017〕47 号	住建部	2017 年 7 月 18 日
151	关于规范使用全国住房公积金异地转移接续平台办理异地转移接续业务的通知	建金服函〔2017〕86 号	住建部	2017 年 7 月 28 日

（续表）

序号	文件名	文号	发布部门	实施时间
152	关于在内地（大陆）就业的港澳台同胞享有住房公积金待遇有关问题的意见	建金〔2017〕237号	住建部　财政部中国人民银行国务院港澳办国务院台办	2017年11月28日
153	关于进一步加快住房公积金基础数据标准贯彻落实和结算应用系统接入工作的通知	建办金〔2017〕74号	住建部	2017年12月13日
154	关于维护住房公积金缴存职工购房贷款权益的通知	建金〔2017〕246号	住建部　财政部中国人民银行国土资源部	2017年12月13日
155	关于湖南、广西、江西住房公积金行业落实"放管服"改革情况的通报	建金服函〔2018〕49号	住建部	2018年4月9日
156	关于改进住房公积金缴存机制进一步降低企业成本的通知	建金〔2018〕45号	住建部　财政部中国人民银行	2018年4月28日
157	关于开展治理违规提取住房公积金工作的通知	建金〔2018〕46号	住建部　财政部中国人民银行　公安部	2018年5月2日
158	关于开展住房公积金政策执行情况检查及风险隐患排查的通知	建办金函〔2018〕284号	住建部	2018年6月8日
159	关于进一步落实住房公积金降成本政策的通知	建金政函〔2018〕181号	住建部	2018年11月23日
160	关于军队文职人员住房公积金管理有关问题的通知	军后财〔2018〕527号	住建部军委后勤保障部	2018年11月27日
161	关于加强住房公积金个人信息安全管理的通知	建金信函〔2019〕9号	住建部	2019年1月29日
162	关于全面开展住房公积金电子稽查工作的通知	建办金函〔2019〕297号	住建部	2019年5月7日
163	关于建立健全住房公积金综合服务平台的通知	建金〔2019〕57号	住建部	2019年5月9日
164	关于加快推进全国住房公积金转移接续平台直连工作的通知	建金服函〔2019〕61号	住建部	2019年6月3日
165	关于做好优化营商环境改革举措复制推广借鉴工作的通知	国办函〔2019〕89号	国务院办公厅	2019年9月3日
166	关于取消部分部门规章和规范性文件设定的证明事项的决定	建法规〔2019〕6号	住建部	2019年9月16日

序号	文件名	文号	发布部门	实施时间
167	关于军队专业技能岗位文职人员住房公积金缴存管理有关问题的通知	军后财〔2019〕553号	住建部 军委后勤保障部	2019年10月18日
168	关于应对新型冠状病毒感染的肺炎疫情做好住房公积金管理服务工作的通知	建办金函〔2020〕71号	住建部	2020年2月18日
169	关于妥善应对新冠肺炎疫情实施住房公积金阶段性支持政策的通知	建金〔2020〕23号	住建部 财政部 中国人民银行	2020年2月21日
170	关于进一步优化企业开办服务的通知	国市监注〔2020〕129号	国家市场监督管理局 发改委 公安部 人社部 住建部 国家税务总局	2020年8月5日
171	关于做好住房公积金服务"跨省通办"工作的通知	建办金〔2020〕53号	住建部	2020年11月5日
172	关于做好全国住房公积金小程序上线运行的通知	建办金函〔2021〕144号	住建部	2021年3月31日
173	关于启用全国住房公积金服务标识的公告	住建部2021年第116号	住建部	2021年7月1日
174	关于转发陕西省建立"四清一责任"工作机制防控化解贷款逾期风险有关做法的函	建司局函金〔2021〕46号	住建部	2021年7月10日
175	关于印发落实"我为群众办实事"实践活动工作部署推进住房公积金高频服务事项"跨省通办"实施方案的通知	建司局函金〔2021〕50号	住建部	2021年8月13日
176	关于印发《住房公积金统计管理办法》的通知	建金〔2021〕64号	住建部	2021年9月2日
177	关于印发住房公积金个人住房贷款逾期管理工作典型经验的函	建司局函金〔2021〕81号	住建部	2021年12月17日
178	关于印送天津等地住房公积金个人住房贷款管理工作办法的函	建司局函金〔2021〕82号	住建部	2021年12月28日
179	关于印发《全国住房公积金服务标识使用管理办法》的通知	建办金〔2022〕3号	住建部	2022年1月27日

（续表）

序号	文件名	文号	发布部门	实施时间
180	关于做好征信信息共享接入准备工作的通知	建司局函金〔2022〕5号	住建部	2022年1月27日
181	关于转发北京广州等地防范住房公积金存单质押风险相关措施的函	建司局函金〔2022〕20号	住建部	2022年4月12日
182	关于印发《"惠民公积金、服务暖人心"全国住房公积金系统服务提升三年行动实施方案（2022—2024）》的通知	建办金〔2022〕55号	住建部	2022年5月16日
183	关于实施住房公积金阶段性支持政策的通知	建金〔2022〕45号	住建部 财政部 中国人民银行	2022年5月20日
184	关于做好征信信息共享有关工作的通知	建办金函〔2022〕229号	住建部	2022年6月27日
185	关于印发《住房公积金统计调查制度》的通知	建办金函〔2022〕268号	住建部	2022年7月15日

参 考 文 献

[1] 《住房公积金管理条例》（1999 年 4 月 3 日中华人民共和国国务院令第 262 号发布 . 根据 2002 年 3 月 24 日《国务院关于修改〈住房公积金管理条例〉的决定》和 2019 年 3 月 24 日《国务院关于修改部分行政法规的决定》修订）.

[2] 《中华人民共和国民法典》（2020 年 5 月 28 日第十三届全国人民代表大会第三次会议通过）.

[3] 《中华人民共和国会计法》（1985 年 1 月 21 日第六届全国人民代表大会常务委员会第九次会议通过 . 根据 1993 年 12 月 29 日第八届全国人民代表大会常务委员会第五次会议《关于修改〈中华人民共和国会计法〉的决定》第一次修正，1999 年 10 月 31 日第九届全国人民代表大会常务委员会第十二次会议修订，根据 2017 年 11 月 4 日第十二届全国人民代表大会常务委员会第三十次会议《关于修改〈中华人民共和国会计法〉等十一部法律的决定》第二次修正）.

[4] 《中华人民共和国档案法》（1987 年 9 月 5 日第六届全国人大常委会第二十二次会议通过 . 根据 1996 年 7 月 5 日第八届全国人民代表大会常务委员会第二十次会议《关于修改〈中华人民共和国档案法〉的决定》第一次修正，根据 2016 年 11 月 7 日第十二届全国人民代表大会常务委员会第二十四次会议《关于修改〈中华人民共和国对外贸易法〉等十二部法律的决定》第二次修正，2020 年 6 月 20 日第十三届全国人民代表大会常务委员会第十九次会议修订）.

[5] 《中华人民共和国行政处罚法》（1996 年 3 月 17 日第八届全国人民代表大会第四次会议通过 . 根据 2009 年 8 月 27 日第十一届全国人民代表大会

常务委员会第十次会议《关于修改部分法律的决定》第一次修正，根据2017年9月1日第十二届全国人民代表大会常务委员会第二十九次会议《关于修改〈中华人民共和国法官法〉等八部法律的决定》第二次修正，2021年1月22日第十三届全国人民代表大会常务委员会第二十五次会议修订）.

[6] 《中华人民共和国行政强制法》（2011年6月30日第十一届全国人民代表大会常务委员会第二十一次会议通过）.

[7] 中华人民共和国住房和城乡建设部，中华人民共和国国家质量监督检验检疫总局. 住房公积金归集业务标准：GB/T 51271—2017[S]. 北京：中国建筑工业出版社，2017.

[8] 中华人民共和国住房和城乡建设部，国家市场监督管理总局. 住房公积金提取业务标准：GB/T 51353—2019[S]. 北京：中国建筑工业出版社，2019.

[9] 中华人民共和国住房和城乡建设部，中华人民共和国国家质量监督检验检疫总局. 住房公积金个人住房贷款业务规范：GB/T 51267—2017[S]. 北京：中国建筑工业出版社，2017.

[10] 中华人民共和国住房和城乡建设部，中华人民共和国国家质量监督检验检疫总局. 住房公积金支持保障性住房建设项目贷款业务规范：GB/T 50626—2010[S]. 北京：中国建筑工业出版社，2010.

[11] 中华人民共和国住房和城乡建设部. 住房公积金资金管理业务标准：JGJ/T 474—2019[S]. 北京：中国建筑工业出版社，2019.

[12] 中华人民共和国住房和城乡建设部. 住房公积金基础数据标准：JGJ/T 320—2014[S]. 北京：中国建筑工业出版社，2014.

[13] 中华人民共和国住房和城乡建设部. 住房公积金信息系统技术规范：JGJ/T 388—2016[S]. 北京：中国建筑工业出版社，2016.

[14] 中华人民共和国住房和城乡建设部. 住房公积金管理人员职业标准：JGJ/T 407—2017[S]. 北京：中国建筑工业出版社，2017.

[15] 中华人民共和国住房和城乡建设部，中华人民共和国国家发展和改革委员会. 住房公积金管理业务用房建设标准：建标162—2012[S]. 北京：中国计划出版社，2012.

[16] 中华人民共和国住房和城乡建设部.住房公积金业务档案管理标准：JGJ/T 495—2022[S].北京：中国建筑工业出版社，2022.

[17] 建设部住房制度改革办公室，国务院法制办农林资源环保司，建设部政策法规司.住房公积金管理条例释义 [M].北京：中国物价出版社，1999.

[18] 最高人民法院执行局.人民法院办理执行案件规范 [M].北京：人民法院出版社，2017.

[19] 李锋.住房公积金发展史 [M].北京：中国建筑工业出版社，2016.

[20] 王战洪.中国住房公积金改革发展报告 [M].秦皇岛：燕山大学出版社，2014.

[21] 李海霞，何欣华.中国住房公积金概览 [M].西安：西北大学出版社，2015.

[22] 住房城乡建设部住房公积金监管司，西南财经大学中国家庭金融调查与研究中心.政策性住房金融制度比较研究 [M].北京：中国建筑工业出版社，2018.

[23] 种占信，刘玉红，王战洪.住房公积金财务会计 [M].秦皇岛：燕山大学出版社，2021.

[24] 张红英，陈东.中国内部审计准则 [M].上海：立信会计出版社，2007.

[25] 深圳市住房公积金管理中心.深圳住房公积金创新与实践 [M].广西：广西师范大学出版社，2018.

[26] 罗豪才，湛中乐.行政法学 [M].北京：北京大学出版社，2005.

[27] 中国网络安全产业联盟.中国网络安全产业分析报告 [R].北京：中国网络安全产业联盟，2021.

[28] 国家计算机网络应急技术处理协调中心.2020 年中国互联网网络安全报告 [R].北京：国家计算机网络应急技术处理协调中心，2020.

[29] 中国信息通信研究院安全研究所.数据安全技术与产业发展研究报告 [R].北京：中国信息通信研究院安全研究所，2021.

[30] 中华人民共和国住房和城乡建设部.《住房公积金信息化建设导则》（建金〔2016〕124 号，2016 年 6 月 17 日）.

[31] 中华人民共和国住房和城乡建设部.《住房公积金综合服务平台建设导则》

（建金〔2016〕14 号，2016 年 1 月 12 日）.

[32] 中华人民共和国住房和城乡建设部 .《12329 住房公积金热线服务导则》
（建金〔2012〕143 号，2012 年 9 月 28 日）.

[33] 中华人民共和国住房和城乡建设部 .《全国住房公积金数据平台接入技术
方案》（建金信函〔2019〕7 号，2019 年 5 月 19 日）.

[34] 中华人民共和国建设部 .《城市房地产抵押管理办法》（建设部令第 98 号，
2001 年 8 月 15 日）.

[35] 中国人民银行 .《贷款通则》（中国人民银行令第 2 号，1996 年 6 月 28 日）.

[36] 中国人民银行 .《个人住房贷款管理办法》（银发〔1998〕190 号，1998
年 5 月 9 日）.

[37] 中华人民共和国财政部 .《住房公积金财务管理办法》（财综字〔1999〕
59 号，1999 年 5 月 26 日）.

[38] 中华人民共和国财政部 .《住房公积金会计核算办法》（财会字〔1999〕
33 号，1999 年 12 月 4 日）.

[39] 中华人民共和国财政部 .《住房公积金呆账核销管理暂行办法》（财综〔
2006〕10 号，2006 年 1 月 27 日）.

[40] 中国银行业监督管理委员会 .《贷款风险分类指引》（银监发〔2007〕54 号，
2007 年 7 月 3 日）.

[41] 中华人民共和国财政部 .《利用住房公积金发放保障性住房建设项目贷款
相关业务会计核算办法》（财会〔2010〕18 号，2010 年 9 月 27 日）.

[42] 中华人民共和国财政部，国家档案局 .《会计档案管理办法》（财政部令
第 79 号，2016 年 1 月 1 日）.

[43] 国务院 .《关于建立完善守信联合激励和失信联合惩戒制度加快推进社会
诚信建设的指导意见》（国发〔2016〕33 号，2016 年 5 月 30 日）.

[44] 中共中央办公厅，国务院办公厅 .《关于推行法律顾问制度和公职律师公
司律师制度的意见》（中办发〔2016〕30 号，2016 年 6 月 16 日）.

[45] 中华人民共和国财政部 .《关于进一步加强财政部门和预算单位资金存放
管理的指导意见》（财库〔2017〕76 号，2017 年 3 月 31 日）.

[46] 国家档案局 .《机关档案管理规定》（国家档案局令第 13 号，2019 年 1

月 1 日）．

[47] 中华人民共和国财政部 .《会计基础工作规范》（财政部令第 98 号，2019
年 3 月 4 日）．

[48] 中国人民银行 .《人民币银行结算账户管理办法》（中国人民银行令第 5
号，2003 年 4 月 10 日）．

[49] 中华人民共和国住房和城乡建设部 .《住房公积金统计管理办法》（建金
〔2021〕64 号，2021 年 9 月 2 日）．

[50] 中华人民共和国住房和城乡建设部，国家统计局 .《住房公积金统计调查
制度》（建办金函〔2022〕268 号，2022 年 7 月 15 日）．

后　记

　　编写一部住房公积金知识手册，是我们的夙愿，也是广大从业人员的呼声。多年来，各地为了满足培训和继续教育的需要，编写了一些住房公积金知识汇编，但都比较简单，系统性不够，也不够全面，基本上着眼于内部培训需要，通用性、权威性、阐释性不强。鉴于此，我们组织行业专家学者，按照业务种类，经过学习、提炼、汇总、讨论，编写了这部《住房公积金知识手册》。

　　全书分为12个部分，包括综合知识、归集业务、提取业务、贷款业务、核算业务、资金管理、委托银行业务、风险防控、行政执法、统计与信息公开、档案管理、信息化建设等内容，1500个知识点，按照条目分编，采取一问一答的形式进行阐释，以便于读者阅读。本着严谨细致、实用为本、通俗易懂的原则，对于每个问题的解答，我们严格按照法律法规、国家政策、规范标准的原文予以作答。对于没有国家统一规定的内容，我们根据各地通用做法，给出一般通行性建议，供从业人员在实践中参考。对于综合性知识，我们在参考国内外专家学者已有成果的基础上，进行整理提炼和进一步创作，并经过专家审定，力求提供一个客观明晰、较为权威的答案。书后，我们还整理了住房公积金法规政策一览表，便于读者掌握备查。

　　住房公积金制度诞生30多年来，已经发展成为一个较为成熟的住房保障与住房政策性金融制度，业务规范和标准体系基本完善，管理水平和从业人员素质有了很大提高。2022年，住建部在全国部署了住房公积金行业服务提升"三年行动"，推动住房公积金管理中心体检评估工作，着手开展住房公积金从业人员素质能力提升和系列培训。相信这部知识手册的出版，对于住房公积金从业人员素质提升和服务水平的提高，对于住房公积金行业的规范化建设，会具有一定的促进作用。本书既考虑到新入职人员的入门教育需要，更着眼于广大从业人员的系统性知识提高和能力提升，也兼顾社会面知识普及，便于社会各界进一步了解住房公积金，可以作为各级管理机构入职教育、业务培训、职业素质提升的基本参考资料和教材，也可以作为住房公积金知识工具书使用。

本书在编写过程中，参考了国内外有关专家学者的成果资料，在此表示衷心感谢。由于我们知识能力所限，难免存在疏漏和不足，恳请读者予以批评指正。